Kohlhammer

Der Autor

Dr. Alfred Schlicht, Orientalist und langjähriger Diplomat, hat viele Jahre im Nahen Osten gelebt, ist Experte für die Geschichte und Politik des gesamten Vorderen Orients und Nordafrikas und hat eine Reihe von Büchern über die Geschichte der Region und den heutigen Islam publiziert.

Alfred Schlicht

Das Horn von Afrika

Äthiopien, Dschibuti, Eritrea und Somalia:
Geschichte und Politik

Verlag W. Kohlhammer

Dieses Werk einschließlich aller seiner Teile ist urheberrechtlich geschützt. Jede Verwendung außerhalb der engen Grenzen des Urheberrechts ist ohne Zustimmung des Verlags unzulässig und strafbar. Das gilt insbesondere für Vervielfältigungen, Übersetzungen, Mikroverfilmungen und für die Einspeicherung und Verarbeitung in elektronischen Systemen.

Die Wiedergabe von Warenbezeichnungen, Handelsnamen und sonstigen Kennzeichen in diesem Buch berechtigt nicht zu der Annahme, dass diese von jedermann frei benutzt werden dürfen. Vielmehr kann es sich auch dann um eingetragene Warenzeichen oder sonstige geschützte Kennzeichen handeln, wenn sie nicht eigens als solche gekennzeichnet sind.

Es konnten nicht alle Rechtsinhaber von Abbildungen ermittelt werden. Sollte dem Verlag gegenüber der Nachweis der Rechtsinhaberschaft geführt werden, wird das branchenübliche Honorar nachträglich gezahlt.

1. Auflage 2021

Alle Rechte vorbehalten
© W. Kohlhammer GmbH, Stuttgart
Gesamtherstellung: W. Kohlhammer GmbH, Stuttgart

Umschlagbild: Collage der Flaggen Äthiopiens (Bild: Miguel Á. Padriñán), Eritreas (Bild: Mykhailo Polenok), Dschibutis (Bild: slon.pics – freepik.com) und Somalias (Bild: pixabay.com).

Print:
ISBN 978-3-17-036965-8

E-Book-Formate:
pdf: ISBN 978-3-17-036966-5
epub: ISBN 978-3-17-036967-2
mobi: ISBN 978-3-17-036968-9

Für den Inhalt abgedruckter oder verlinkter Websites ist ausschließlich der jeweilige Betreiber verantwortlich. Die W. Kohlhammer GmbH hat keinen Einfluss auf die verknüpften Seiten und übernimmt hierfür keinerlei Haftung.

Inhalt

	Vorwort	9
1	Von den ersten Menschen bis zu den frühen Staaten am Horn von Afrika	13
	Erste Menschen	13
	Das Land Punt und frühe Staaten am Horn von Afrika	15
	Christentum, Handel und Imperialismus zwischen Südarabien und Nil: Das Reich von Aksum	17
	Der Islam kommt ans Horn von Afrika	23
	Die Nadschahiden – eine abessinische Sklavendynastie in der jemenitischen Küstenebene	27
2	Lalibela – die Zagwe-Dynastie	29
3	Sieben Jahrhunderte salomonische Dynastie – zwischen christlichem Nationalmythos und imperialer Kontinuität	32
	Ein Staat und seine Legende	32
	Aufstieg und Ausbreitung eines Imperiums	33
	Christliche ›Fundamentalisten‹	34
	Zar'a Ya'kob – Religion, Kultur und Weltpolitik	35
	Krisen und interkontinentale Beziehungen	38
	Aufbruch der Oromo	41
	Ein katholisches Reich am Horn von Afrika?	42
	Das Reich von Gonder	44
	Zemene Mesafent – Zerfall des Reiches	45
4	Vielfalt am Horn von Afrika – historische Aspekte und Facetten	49
	Das Horn von Afrika und Europa im Mittelalter und an der Schwelle zur Neuzeit	49
	Islamische Staaten am Horn von Afrika	59
	Die Beta Israel – Juden am Horn von Afrika?	65
	Regionale Identitäten am Horn von Afrika	68
	Die Somalis vor der Kolonialzeit	82
	Sklaverei	84

5	**Drei Kaiser schaffen das moderne Äthiopien – das Horn von Afrika zwischen Restauration und Neubeginn**	87
	Tewodros II.	87
	Yohannes IV.	95
	Menilek II.	100
6	**Der Imperialismus am Horn von Afrika im 19. und 20. Jahrhundert**	106
	Französisch-Dschibuti	115
	Britisch-Somaliland	117
	Italienisch Somalia	118
	Die italienische Kolonie Eritrea	119
	Deutschland am Horn von Afrika?	123
7	**Äthiopien unter Hayle Selassie – das Ende des salomonischen Reiches**	125
	Kaiserinnen am Horn von Afrika?	125
	Auf dem Weg zur Macht – Teferi Mekonnens Regentschaft	128
	Der letzte Kaiser (I) – bis zur italienischen Okkupation	129
	Ca Custa Lon Ca Custa – um jeden Preis: Africa Orientale Italiana	132
	Der letzte Kaiser (II) – Vom Neubeginn bis zum Ende des salomonischen Reiches	136
8	**Eritrea – der lange Weg von der italienischen Kolonie zur Unabhängigkeit**	145
	Eine eritreisch-äthiopische Föderation?	146
	Vom Buschkrieg zur nationalen Unabhängigkeit – 30 Jahre eritreischer Befreiungskampf	147
9	**Marxismus, Hunger, Bruderkrieg und Versöhnung**	154
	Das Scheitern eines Regimes, die Geburt einer Nation	155
	Neuanfang mit Hindernissen	157
	Grenzkonflikt oder mehr?	160
	No War, No Peace	162
	Äthiopien – ›Entwicklungsdiktatur‹ auf dem Weg zum ›China Afrikas‹?	166
	Abiy Ahmad – Neubeginn am Horn von Afrika?	170
10	**Somalia und Dschibuti – Wege in die Unabhängigkeit ... oder ins Chaos?**	175
	Failed State Somalia?	175
	Internationale Krisenbewältigungsversuche und islamistischer Terror	179
	Dschibuti – Insel der Stabilität?	182

Karten	**186**
Anmerkungen	**188**
Bibliographie	**203**
Abbildungsnachweis	**212**

Vorwort

> Wenn die griechische Hässlichkeit in Äthiopien Schönheit sei, so könnte wohl sein, dass beide Teile recht hätten?
> Christoph Martin Wieland, ›Geschichte der Abderiten‹

Das ›Horn von Afrika‹ ist ein geographischer Begriff. Es bezeichnet den Raum um die Ostspitze Afrikas, die wie ein Horn in den Indischen Ozean ragt. Hier befindet sich der östlichste Punkt Afrikas, Ras Hafun (Ras Xaafuun), südlich von Kap Guardafui, dem ›aromaton acron‹ (Kap der Gewürze) der Antike. Kap Guardafui liegt an der Spitze des Horns von Afrika und wird deshalb manchmal irrtümlicherweise als östlichste Stelle des Kontinents betrachtet. Zu den heutigen Staaten am Horn von Afrika im weiteren Sinn gehören Äthiopien, Dschibuti (Djibouti), Eritrea und Somalia, welche den geographischen Rahmen abstecken, dessen historische Entwicklung Gegenstand vorliegenden Buches ist.

Dieser geographische Raum ist selbst dem gut informierten Europäer bestenfalls in großen Linien vertraut. Deshalb ist es unerlässlich für ein historisches Verständnis des Horns von Afrika, geographische und historische Karten zu verwenden. In Band V der ›Encyclopaedia Aethiopica‹ (EA) findet sich eine Zusammenstellung von über 30 Karten,[1] viele historische Werke enthalten weiteres kartographisches Material, auch am Ende dieses Buches finden sich zwei Karten.

Es fällt schwer, gemeinsame Züge für die Länder dieses Raumes zu finden. Charakteristisch ist vielmehr eine schier unüberschaubare Vielfalt – etwa 80 Sprachen, die teilweise untereinander nicht einmal verwandt sind, werden hier gesprochen. Nie war im Laufe der Geschichte das ›Horn von Afrika‹ eine politische oder kulturelle Einheit oder wurde von einer einzigen Macht beherrscht. Auch religiös herrscht mehr Vielfalt als Einheit. Neben dem Christentum und dem Islam, die seit weit über 1000 Jahren vor allem prägend waren, existieren auch zahlreiche (Natur-)Religionen lokaler und regionaler Bedeutung.

Ein besonderes Charakteristikum des Horns von Afrika besteht darin, dass hier das Christentum eine über 1600 Jahre lange staatliche Kontinuität aufzuweisen hat, dass hier seit dem 4. Jahrhundert christliche Staaten bestehen. Das Horn von Afrika ist der einzige Bereich auf dem gesamten afrikanischen Kontinent, in dem das Christentum seine Führungsrolle bis heute behaupten konnte. Die christlichen Reiche Nubiens wurden vom Islam erobert, die ägyptischen Kopten sind längst zur Minderheit im Land am Nil geworden. In den Ländern Nordafrikas westlich von Ägypten ist das Christentum völlig verschwunden.

Die Länder dieses Großraums haben untereinander immer sehr enge und wechselvolle Beziehungen unterhalten, intensive Wechselwirkungen und lebhaften Austausch erlebt. Deshalb ist es sinnvoll, sie als eine historische Einheit zu betrachten.

Dabei ist die Verwendung geographischer und kultureller Begriffe nicht unproblematisch. Sprechen wir etwa über das salomonische Reich oder seine christlichen und vorchristlichen Vorgänger, so verwenden wir in diesem Buch oft die Bezeichnung ›Abessinien‹ (vom semitischen ›Habasch‹,[2] deshalb in älteren deutschen Texten auch Habessinien), ›Äthiopien‹ wird vorwiegend als Bezeichnung für den modernen Staat dieses Namens (seit dem 19. Jahrhundert) verwendet.

Andere Bezeichnungen, wie Somalia oder Eritrea, werden – wenn sie sich nicht eindeutig auf die modernen Staaten beziehen – angewandt, um die geographische Einordnung eines Ortes oder eines Ereignisses zu erleichtern. Sie sollen weder Grenzen präjudizieren noch eine Parteinahme in kontroversen Fragen darstellen.

Zahlreiche Eigennamen und Toponyme, die in diesem Buch verwendet werden, entstammen unterschiedlichen Sprachen und Kulturkreisen, für die kein einheitliches Transskriptionssystem existiert. Es wurde versucht, sie in einer benutzerfreundlichen, bewusst vereinfachenden Schreibweise wiederzugeben, die allerdings keinen Anspruch auf Wissenschaftlichkeit erheben will und kann. Inkonsequenzen sind dabei nicht auszuschließen.

Die Geschichte des Horns von Afrika ist in Europa außerhalb der Fachkreise noch weitgehend unbekannt – deshalb ist das Buch chronologisch aufgebaut. Dies stellt für den Leser den einfachsten Zugang zu einer sehr komplexen Materie dar. Eine Ausnahme bildet Kapitel 4, in dem thematische Einzelaspekte, welche eine vertiefte Behandlung sinnvoll erscheinen lassen, näher betrachtet werden.

Für dieses Buch habe ich über Jahre und Jahrzehnte hinweg zahlreiche Anregungen, Inspirationen und Impulse von verschiedensten Seiten erhalten, für die ich sehr dankbar bin. Besonders verpflichtet fühle ich mich:

Meinem Großvater Eugen Berger, der lebhaftes Interesse an außereuropäischen Räumen hatte, dieses an seine Kinder weitergab und stets von Reisen träumte, die ihm nie möglich waren.

Meiner Mutter Hildegund Berger, die mich schon als Kind auf Reisen nach Afrika mitnahm und mir aufgrund ihrer umfassenden literarischen, geographischen und historischen Kenntnisse die Augen für Vieles öffnete.

Meinem verehrten akademischen Lehrer Julius Assfalg,[3] der mir half, Zugang zur vielfältigen Welt der Sprachen und Kulturen des christlichen Orients zu finden und sie mir wissenschaftlich zu erschließen.

Meinem akademischen Lehrer Hans-Joachim Kißling, der mein Interesse an interkontinentalen Beziehungen im Spannungsfeld der islamisch-christlichen Rivalität weckte.

Meinem Mentor Eberhard Schmitt,[4] als dessen Mitarbeiter ich viel über Globalgeschichte gelernt habe und dem wir das 14-bändige Monumentalwerk ›Dokumente zur Geschichte der europäischen Expansion‹ verdanken, an dem ich zeitweise mitarbeiten durfte.

Meinem Schwiegervater Ghebre Selassie Dirar, der als Geistlicher die tiefe, traditionelle Frömmigkeit des christlichen Afrika bis an die Schwelle zum 21. Jahrhundert brachte und dessen Gebetbuch noch heute im Familienbesitz ist.

Meiner Frau Azeb, die die Familientradition bis heute lebendig hält und dafür sorgt, dass in unserer Familie noch drei Sprachen (Tigrinya, Amharisch und Arabisch) vom Horn von Afrika gepflegt werden. Sie half mir, Quellen zu erschliessen, die mir sonst unbekannt geblieben wären.

Meiner Tochter Julia, die in Washington DC geboren ist, in Amman, Jordanien, zur Schule kam, in Atlanta, GA, ihr Abitur machte, die in Deutschland studiert und in drei Kulturkreisen zuhause ist. Sie leistete mir konkrete Hilfe bei der Entstehung dieses Textes.

Ihnen widme ich dieses Buch.

Alfred Schlicht
Im November 2020

1 Von den ersten Menschen bis zu den frühen Staaten am Horn von Afrika

Erste Menschen

Afrika ist eine der Wiegen der Menschheit. Einige der ältesten Spuren von Menschen wurden am Horn von Afrika entdeckt. Millionen Jahre alte Überreste von Hominini kommen vor allem am Afrikanischen Grabenbruch vor, der von der Küste des Roten Meeres durch die heutigen Staaten Dschibuti und Äthiopien und weiter in südlicher Richtung verläuft. Menschenfunde wurden im Süden des heutigen Äthiopien an der Grenze zu Kenia gemacht. Schwerpunkt solcher Funde ist jedoch die Afar-Senke (auch Danakil-Senke oder Afar-Dreieck),[1] ein Tiefland im Nordosten Äthiopiens, das sich nach Eritrea, Dschibuti (Djibouti) und Somalia erstreckt. Am Awash-Fluss, der diese Region von Süd nach Nord durchfließt, wurde 1997 der Ardipithecus ramidus kadabba entdeckt, das erste Spezimen eines definitiv auf zwei Beinen gehenden Menschen. Er ist mit 5,2 bis 5,8 Millionen Jahren der älteste Fund in diesem Raum. Nur in Kenia und im Tchad fanden sich menschliche Reste, die möglicherweise noch etwas älter sind. Berühmtheit über die Fachkreise hinaus hat ›Lucy‹[2] erlangt, die zwar ›nur‹ 3,2 Millionen Jahre alt ist, aber ein weitgehend vollständiges Skelett darstellt, das heute im Nationalmuseum von Addis Abeba aufbewahrt wird. Vielleicht wegen dieser Vollständigkeit wird ›Lucy‹ von den Äthiopiern ›Dinqenesch‹ (Du bist so wunderbar) genannt. Sie wurde 1974 ebenfalls am Awash-Fluss gefunden.

Die menschlichen Spuren im eritreischen Buya sind mit einer Mio. Jahre dagegen vergleichsweise ›jung‹. All diese Menschenfunde sind jedoch in jedem Fall sehr viel älter als der in Europa gefeierte ›Ötzi‹, der 1991 in Südtirol gefunden wurde, mit einem Alter von nur etwas über 5000 Jahren allerdings auch bereits ein homo sapiens sapiens ist.

Schon in der griechischen Antike muss das Horn von Afrika ein Ort gewesen sein, an dem die Menschheit ihren Ursprung suchte: ›Aithiops‹ war eine mythische Gestalt, die im Osten am Ozean lebte und sowohl die älteste als auch die vollkommenste Verkörperung des Menschen darstellte.[3] Wie sich dieses Gesamtbild durch die Entdeckung des etwa 11,6 Mio. Jahre alten aufrecht gehenden ›Danuvius guggenmosi‹ im Allgäu im Jahre 2019 ändert, bleibt abzuwarten.

Historisch nicht mehr so weit entfernt von uns sind Werke, die Menschen geschaffen haben: Stelen etwa, deren älteste auf das Jahr 5000 v. Chr. zurückgehen, und Felsmalereien, die teilweise erst im 21. Jahrhundert am Horn von Afrika gefunden worden sind. Dabei handelt es sich nicht nur – wie andernorts vielfach –

1 Von den ersten Menschen bis zu den frühen Staaten am Horn von Afrika

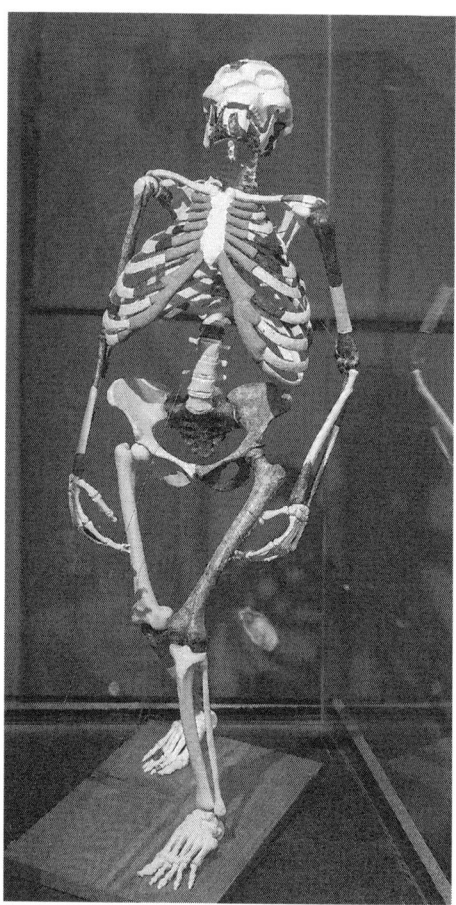

Abb. 1: Lucy, Äthiopisches Nationalmuseum, Addis Abeba.

um Höhlenmalereien, sondern die Darstellungen finden sich teilweise auch unter freiem Himmel, unter Felsvorsprüngen, wo sie über die Jahrtausende geschützt waren und auch die damaligen Künstler und ihre Herden möglicherweise Schutz vor Sonne und Regen fanden. Diese frühen Kunstformen finden sich in allen Ländern am Horn von Afrika – in den heutigen Staaten Äthiopien (bis in den tiefen Süden), Eritrea, Dschibuti und Somalia, wo sich im Felsmassiv von Laas Geel bei Hargeysa die vielleicht besterhaltenen polychromen Felsmalereien Afrikas befinden. Teilweise sind sie fast 10 000 Jahre alt, damit aber deutlich jünger als die Malereien in den europäischen Höhlen wie z. B. in Lascaux und Altamira. Abgebildet werden vor allem Rinder und Schafe, aber auch Giraffen, Elefanten, Strausse und Kamele. Menschen werden ebenso dargestellt, bewaffnete Jäger und Krieger, auch eine Melk-Szene. Vergleichbare Höhlenmalereien befinden sich im somalischen Dhambalin und in Karin Heegan (70 km östlich von Boosaaso).

Abb. 2: Prähistorische Felsmalerei in Laas Geel, Somalia.

Das Land Punt und frühe Staaten am Horn von Afrika

Historisch signifikant sind die ägyptischen Beziehungen zur Region am Horn von Afrika, die seit dem ›alten Reich‹ (2700–2200 v. Chr.) bestehen. Das Land Punt[4] am Horn von Afrika – auch hier sind die Anfänge in mythologischen Nebel gehüllt – wurde als Urheimat der altägyptischen Götter aufgefasst. Zwar gab es wahrscheinlich keinen Staat dieses Namens, kein regelrechtes ›Reich‹ Punt – aber ›Punt‹ war durchaus kein Phantasiegebilde. Lange war umstritten, wo dieses sagenhafte Land im Süden, mit dem Ägypten intensiven Handel getrieben hat, genau lag. Neuere Forschungen zeigen, dass es sich um die Küste des Roten Meeres zwischen dem Sudan und Somalia gehandelt haben muss, um Nordäthiopien und Eritrea und den Fluss Gasch; möglicherweise gehörte auch Südarabien, das ohnehin seit jeher eng mit der afrikanischen Seite des Roten Meeres verbunden war, zu Punt. Besonders ein Relief auf dem Totentempel von Königin Hatschepsut aus dem 15. Jahrhundert v. Chr. gibt uns einen lebhaften Eindruck von Punt, seiner Flora und Fauna. Die Verbindung zwischen Ägypten und Punt verlief einerseits über den Landweg, durch das Land Kusch (Nubien) am Nil (heutiger Sudan), andererseits aber mehr und mehr über den Seeweg. Weihrauch und

Gold waren wichtige Handelswaren auf diesem Weg, ebenso Elfenbein, Ebenholz, Straußenfedern und -eier sowie Leopardenfelle und Affen.

Punt ist auch heute noch ein in der Region sehr präsenter Begriff und in Somalia bis in die Gegenwart ein wichtiges Element des ideologischen Versuchs, eine lange Tradition und weit zurückreichende historische nationale Kontinuität zu konstruieren.

Auch Ophir gehört in diesen Kontext als Land, das bereits in der Bibel erwähnt wird, aber auch in weiteren schriftlichen Quellen aus dem alten Israel, das aus Ophir Gold bezog. Über die Lage von Ophir gibt es jedoch mehrere Thesen – von Sri Lanka über Indien und Simbabwe bis zur eritreischen Küste.

Die Küste des Roten Meeres und des Indischen Ozeans ermöglicht zahlreiche Kontakte und öffnet das Horn von Afrika äußeren Einflüssen. Spätestens seit dem frühen 1. Jahrtausend v. Chr. gibt es Verbindungen zum südlichen Arabien und seinen Kulturen. Auffallend sind die kulturellen Ähnlichkeiten zwischen der Tihama, der jemenitischen Küstenebene am Roten Meer, und der eritreischen Küste[5] gegenüber, wie beispielsweise ein Vergleich der eritreischen Ona-Kultur[6] (um Asmara) und der jemenitischen Sabr-Kultur verdeutlicht.

Südaraber sind schon früh am Horn präsent, der Einfluss ihrer Sprache und Schrift ist allgegenwärtig. Die ältesten Inschriften[7] am Horn von Afrika sind sabäisch (also südarabisch). Auch ihre Religion – belegt durch Darstellungen der Sonnenscheibe und der Mondsichel (wenn deren Bedeutung auch inzwischen kontrovers diskutiert wird) – brachten Sabäer ans Westufer des Roten Meeres. Weit gespannte Handelsbeziehungen belegen auch Inschriften (z. B. indischen Ursprungs) bereits aus vorchristlicher Zeit auf der kleinen Insel Sokotra vor Kap Guardafui (heute zum Jemen gehörig, faktisch seit 2020 von südjemenitischen Rebellen kontrolliert) am Eingang zum Golf von Aden.

Wichtigster Hafen dieser Zeit am Horn von Afrika ist Adulis am Golf von Zula, etwa 40 km südlich vom heutigen Hafen Massawa in der Nähe des eritreischen Dorfes Foro. Adulis existierte bereits im 2. Jahrtausend v. Chr. und wird aufgrund seiner Bedeutung für den internationalen Handel in zahlreichen antiken und mittelalterlichen Quellen genannt. Im 7. Jahrhundert v. Chr. wird es schon von Griechen und Phöniziern angelaufen und beginnt bereits, eine immer wichtiger werdende Rolle im interkontinentalen Handel zu spielen. Aber auch kleinere Häfen wie Opone, Mosylon oder Zayla (im heutigen Nordsomalia) gewinnen zunehmend an Bedeutung.

Der erste regelrechte Staat am Horn von Afrika ist Da'amat,[8] das im 8./7. Jahrhundert v. Chr. aufblüht. Es entfaltet sich in der Gegend der späteren Metropole Aksum in der nordäthiopischen Region Tigray, zwischen Mekele und Addigrat; also in dem Teil des Horns von Afrika, in dem Jahrhunderte später eine Großmacht, das Reich von Aksum, aufsteigen wird. Da'amat selbst ist jedoch von begrenzter Ausdehnung und existierte nur relativ kurze Zeit. Es war stark südarabisch geprägt. Die südarabischen Götter werden hier in Inschriften genannt und angebetet – noch immer eindrucksvoll ist der Tempel in Yeha, der Almaqah,[9] dem höchsten Gott des sabäischen Pantheon, gewidmet ist. Wir haben nur wenige schriftliche Quellen (6 sabäische Inschriften mit einheimischen sprachlichen Einflüssen) aus diesem Staat. Die Hauptstadt Yeha bietet jedoch interessante handwerkliche Überreste und archäologische Zeugnisse.¹⁰ Spätestens um 400 v. Chr. bricht Da'amat vollständig zusammen, Ansätze zur Entstehung eines neuen Staates werden greifbar.

Christentum, Handel und Imperialismus zwischen Südarabien und Nil: Das Reich von Aksum

Mit dem Beginn unserer christlichen Zeitrechnung ist auch für das Horn von Afrika eine neue Epoche verbunden. Schriftliche Quellen werden häufiger, Münzen erscheinen und der Raum findet Anschluss an die internationalen Beziehungen dieser Zeit, nimmt Teil an globalen Entwicklungen. Der Aufstieg des Reiches von Aksum¹¹ beginnt.

Der ›Periplus des eritreischen Meeres‹,¹² ein Handbuch über das Rote Meer und den Indischen Ozean, dessen Verfasser unbekannt ist, das aber neben nautischen auch vielfältige ökonomische und historische Informationen enthält, entsteht in der Mitte des 1. Jahrhunderts AD und ist nur in einem Manuskript aus dem 10. Jahrhundert (Heidelberg) überliefert. In diesem Werk wird Aksum erstmals genannt. Auch in der Geographie des Ptolemäus (2. Jahrhundert) erscheint Aksum bereits. Aksum, südlich des Mereb-Flusses (heute Grenze zwischen Äthiopien und Eritrea) und südwestlich von Yeha, dem Zentrum von Da'amat gelegen, ist die Metropole, Ausgangs- und Mittelpunkt des Reiches, dem sie ihren Namen gab. Das erste Jahrtausend christlicher Zeitrechnung ist am Horn von Afrika eindeutig das aksumitische Jahrtausend. Aksum, seine Geschichte und sein kulturelles Profil haben dem Raum seine besondere Prägung und seine spezifische Orientierung auch für die darauffolgenden Jahrhunderte gegeben. Damals werden Weichen gestellt, nehmen Entwicklungen ihren Anfang, die für den gesamten ›orbis aethiopicus‹ nachhaltige Wirkungen entfalten. Noch heute sichtbare Symbole damaliger imperialer Größe sind Obelisken,¹³ darunter der größte der Welt mit 30 Metern Länge. Obelisken und Stelen gab es am Horn von Afrika schon lange vor Aksum, aber die aksumitischen Obelisken symbolisieren in besonderem Masse – etwa im heute noch eindrucksvollen Stelenpark von Aksum – den Großmachtanspruch. Es handelt sich dabei um Grabsteine, die uns in verschiedenen Grössen überall in der Region, z.B. in Matara in Eritrea, begegnen. Seit der Christianisierung jedoch spielen die Stelen keine Rolle mehr. Auch Paläste und Tempel weisen noch heute auf die einstige Bedeutung Aksums hin.

Einige steinerne Monumente helfen uns durch Inschriften, die Geschichte von Aksum nachzuvollziehen (Monumentum Adulitanum, Ezana-Steine – siehe unten). Wichtig sind auch die in Aksum geprägten Münzen,¹⁴ goldene, silberne und bronzene. Sie erlauben uns, eine Reihe von Königen vom 3. bis zum 7. Jahrhundert zu identifizieren. Nur zwei Könige und ihre Zeit sowie ihr historisches Umfeld kennen wir näher, da sie auch in anderen Quellen erwähnt werden: Ezana (4. Jahrhundert) und Kaleb (6. Jahrhundert). Bemerkenswert ist, dass die Münzen

1 Von den ersten Menschen bis zu den frühen Staaten am Horn von Afrika

Abb. 3: Stelen-Park von Aksum.

mehrsprachige Aufschriften trugen: Ge'ez, das Altäthiopische, und Griechisch; damit verdeutlichen sie den starken griechischen Kultureinfluss im Land.

In der aksumitischen Periode kommt erstmals die eigentliche Landessprache, Ge'ez,[15] zum Tragen. Es handelt sich um eine eigenständige äthio-semitische Sprache,[16] die zusammen mit Tigre und Tigrinya zur nordäthiopischen Gruppe gehört (im Gegensatz zur südäthiopischen, zu der u. a. – das später entstandene – Amharisch oder das im Osten des heutigen Staates Äthiopien verwendete Harari gehören). Der Aufstieg des Ge'ez ist mit dem Aufblühen des aksumitischen Reiches verbunden.

Jetzt erst erscheinen Ge'ez-Inschriften; alle früheren Inschriften,[17] also auch die mit Bezug zu Da'amat, waren in sabäischer (altsüdarabischer) Sprache abgefasst. Die ältesten Ge'ez-Inschriften sind noch unvokalisiert, d. h., sie geben, wie es für semitische Sprachen[18] und Schriften charakteristisch ist, nur die Konsonantenstruktur wieder.

Besonders charakteristisch für das Reich Aksum ist, dass es bald internationale Dimensionen gewinnt, eine aktive Außenpolitik führt und expandiert, aber auch Einflüsse von außen aufnimmt und assimiliert. Der Hafen von Adulis und das Rote Meer gewinnen an Bedeutung, Aksum wird Teil interkontinentaler Beziehungsgeflechte, findet Anschluss an die Weltgeschichte. Es ist die Rivalität um den Fernhandel, die dabei im Vordergrund steht. Das Römische Reich (später Byzanz) und Aksum sind daran interessiert, dass der Indien-Handel durch das Bab al-Mandeb, die Meerenge zwischen Rotem Meer und Indischem Ozean, und das Rote Meer verläuft und auf einer römisch-aksumitisch kontrollierten Route Ägypten und das Mittelmeer erreicht. Die Römer errichten deshalb, wohl im

2. Jahrhundert, einen militärischen Außenposten auf den Farasan-Inseln (nordöstlich von Massawa und den Dahlak-Inseln vor der Küste Arabiens bei Dschisan). Das Perserreich will diese Handelsströme ebenfalls kontrollieren und sie durch die Straße von Hormuz und den Persischen Golf leiten.

Aber auch die Waren Afrikas kommen über Aksum und Adulis auf die Weltmärkte, wie schon seit Jahrtausenden aus dem Land Punt.

Die Waren, die Aksum exportiert und die teilweise aus dem Inneren Afrikas kommen, sind Elfenbein, Sklaven und Gold, Nashörner, Nilpferdhäute, Schildkrötpanzer und Obsidian. Aber auch andere Häfen wie Malao (das heutige Berbera) und Opone (Ras Hafun), südlich von Kap Guardafui, an der Somaliküste sind als Sklavenhandelsplätze bekannt.

Eingeführt wurden Kleidung und gefertigte Güter wie Äxte, Speere und Schwerter, aber auch Schmuck, Trinkgefäße und Glaswaren aus Indien, Ägypten und dem Mittelmeerraum. Römische, ägyptische und später byzantinische Kaufleute kamen nach Adulis, um hier Waren aus Indien zu kaufen. Im Rhythmus der Monsunwinde, die deshalb bezeichnenderweise auch ›Handelswinde‹ genannt werden, segeln Schiffe von Adulis nach Indien[19] und Ceylon und zurück. Indische Quellen erwähnen Perlen und Korallen aus dem Roten Meer. Zimt gelangt auf diesem Weg von Asien nach Ägypten und in den Mittelmeerraum. Die weitläufige Ausdehnung dieses Handels ist belegt durch Funde aksumitischer Münzen in Südarabien, Palästina und Indien, während indische Münzen am Horn von Afrika gefunden werden.[20]

Auf der vorgelagerten Insel Sokotra finden sich frühe Inschriften in verschiedenen Sprachen, u. a. auch von indischen Seefahrern. Adulis, das zur Zeit Christi Geburt noch weitgehend selbständig war, wird vollständig ins aksumitische System eingegliedert und eine der wichtigsten Städte des Reiches. Griechen und griechischsprachige Ägypter kommen zusehends ins Land, zunächst vor allem als Kaufleute. Sie bleiben nicht im Hafen Adulis oder in anderen Handelsstädten im Küstenbereich wie Qohaito, ein wichtiger Elfenbeinmarkt an der Straße zwischen Adulis und Aksum, oder Matara, eine blühende (eritreische) Stadt schon seit voraksumitischer Zeit, sondern gelangen bis Axum. Griechisch, lingua franca nun auch im Roten Meer, wird zur ›Bildungssprache‹ im Aksumitischen Reich. Griechische Inschriften charakterisieren die aksumitische Periode ebenso wie griechische Texte auf aksumitischen Münzen – z. B. ›Basileus Axomiton‹ (König von Aksum) – die sich hier neben Ge'ez-Texten finden. Zoskales wird im ›Periplus‹ als Herrscher von Aksum und der Küste im ersten christlichen Jahrhundert genannt, der über gute griechische Bildung verfügt habe.[21]

Es dürfte diesem lebhaften Handel zu verdanken sein, dass auch das Christentum schon früh in die Welt von Adulis und Aksum gelangte.

Eine entscheidende Epoche in der aksumitischen Geschichte war dabei die Regierungszeit von König Ezana[22] in der ersten Hälfte des 4. Jahrhunderts. In Ezanas Herrschaft fällt die Christianisierung von Aksum.[23] Ein gewisser Frumentius[24] († 383) aus Tyros, den wir vor allem aus der Kirchengeschichte des Rufus von Aquilea aus dem 5. Jahrhundert kennen, soll an der eritreischen Küste Schiffbruch erlitten haben und zusammen mit seinem Bruder nach Aksum an den königlichen Hof gebracht worden sein. König Ella Amida, Vater von Ezana, überträgt ihm Funktionen bei Hof und macht ihn schließlich zum Erzieher des Prinzen Ezana. Offenbar kann Frumentius beträchtlichen Einfluss nicht nur auf den Prinzen in seiner Jugend, sondern auch auf den späteren König Ezana gewinnen, denn dieser tritt zum Christentum über. Aksum[25] wird zu einem der ersten christlichen Länder der Welt. In Aksum empfand man die Notwendigkeit, an die bereits christianisierte Welt angeschlossen zu werden und ein Kirchenoberhaupt zu erhalten, das von einer schon bestehenden kirchlichen Autorität bestellt und ermächtigt sein würde. Frumentius reiste nach Alexandria, an den Sitz des koptischen Patriarchen, informierte diesen, Athanasius I., über den Aufstieg des Christentums in Aksum und bat ihn um Entsendung eines Bischofs. Athanasius weiht Frumentius selbst zum Bischof und sendet ihn zurück nach Aksum, um dort im Namen der koptischen Kirche und mit kirchlichem Segen als Oberhaupt der neu enstehenden Kirche von Aksum zu fungieren. Damit war ein Präzedenzfall gesetzt, der eine 1600-jährige Praxis begründete. Von nun an wurde jedes neue Oberhaupt der aksumitischen, später äthiopischen, Kirche vom Patriarchen von Alexandria ernannt und aus Ägypten entsandt.[26] Dennoch war die Kirche von Aksum und später die äthiopische Kirche nicht wirklich Teil der koptischen Kirche, sondern agierte weitgehend autonom. Das aus Ägypten entsandte Kirchenoberhaupt hatte weitgehend rituelle und zeremonielle Aufgaben und war kaum in die eigentliche ›Kirchenpolitik‹ involviert.

Abuna Selama Kesate Berhan, wie Frumentius in Aksum genannt wurde, wird als erster Bischof und Begründer der Kirche am Horn von Afrika bis heute als Heiliger verehrt (und gilt auch in der orthodoxen sowie in der katholischen Kirche als Heiliger).

Auffallend ist, wie sich der Übergang zum Christentum in Aksum in der Münzprägung ausdrückt. Die älteren Münzen aus der frühen Regierungszeit Ezanas sind noch in der traditionellen Weise (altsüdarabische Symbolik) gestaltet, während auf späteren Münzen das Kreuz erscheint – die Konversion zum Christentum erfolgte wohl um 340 AD. Christianisiert wurde Aksum ›von oben‹ – der König war der wichtigste Katalysator für die Verbreitung des Christentums. Ganz im Gegensatz zu Ägypten, wo sich das Christentum zunächst vor allem im einfachen Volk verbreitet hatte, weshalb es zu einer Blüte koptischer Sprache und Kultur gekommen war (die Konvertiten hatten keine ausreichenden Griechischkenntnisse, die vor allem in gehobenen Gesellschaftsschichten verbreitet waren).

Schon bald finden sich Spuren für eine weitere Verbreitung des Christentums am Horn von Afrika – Kreuze nicht nur auf Münzen, sondern auch auf Gebrauchsgegenständen und Gebäuden. In diese Jahre fällt auch eine weitere Neuerung in der Kultur von Aksum, die ebenfalls bis heute Auswirkungen hat: Die vom Südarabischen abgeleitete Schrift, in der Ge'ez, das klassische (Alt-)Äthiopische, geschrieben wurde, war zunächst eine reine Konsonantenschrift, weshalb wir nicht genau wissen, wie frühe Texte zu lesen sind. Denn wir haben nur ein unvokalisiertes Konsonantengerüst wie auch im heutigen Hebräischen oder Arabischen (wobei es für diese Sprachen aber Vokalzeichen gibt, durch die wir also über die Vokalisierung genau Bescheid wissen). Erst im 4. Jahrhundert, um die Zeit der Christianisierung (wohl kurz davor), erscheint Ge'ez in vokalisierter Form – vielleicht unter indischem Einfluss.[27] Eine Art Silbenschrift entsteht, die später auch für andere semitische Sprachen am Horn von Afrika – z. B. Amharisch und Tigrinya – verwendet wird und bis heute die am weitesten verbreitete Schrift in diesem Raum ist. Die Nationalsprachen von Äthiopien und Eritrea werden heute noch immer in dieser Schrift geschrieben, der einzigen existierenden semitischen Silbenschrift.

Aksum ist im 4. Jahrhundert längst zur Großmacht geworden. Mani, der Stifter der nach ihm benannten Religion des Manichäismus, führt Aksum bereits im 3. Jahrhundert als eine der führenden Mächte auf.[28] Der Staat ist weit über seine Keimzelle, die Stadt Aksum in Tigray, hinausgewachsen, hat seinen Zugang zum Meer ausgebaut und expandiert sowohl über das Rote Meer nach Südarabien als auch ins Innere Afrikas. Er ist dabei, ein wichtiger Partner und Alliierter für Rom zunächst und dann für Byzanz zu werden, unterhält Handelsbeziehungen mit Indien und Ceylon. Inschriften auf Steinplatten weisen Ezana als König von Himyar und Saba, also als Oberherrn von südarabischen Staaten, aus.

Ende des 5./Anfang des 6. Jahrhunderts kommen, glaubt man der Überlieferung in der Hagiographie, ›Neun Heilige‹[29] aus dem Nahen Osten ans Horn von Afrika. Es ist die legendenhafte Verkleidung des Vordringens christlich-orientalischen Mönchstums nach Aksum. Im Nahen Osten hatte sich vor allem im koptischen Ägypten, mit dem Aksum in Verbindung stand, ein sehr lebendiges Mönchstum entwickelt,[30] dessen Ausbreitung nach Süden naheliegend ist. Auch im Christentum am Horn von Afrika verwurzelte sich das Mönchstum bald und wurde zu einem essenziellen, tragenden Element der Kirche. In den folgenden Jahrhunderten wurden zahllose Klöster gegründet, in denen sich ein reiches geistiges Leben entwickelte.

Schon früh unternimmt Aksum militärische Vorstöße über das Meer hinweg, die auf der Ost- und Westküste des Roten Meeres gleichermaßen dokumentiert sind. Lange vor Ezana haben sich Könige von Aksum in Südarabien engagiert, dort über wechselnde Allianzen mit verschiedenen – sabäischen und himyaritischen – Herrschern Einfluss ausgeübt und die Küstenebene am Roten Meer (Tihama) zumindest zeitweise kontrolliert.

Aksum ist für eine Zeit dominierende Macht in Südarabien und kann die Lokalmächte gegeneinander ausspielen. Im 3. Jahrhundert erschienen die Könige GDR (T) – vielleicht der erste aksumitische König, der in Südarabien interveniert, jedenfalls der erste, der in einer sabäischen Inschrift genannt wird – und GRMT als Protagonisten einer aktiven aksumitischen Arabien-Politik. Ob Aksum allerdings noch zu Ezanas Zeiten eine dominierende Rolle im Südwesten der Arabischen Halbinsel spielte, ist nicht eindeutig klar. Die Erwähnung südarabischer Staaten in Ezana-Inschriften mag üblicher Bestandteil der Standardtitulatur des Königs sein.

Dagegen war die Regierungszeit von König Ezana definitiv eine Epoche von Feldzügen zu Lande und territorialer Ausdehnung sowie der wirtschaftlichen Expansion. Bereits in den 60er-Jahren des 3. Jahrhunderts hat ein aksumitischer Feldzug gegen Meroe stattgefunden. Meroe,[31] zwischen dem 5. und 6. Nilkatarakt etwa 180 km nördlich der heutigen sudanesischen Hauptstadt Khartum im historischen Nubien gelegen, ist seit 300 v. Chr. Hauptstadt des Reiches Kusch. Es ist Träger des Handels zwischen Innerafrika und Ägypten sowie der Mittelmeerwelt.³² Als Ezana Mitte des 4. Jahrhunderts dann seinen Feldzug gegen Meroe unternimmt, ist der Staat bereits im Niedergang begriffen, die Operation richtet sich wohl gegen die Ethnien der Kasu und Noba (Nubier), die die Stadt eingenommen haben. Aksum kann den innerafrikanischen Handel übernehmen und Meroe bzw. Kusch als wichtigen Handelspartner Roms im südlichen Niltal ablösen. Wichtigste Waren dieses Handels sind Ebenholz, Elfenbein, Weihrauch, Straußenfedern und -eier. Später übernahm dann auch hier das Christentum eine führende Rolle, seit 500 AD entstanden drei christliche nubische Reiche.

Wir dürfen aber nicht davon ausgehen, dass Aksum sich als ein ›Reich‹ bis an den Nil erstreckte und das Territorium von Kusch oder Nubien umfasste. Das ›Reichsgebiet‹ von Aksum müssen wir uns relativ beschränkt vorstellen. ›Aksum‹ ist immer zuallererst die Stadt Aksum, in der das Reich sein Zentrum hat und auf die alles fokussiert ist.

Aksum darf nicht gleichgesetzt werden mit dem Staatsgebiet des heutigen Staates ›Äthiopien‹ oder gar als ein Staat, der sowohl Äthiopien als auch Eritrea umfasste (oder gar Somalia, den Sudan etc.).

Die wirkliche Reichweite der ›Herrschaft‹ aksumitischer Herrscher – Institutionen und Verwaltung gab es nur ansatzweise und in eingeschränktem Sinn – war von sehr unterschiedlicher Dimension. Das ›Territorium‹ von Aksum war starken Schwankungen unterworfen, eine auch nur annähernd genaue Grenzziehung oder kartographische Erfassung ist so gut wie unmöglich.³³ Auffallend ist: Der Reichsmittelpunkt liegt im Hochland (von Tigray), wie es schon bei Dama'at der Fall war – dennoch ist der Zugang zum Meer entscheidend, wenn auch Küstenregionen nur zeitweise zum Kernland gehören.

Ganz ähnlich wird die Entwicklung auch in den folgenden Jahrhunderten bis in die Gegenwart sein: Das größte Reich am Horn von Afrika, ob der Staat der Zagwe-Dynastie oder später das salomonische Reich (▶ Kap. 2 und ▶ Kap. 3), ist zunehmend zum Landesinneren hin orientiert und verlegt seine Schwerpunkte mehr und mehr nach Süden, der Küstenstreifen erlangt immer wieder eine gewisse Autonomie oder Eigenexistenz, gefördert durch die verkehrsgünstige Lage am Roten Meer und geprägt von den äußeren (macht-)politischen Einflüssen, die hier zum Tragen kommen. Schon früh artikuliert sich eine Art ›eritreische‹ Individualexistenz.

Im 6. Jahrhundert unserer Zeitrechnung gibt die Entwicklung in Südarabien neue Anstöße für eine aktive Politik im Roten Meer und starkes aksumitisches Engagement auf seiner Ostküste. In Südarabien hatte das Christentum Fuß fassen und zahlreiche Anhänger gewinnen können. Dies stärkte auch den aksumitischen und den byzantinischen Einfluss auf der arabischen Halbinsel und im Roten Meer. Dieser scheint jedoch im 6. Jahrhundert in Gefahr.

Um 520 kam es durch den zum Judentum konvertierten König Yusuf As'ar Yath'ar (arabische Quellen nennen ihn Dhu Nuwas) zu antichristlichen Maßnahmen (er brannte etwa die Kirche der himyaritischen Hauptstadt Zafar nieder) sowie zu relgelrechten Christenverfolgungen, die ihren Höhepunkt in Nadschran fanden, wo viele Christen starben,³⁴ welche seither unter orientalischen Christen als Märtyrer verehrt werden. Eine wichtige syrisch-aramäische Quelle, das ›Buch der Himyariten‹, berichtet über diese Christenverfolgung, die von Inschriften und anderen Quellen bestätigt wird.[35] Der aksumitische König Kaleb Ella Asbeha intervenierte auf Bitten des byzantinischen Kaisers Justin I. Dieser will sein Bündnissystem ausbauen,[36] seine Position gegenüber Persien sichern und stellte seinem aksumitischen Verbündeten auch Schiffe für die Operation zur Verfügung.

Der König selbst steht an der Spitze des Feldzugs nach Arabien. Die Dominanz des Christentums sowie Aksums im Südwesten der arabischen Halbinsel wurde nach anfänglichen Schwierigkeiten wiederhergestellt. Dies bedeutet das Ende von Himyar – ein aksumitischer Regent wurde nun eingesetzt.[37] Der letzte Versuch des himyaritischen Staates, seine Eigenständigkeit zurückzubekommen, ist definitiv gescheitert, die byzantinisch-aksumitische Kontrolle der Region scheint gesichert.

Abraha, ein Offizier aus Adulis, soll später die Macht übernommen haben, sich aber mit dem ›Mutterland‹ Aksum nach anfänglichen Auseinandersetzungen arrangiert und Tribut bezahlt haben. Es wird überliefert, er habe im ›Jahr des Elefanten‹ (benannt nach einem aksumitischen Kriegselefanten), in dem Muhammad, der Prophet des Islam geboren wurde, einen Feldzug gegen Mekka unternommen, das durch göttliche Intervention aber gerettet worden sei.

Dieser Feldzug hat wohl faktisch kurz vor oder kurz nach 550 stattgefunden, das Jahr der Prophetengeburt dürfte aber 570 (oder 573) gewesen sein. Entweder dieses Ereignis oder ein Hilferuf aus Himyar, jetzt aksumitische Provinz, führte dann zu einer militärischen Intervention des persischen Sassanidenreiches und damit endgültig zum Ende der aksumitischen Rolle in Südarabien. Persien griff die Gelegenheit für ein militärisches Einschreiten gern auf und konnte jetzt die Vorherrschaft im Indischen Ozean und im Roten Meer für einige Zeit übernehmen. Sogar in Berbera an der Somaliküste richteten die Perser eine Garnison ein, vielleicht ein erster Schritt zu energischeren Maßnahmen auch gegen Aksum?

Der Islam kommt ans Horn von Afrika

Eine neue, große Gefahr sowohl für Byzanz als auch für das Sassanidenreich, das bald sein Ende finden wird, kommt auf: Der Islam. Anfang des 7. Jahrhunderts AD trat in Mekka, einem Karawanenhandelsplatz auf der arabischen Halbinsel, ein Mann auf, der zur Rückkehr zur (Ur-)Religion des Abraham aufrief. Es ist die Geburtsstunde des Islam. Der ›Mahner‹ ist Muhammad,[38] der Stifter der neuen Religion und das ›Siegel der Propheten‹, geboren um 570.

622 AD zog Muhammad nach anfänglichen Schwierigkeiten in seiner Vaterstadt mit seinen Anhängern in die Oase Yathrib, die damit zur ›Stadt (des Propheten)‹ wurde – Madina(t al-Nabi); dies ist der Beginn des islamischen Urstaates.[39]

In Mekka kannte man längst Menschen von der Westküste des Roten Meeres, viele waren durch den lebhaften Sklavenhandel ins Land gekommen: Muhammad, der Prophet, hatte schon früh Kontakt zu Afrikanern und ernennt einen ›Äthiopier‹, Bilal, zum ersten Muezzin des Islam.

Schon in den frühen Jahren des Islam, noch in der mekkanischen Zeit, kam es zu ersten Kontakten mit dem Horn von Afrika und den dortigen Christen. Als sich die frühislamische Gemeinde zunehmendem Druck seitens der ›Heiden‹ ausgesetzt sah, schickte Muhammad 615 AD in einer ›ersten Hidschra‹ eine Gruppe dieser frühen Muslime, zu denen auch der spätere Kalif Uthman sowie eine der Frauen des Propheten gehörten, ins aksumitische Reich, wo sie offenbar gut aufgenommen wurden. Möglicherweise aus Aksum kam eine Gruppe von Christen, die Muhammad um 620 in Mekka besuchte und von dem, was sie hörten, so beeindruckt gewesen sein soll, dass sie sich dem Propheten anschloss. Auch an den militärischen Auseinandersetzungen des frühislamischen Staates mit dem ›heidnischen‹ Mekka scheinen Menschen vom Horn von Afrika auf seiten des Propheten teilgenommen zu haben. So standen die ersten Kontakte des Islam mit den ›Habascha‹ unter einem günstigen Omen, das sich ausdrückt in dem Prophetenwort ›Lasst die Habascha in Ruhe, solange sie euch in Ruhe lassen‹.

Zu intensiven Auseinandersetzungen zwischen dem entstehenden islamischen Staat, der in den letzten Lebensjahren des Propheten praktisch schon die gesamte arabische Halbinsel umfasste, und dem christlichen Aksum kam es in der Tat nicht und die islamisch-arabische Expansion, die bald nach dem Tod des Propheten (632 AD) einsetzte, hatte eine andere Stossrichtung, konzentrierte sich auf das byzantinische und dass sassanidische Reich, richtete sich mehr nach Norden und nicht gegen das Horn von Afrika, das zunächst eher im Windschatten der islamischen Interessen lag. Dennoch war die Expansion des Islam und die Entstehung eines islamischen Imperiums auch mit mittelbaren und unmittelbaren Konsequenzen für das Horn von Afrika verbunden.

Durch den Siegeszug des Islam verändert sich die politische Landschaft im Nahen Osten und auch im Nordwesten des Indischen Ozeans grundlegend.[40] Das sassanidische (Perser-)Reich ging 651 AD unter, das Byzantinische Reich verschwand völlig aus dem Roten Meer und verlor seine Positionen am Südufer des Mittelmeeres, wo sich überall die Herrschaft der Kalifen, später auch lokaler islamischer Machthaber und Dynastien, ausdehnte. Damit befand sich Aksum in einer völlig neuen Situation – die strategische und wirtschaftliche Allianz mit Byzanz, die den aksumitischen Handel im Indischen Ozean und im Roten Meer begünstigte, existiert nicht mehr. Byzanz war damals im Ostmittelmeer damit beschäftigt, sein Überleben zu sichern. Der Islam als die neue dynamische Macht, die bald zur Weltmacht wird, entwickelte sich zum beherrschenden Faktor und bildete eigene interkontinentale Handelsnetze. Das Christentum geriet in die Defensive, verlor im gesamten Mittelmeerraum an Terrain. Das Rote Meer wird zum ›islamischen See‹.

Nach einem Überfall auf Jiddah, der 702[41] von der eritreischen Küste ausging (Piraten?), nahmen die Muslime die Dahlak-Inseln vor Massawa ein und hatten somit schon früh einen Vorposten am Horn von Afrika, der später ein unabhängiges Sultanat, zeitweise unter Einschluss von Massawa auf dem Festland, wurde. Unliebsame Personen und politische Gefangene sollen auf die Dahlak-Inseln verbracht worden sein, die aus Sicht der Kalifen in Damaskus oder (ab 750) Baghdad wohl weit genug entfernt von den Zentren der islamischen Welt und somit als Verbannungsort geeignet waren. Jedenfalls ist der Islam damit auch machtpolitisch am Horn von Afrika präsent, wenn auch eine regelrechte ›Eroberung‹ des christlichen Aksum nie versucht wurde. Der erste christlich Staat Afrikas wurde nicht, wie viele andere bereits christianisierte Länder des Nahen Ostens und der Mittelmeerwelt (bis hin zum Westgotenstaat auf der iberischen Halbinsel) von der arabisch-islamischen Eroberungswelle überrollt und hinweggefegt; sein Rückzug von der Küste mag ihn davor bewahrt haben oder auch die guten Beziehungen, die von Anfang an mit der islamischen Urgemeinde bestanden hatten.

Doch mit der islamischen Expansion des 7. und 8. Jahrhunderts begann auch der Abstieg von Aksum, das sich mehr und mehr ins Landesinnere zurückzog und den Fernhandel zunehmend den neuen Herren der Meere, den Muslimen, überlassen musste,[42] die jetzt fast alle Küsten der Region kontrollierten. Handelsstraßen und -verbindungen sowie strategische Schnittstellen zwischen den Kontinenten (etwa die Übergänge zwischen Rotem Meer und Mittelmeer sowie dessen Südufer, das Zweistromland, der Persische Golf mit Hormuz und das Bab al-Mandeb[43] am Südausgang des Roten Meeres) sind jetzt definitiv für Jahrhunderte in islamischer Hand.

Es gab jetzt untrügliche konkrete Anzeichen für den Niedergang von Aksum: Die Münzprägung wurde im 7. Jahrhundert eingestellt, ein sicheres Anzeichen dafür, dass Aksum nicht mehr so stark am Fernhandel beteiligt war aufgrund des Aufstiegs des Islam, denn Münzen wurden vorwiegend im Fernhandel verwendet. Auf lokaler und regionaler Ebene gab es Tauschhandel;[44] verwendet wurden auch Ersatzwährungen wie Salz – die Salzbarren wurden ›Amole‹[45] genannt – und Eisenstücke.

Aksum verlor seine Rolle als Reichshauptstadt – auch in den folgenden Jahrhunderten wird das christliche Reich, das dann entstand und das wir später ›Äthiopien‹ nennen, meist keine permanente ›Hauptstadt‹ mehr haben.

Im 7. oder 8. Jahrhundert ging auch die Bedeutung von Adulis zurück, der Aufstieg von Massawa, heute noch wichtigster Hafen an der eritreischen Küste, begann zwischen dem 8. und 10. Jahrhundert im Zusammenhang mit der zunehmenden Bedeutung des Islam. Ausdruck der Krise ist auch der starke Rückgang der Zahl von Inschriften in den letzten Jahrhunderten der aksumitischen Epoche.

Der endgültige Untergang Aksums liegt im Dunkel. Eine Herrscherin aus dem Süden namens Judith/Gudit oder Esato[46] soll Aksum im 10. Jahrhundert angegriffen, zahlreiche Kirchen zerstört und den (letzten?) König von Aksum getötet haben. Immer wieder wurde behauptet, es habe sich um eine ›jüdische‹ Königin gehandelt – dies gehört jedoch ins Reich der Legende. Sicher ist, dass Aksum um das Jahr 1000 stark reduziert und geschwächt und nicht lange darauf völlig verschwunden war. Die spätaksumitische Phase ist gekennzeichnet von der Entstehung neuer Staaten im orbis aethiopicus. Das 10. Jahrhundert sieht den Aufstieg des Staates Damot suedlich des Abbay-Flusses und des Tana-Sees in Schewa, der Zentralregion des heutigen Staates Äthiopien, in der auch die aktuelle Hauptstadt Addis Abeba liegt. In welchem Zusammenhang die genannte Königin Judith und ihr Reich möglicherweise mit Damot standen, ist ungklärt;

möglicherweise war sie eine Herrscherin des kuschitischen Damot-Staates, die der Hegemonie des semitischen Aksum ein Ende setzte. Damot blieb für längere Zeit der dominierende Staat auf der Hochebene von Schewa.

Nach und nach kamen zahlreiche Muslime ans Horn von Afrika, als Kaufleute oder als Religionsgelehrte, die den Islam verbreiteten und vorlebten. Die Anziehungskraft der neuen Religion ist vor allem da, wo das Christentum noch nicht verbreitet ist, groß. Nach und nach werden weite Regionen islamisiert, der Islam dringt bis in die Gebiete südlich des christlichen Reiches vor.[47]

Auch islamische[48] Machtbereiche bildeten sich wahrscheinlich schon in der aksumitischen Endphase: Mogadischu (heute somalische Hauptstadt) wurde wohl seit dem 8. Jahrhundert von Muslimen besiedelt und war auch am Hof des Kalifen in Baghdad als Teil der islamischen Umma bekannt, wenn es seine Blüte auch erst im Hochmittelalter erleben wird.

Zayla wird ebenfalls in arabischen Quellen genannt, als Handelshafen hervorgehoben, aber als abhängig vom christlichen Äthiopien beschrieben; später allerdings wird es wesentliche Komponente einer islamischen Föderation. Möglicherweise schon Ende des 9. Jahrhunderts entstand ein islamischer Staat in Schewa (im Osten der heutigen gleichnamigen Region gelegen). Es ist ein Anzeichen für das dynamische Vordringen des Islam nach Süden, wenn auch die Quellenlage

Abb. 4: Mittelalterliche Moschee von Harar.

sehr dürftig und es ›verdächtig‹ ist, dass 896 sowohl als Gründungsjahr für das Sultanat Schewa als auch für das Emirat Harar genannt wird,[49] das erst im Laufe späterer Jahrhunderte ins Licht der Geschichte treten wird. Im 11. Jahrhundert erst wird das Sultanat Schewa historisch deutlicher fassbar. Wohl ins 13. Jahrhundert fällt die Gründung der islamischen Stadt Harar, eines der ältesten und wichtigsten Zentren des Islam am Horn von Afrika, das später zum Mittelpunkt eines machtvollen Staates wurde, der große Teile auch der christlichen Regionen unterwerfen konnte, und dessen eindrucksvolle Architektur bis heute eine glanzvolle Geschichte dokumentiert.

Die Nadschahiden – eine abessinische Sklavendynastie in der jemenitischen Küstenebene

In der jemenitischen Küstenebene Tihama kam es im 11. Jahrhundert – also zur Zeit des Untergangs von Aksum oder kurz danach – zur Gründung eines Staates durch Sklaven vom Horn von Afrika. Sklaven wurden im Jemen wie in anderen islamischen (und nichtislamischen) Ländern nicht ausschließlich für ›niedere Dienste‹ eingesetzt, sondern oft auch als Soldaten oder in Regierungsämtern, wobei sie oft beachtliche Machtpositionen erlangen konnten – bekanntestes Beispiel hierfür ist wohl das Mamlukenreich, das 1250–1517 in Ägypten florierte.

Sklaven[50] waren seit der Antike ein wichtiges ›Handelsgut‹ in den wirtschaftlichen Beziehungen zwischen dem Horn von Afrika und seinen Handelspartnern. Besonders ›abessinische‹ Sklaven waren auf der arabischen Halbinsel seit langem präsent und beliebt. Die Hafenstadt Zabid entwickelte sich in den ersten Jahrhunderten des Islam von einem Regionalzentrum der jemenitischen Küstenebene zu einer glänzenden Metropole, die eine führende Rolle hatte im Handelsnetz Mittelmeer/Nordostafrika/Indien/Südarabien. Es wurde zur wichtigen Zwischenstation für Mekka-Pilger, die aus Aden und vom Horn von Afrika zum geistlichen Zentrum des Islam, nach Mekka, unterwegs waren. Zabid war auch ein bedeutender Sammelplatz für Sklaven, die von Massawa[51] über die Dahlak-Inseln von der afrikanischen Küste des Roten Meeres nach Arabien kamen. Einem von ihnen, einem freigelassenen Sklaven namens Nadschah, gelang es 1021, die Macht in Zabid zu ergreifen, dort einen regelrechten Staat[52] und eine veritable Dynastie zu gründen, die weit über ein Jahrhundert Bestand hatte. Die ständigen internen Konflikte der im Jemen dominierenden Sulaihiden-Dynastie erlaubten es den (nach ihrem Stammvater benannten) Nadschahiden, ihre Selbständigkeit zu wahren und sich immer wieder zu behaupten. Wurde ihre Lage prekär, zogen sie sich kurzerhand vorübergehend auf die eritreischen Dahlak-Inseln zurück, die in sicherer Entfernung von der jemenitischen Küste lagen. Die christliche Herrschaft über zumindest einige der mehr als 120 Dahlak-Inseln war damals wohl längst vorüber, der islamische Einfluss hatte stark zugenommen und die Inseln spielten eine Rolle im Handel zwischen afrikanischer und arabischer Rotmeerküste, aber auch im Fernhandel; dabei gerieten sie wiederholt ins Visier jemenitischer Machthaber. Grabsteine auf den Dahlak-Inseln belegen, wie bunt gemischt die Bevölkerung dieser Inselgruppe im Mittelalter war.[53] Die Nadschahiden vergaßen ihre Herkunft nicht – immer wieder rekrutierten sie am Horn von Afrika Söldner, die entscheidend waren bei der Aufrechterhaltung ihrer Kontrolle über das aufstrebende Wirtschafts- und Verkehrszentrum Zabid. Erst 1159 fand ihre Herrschaft dort ein Ende.

2 Lalibela – die Zagwe-Dynastie

Die wichtigste Entwicklung am Horn von Afrika jedoch nach dem Untergang des Reiches von Aksum stellte der Aufstieg der Agau, einer Ethnie aus der Region Lasta, am Tekkeze-Fluss[1] südlich des aksumitischen Stammlandes dar, die bereits in aksumitischen Quellen genannt wurde. Die Agau werden als eine der ältesten Ethnien in dem Raum betrachtet, in dem dann semitische Einflüsse als katalysatorisch bei der Entstehung von Städten und Staaten wirkten. Die Agau selbst waren kulturell-sprachlich jedoch kuschitisch geprägt. Die Sprache der Agau bildet das Substrat der südsemitischen Sprachen Tigrinya und Amharisch. In spätaksumitischer Zeit wanderten Agau-Gruppen aus dem Süden ins Gebiet von Tigray und Eritrea. Bugna, eine Region in Lasta im Nordwesten von Wello, ihre Urheimat, bildete das Kernland des Widerstandes gegen das späte Aksum. Aus der Agau-Bevölkerung geht die Zagwe-Dynastie hervor, welche die staatlich-christliche Tradition von Aksum aufnimmt und über ein Jahrhundert lang fortführt.

Sie bildet die Brücke zwischen der aksumitischen ›antiken‹ Epoche und dem langen salomonischen Zeitalter, das vom Hochmittelalter (unserer europäischen Periodisierung) bis fast in die Gegenwart reicht.

Das Aufkommen der Zagwe-Dynastie um das Jahr 1140 beendet die ›dunkle‹ Periode seit der aksumitischen Endzeit, die vor dem Jahr 1000 einsetzte. Wir wissen wenig über diese ›Zwischenzeit‹; die Überlieferungen über einen aksumitischen General, der eine Königstochter heiratete, dann seinen Schwiegervater liquidierte und als Usurpator den Thron einnahm, gehören ins Reich der Legende und beabsichtigen wohl vor allem, eine nicht wirklich nachweisbare Kontinuität herzustellen. Erster Zagwe-Herrscher soll Tekle Haymanot gewesen sein – nicht zu verwechseln mit dem hochverehrten gleichnamigen Heiligen dieses Namens aus dem 13. Jahrhundert. Die Zagwe bilden weniger eine echte Dynastie mit strenger patrilinearer Erbfolge, sondern eher einen Familienclan, aus dem der Herrscher jeweils kam. Das Reich der Zagwe erstreckte sich von Akkele Guzay (heutiges Eritrea, an der Grenze zu Tigray) im Norden bis südlich des Beselo, eines Nebenflusses des ›blauen Nils‹ (Abbay) in Wello, im Süden. Relativ gering war im Vergleich die Ost-West-Ausdehnung des Reiches. Im Westen gehörten beispielsweise die Region Begemdir und der Tana-See schon nicht mehr zum Zagwe-Staat; der Tekkeze-Fluss bildete die Westgrenze. Im Osten reichte der Staat kaum bis an den Awash-Fluss; dort hatten sich islamische Staaten gebildet. So stellt sich das von den Zagwe beherrschte Reich als ein relativ schmales Nord-Süd-Band dar, das nur einen kleinen Teil der heutigen Staaten Äthiopien und Eritrea umfasste und dessen südlichster Punkt weit nördlich der heutigen äthiopischen Hauptstadt Addis Abeba lag.

2 Lalibela – die Zagwe-Dynastie

Die Region Lasta wird zum neuen Reichsmittelpunkt. Adefa (nördlich von Lalibela) übernahm zunächst die Funktion einer ›Hauptstadt‹. Aber der berühmteste Kaiser der Zagwe, Lalibela (1185 bis 1224/25),[2] schuf sich ein besonderes Denkmal, das noch heute das herausragende Monument dieser Epoche und des gesamten ›orbis aethiopicus‹ darstellt. Der ihm zugeschriebene, aus dem Felsen gehauene Kirchenkomplex von Roha (über 300 km nördlich von Addis Abeba) wurde, wie der Ort selbst, nach ihm benannt und entwickelte sich zum Zentrum des Zagwe-Reiches. Lalibela ist vielleicht nicht das älteste Beispiel von aus dem Fels herausgearbeiteten Kirchen, aber bei weitem das Eindrucksvollste.[3] Weitere Felskirchen gibt es im Norden im Hochland, von denen einige älter sein mögen.[4] Kommt also den Zagwe wohl nicht die schöpferische Originalität zu, diesen Typ von außergewöhnlichem Gotteshaus erstmals geschaffen zu haben, so haben sie doch diese Kunstform in besonderer Weise ausgeprägt und sie in dieser Form zu der Vollendung gebracht, die heute weltweit die bekannteste ist.

Während im Volksglauben Kaiser Lalibela selbst eigenhändig Kirchenkomplex und Stadt geschaffen hat, muss dies faktisch einen längeren Zeitraum in Anspruch genommen haben, ist die Anlage doch mit erheblichem Aufwand gestaltet – so sind z. B. auch die Altäre im Kircheninneren aus dem Stein gehauen. Kaiser Lalibela gilt inzwischen als Heiliger und ist in zahlreichen teilweise phantasievollen hagiographischen und künstlerischen Darstellungen, die bis in die Gegenwart angefertigt werden, Teil der religiösen Identität und lebendigen christlichen Tradition am Horn von Afrika geworden.

Wenn auch der Zagwe-Staat als inlandzentriert und vom Meer abgewandt geschildert wird und als Beispiel für zunehmende Isolierung gilt, hatte das Reich doch Außenbeziehungen – etwa zu Ägypten, dessen koptische Kirche jeweils den Metropoliten ernennen und entsenden musste, oder nach Jerusalem, das im Weltbild der abessinischen Christen eine wichtige Rolle spielte und wo ihre Kirche seit den Tagen des Reiches von Aksum immer vertreten war. Mit den muslimischen Staaten, die sich im Osten gebildet hatten, kam es immer wieder zu Konflikten.

Zayla – an der Somaliküste unweit der heutigen dschibutischen Grenze – war der Hafen, über den weit gespannte Handelsbeziehungen des Zagwe-Reiches liefen, die damals allerdings weniger intensiv waren als noch in der aksumitischen Epoche. Der arabische Geograph al-Idrisi erwähnt unter anderem Gold- und Sklavenhandel (12. Jahrhundert). Zayla ist in dieser Zeit bereits vom Islam geprägt, befindet sich jedoch in einem Abhängigkeitsverhätnis vom christlichen Zagwe-Staat. In dessen Blickfeld ist auch die (eritreische) Region am Roten Meer, damals »Mitte der Küste« genannt. Möglicherweise waren die Ansätze, Agau jenseits des Mereb (ins heutige Eritrea) umzusiedeln, Teil eines Versuches, nach Norden zu expandieren und die Küstenregion stärker ans Reich zu binden.

Mit Yetbarak,[5] einem Sohn Lalibelas (aber nicht sein direkter Nachfolger), der um 1240 auf den Thron gelangte, fand die Zagwe-Dynastie ihr Ende. Yekunno Amlak, ein amharischer Adeliger, soll eine Revolte von Schewa aus initiiert haben. Er konnte die Macht im Reich an sich reißen, nachdem er den letzten Herrscher der Zagwe-Dynastie 1268 getötet hatte und der letzte Widerstand der Zagwe 1270 endgültig gebrochen war.

Die Zagwe-Epoche ist mit ca. 130 Jahren weit kürzer als die vorhergehende knapp tausendjährige aksumitische oder die salomonische, die damals beginnt und einen Zeitraum von sieben Jahrhunderten ausfüllen wird. Lange galten die Zagwe im offiziellen Geschichtsbild als Usurpatoren, welche die (angeblich) rechtmäßige, auf alttestamentarische Zeiten zurückreichende salomonische Dynastie vorübergehend verdrängt hatten. Dieser historische Mythos soll die gewaltsame Machtergreifung durch Yekunno Amlak, der in Anspruch nahm, die Legitimität wieder hergestellt zu haben, begründen und rechtmäßig erscheinen lassen. Erst im Laufe der Jahrhunderte wurden die Zagwe rehabilitiert und fanden ihren positiven Platz im Geschichtsbild des abessinischen Reiches, wurden Zagwe-Herrscher als Heilige[6] verehrt. Ihre Kirchenbauten bleiben bis heute eindrucksvolle Monumente des sakralen Charakters politischer Macht und bezeugen ihre Verwurzelung im christlichen Kontext des Horns von Afrika.

3 Sieben Jahrhunderte salomonische Dynastie – zwischen christlichem Nationalmythos und imperialer Kontinuität

Ein Staat und seine Legende

Yekunno Amlak wurde Erbe des Zagwe-Reichs, dessen gewaltsames Ende er herbeiführte (1270). Er ist der der Gründer der salomonischen Dynastie[1] bzw. nach dem historischen Mythos derjenige, der die salomonische Dynastie ›wiedereinsetzte‹: Denn er ist es auch, der seine Herkunft – und damit die Legitimität der von ihm begründeten Dynastie – auf König Salomon und die Königin von Saba sowie deren Sohn Menilek I. zurückführt. Diese Abstammungstheorie, obwohl völlig fiktiv, hat sich bis ins 20. Jahrhundert gehalten als akzeptierte offizielle Staatslehre und Grundlage des religiös-politischen Geschichtsbewusstseins.[2]

Yekunno Amlak ist auf Kirchenfresken aus dem 13. Jahrhundert, die noch erhalten sind, dargestellt und gilt als Erbauer und Stifter vieler Gotteshäuser. Zahlreiche Rituale, darunter archaische aus aksumitischer Zeit, verleihen den salomonischen (wie bereits zuvor den Zagwe-) Herrschern einen quasi-religiösen Nimbus und tragen zu einer Verflechtung der politischen und religiösen Sphäre bei. Sie sollen eine Kontinuität zum Reich von Aksum konstruieren, die ebenso fiktiv ist wie der mythische Anspruch einer Abstammung vom jüdischen König Salomon und einer Königin von Saba.

Ausformuliert findet sich diese Staatsideologie und Legitimationsdoktrin für die salomonische Dynastie in einem ausführlichen Text, der unter dem Titel »Kebre Negest«, ›Ruhm der Könige‹, bekannt geworden ist.[3] Das anonyme Buch, das ursprünglich keinen Titel trug, ist als ›historischer Roman‹ bezeichnet worden und als ›ideologisches Instrument‹ zur Legitimierung der salomonischen Dynastie (zunächst gegenüber der Zagwe-Dynastie).[4] Es ist im frühen 14. Jahrhundert entstanden und stellt bis heute ein hoch angesehenes und weitgehend unbestrittenes christliches ›Nationalnarrativ‹ dar, welches das Horn von Afrika bzw. das abessinische Reich in der christlich-jüdischen Tradition verwurzelt. ›Kebre Negest‹[5] stellt zwar keine Quelle für reale historische Abläufe dar, ist aber ein primäres Zeugnis für Mentalität, Selbstverständnis und historisches Bewusstsein des christlichen Abessinien.

Kernstück des vielfältigen Textes, der aus einem breiten Spektrum von Quellen schöpft, ist die alttestamentarische Erzählung von der Reise der Königin von Saba, Makedda,[6] im 10. Jahrhundert v. Chr. vom Horn von Afrika nach Jerusalem zu König Salomon, um von dessen sagenhafter Weisheit zu profitieren. Dort wendet sie sich vom traditionellen südsemitischen Sternenkult ab und dem Judentum zu. Salomon und Makedda[7] zeugen einen Sohn (deshalb ›salomonische‹

Dynastie), Menilek, der bei seiner Mutter am Horn von Afrika aufwächst. Im Alter von 22 Jahren reist er zum Vater nach Jerusalem, besteht aber darauf, mit dem Segen des Vaters zur Mutter zurückzukehren, um dort die Herrschaft zu übernehmen. Begleitet wird er auf der Heimreise von Söhnen der führenden Persönlichkeiten des jüdischen Staates, welche die Bundeslade aus dem Tempel Salomons mitnehmen, die in der weiteren Geschichte des christlichen Abessinien eine wichtige symbolische Rolle spielt. Als ›Löwe von Juda‹ wird König Menilek I. als Erbe und Träger der Würde und Legitimität des wahren, alten Israel dargestellt. Schon früh erkennt die Führungsschicht des Reiches später in Jesus den Messias – im Gegensatz zu den Israeliten im Heiligen Land – und wird nicht erst durch spätere Missionierung christlich. Deshalb ist es wichtig für das Selbstverständnis des salomonischen Reiches, in den Traditionsmythos auch das Reich von Aksum einzubeziehen. Priester und hohe Beamte im Reich sind Abkommen der Begleiter Menileks I., die dieser aus Israel mitgebracht hatte.

Dieser Traditionsmythos, der Staat und Kirche eng verbunden sieht,[8] hat sich sieben Jahrhunderte hindurch praktisch bis zum Ende (1974) der äthiopischen Monarchie gehalten: Noch in der Verfassung von 1955 wird er beschworen und bekräftigt.

Unter der salomonischen Dynastie festigt sich auch die Dominanz des semitischen Kultur- und Spracheinflusses, der sich, in Verbindung mit dem Christentum, schon weiter nach Süden ausgebreitet hat. Im Kontext dieses Verschmelzungsprozesses (beispielsweise mit starker Agau-Komponente) war erst im Mittelalter das Amharische aus verschiedenen äthio-semitischen Sprachvarianten entstanden, benannt nach der Region Amhara, südlich von Lasta, wo es vor allem Verbreitung fand. Schewa, als amharisches Kernland, bislang am südlichen Rand des Reiches gelegen und zeitweise gar nicht dessen Bestandteil, sondern Sitz eines muslimischen Sultanats, wird zeitweise zur Kernregion des salomonischen Staates. Dieser Staat muss sich in der ersten Hälfte des 14. Jahrhunderts konsolidieren. Ein amharisch beeinflusstes Ge'ez wird zur typischen Sprache historischer Texte (Königschroniken), die jetzt entstehen und ein besseres Verständnis der Geschichte ermöglichen.

Aufstieg und Ausbreitung eines Imperiums

Amda Seyon I. (1314–1344) war der Herrscher, der die neue Dynastie stabilisierte und ihren Machtbereich ausdehnte. Seine Stoßrichtung ist einerseits der Süden, wo zahlreiche Gebiete (Godscham, Damot, das muslimische Hadiyya[9]) tributpflichtig wurden. Der Abbay (blaue Nil)[10] und sein Becken wurden damals ins Reich eingefügt. Andererseits mußte er aber auch den Widerstand im Norden, wo in Tigray (dem alten Reichszentrum, in dem auch Aksum liegt) gegen die amharische Herrschaft revoltiert wurde, ausschalten (1320).

Sein Vorstoß ans Rote Meer zeigte das Interesse an Handel und weiterreichenden Verbindungen sowie die Notwendigkeit, sich gegen den hier stärker werdenden Islam zu positionieren. Ein Fokus der Reichspolitik lag damals auf der Auseinandersetzung mit den islamischen Staaten, die sich bereits am Horn von Afrika gebildet hatten. Es kommt zu wiederholten Konflikten mit diesen – z. B. im Osten mit den Sultanaten Ifat am Awash-Fluss und Adal,[11] aber etwa auch mit dem früh vom christlichen Reich absorbierten muslimischen (Süd-)Schewa. In diesen Kriegen kann sich der salomonische Staat behaupten, nachdem es zu muslimischen Einfällen gekommen war, bei denen auch christliche Kirchen zerstört worden waren.

An der Somaliküste kann sich der Islam zuerst durchsetzen und das wohlhabende Mogadischu wird in unterschiedlichen Quellen früh lebendig als blühende Handelsstadt am Indischen Ozean mit islamisch geprägter Architektur, die berühmt war für ihre Textilproduktion und -exporte.

Muslime übernahmen mehr und mehr am gesamten Horn von Afrika die Hauptrolle im Fernhandel, wenn diese Rolle auch nicht unangefochten blieb. Als Händler verbreiten sie den Islam zwar zuerst an der Küste, später aber auch, als sie weiter nach Süden kamen, mehr und mehr im Landesinneren, wo sich (süd-)östlich des salomonischen Reiches muslimische Staaten konsolidierten.

Christliche ›Fundamentalisten‹

Das Christentum im salomonischen Reich des 14. Jahrhunderts war geprägt von einer Reformbewegung. Mönchstum[12] und Klöster hatten einen eindrucksvollen Aufschwung genommen und auch zur Festigung des Reiches durch Verbreitung des christlichen Glaubens beigetragen, gerade im Zuge der Südexpansion.

Der Mönch Ewostatewos (1273–1352) sah die Notwendigkeit, die Kirche zu reformieren: Einerseits wollte er die korrumpierenden Einflüsse der Politik und andere weltliche Faktoren fernhalten und die Kirche ganz auf ihre eigentliche Aufgabe konzentriert sehen. Andererseits strebte er eine Besinnung auf die Wurzeln an und damit eine strengere Orientierung an den alttestamentarischen Ursprüngen, die die abessinische Kirche für sich beanspruchte. Dazu gehört z. B. die Feier des Sabbath. Der Widerstand von Kirche und Staat gegen eine so puristische und archaisierende Bewegung war beträchtlich; aber die Ausstrahlung und Wirkung von Ewostatewos erwies sich als stark und nachhaltig.[13] Zwar wurde er selbst zur Emigration gezwungen und starb im armenischen Exil, aber die Bewegung als solche überlebte. In einigen Gegenden nahm sie solch alttestamentarisch-konservative Formen an, dass sie geradezu als ›jüdisch‹ erscheint und den Namen ›Beta Israel‹ trägt. Als Repression letztlich nicht zum Erfolg führte, wurde schließlich Mitte des 15. Jahrhunderts ein Kompromiss innerhalb der Reichskirche geschlossen und die Feier des Sabbath zugelassen, während die Beta Israel sich weiter abseits hielten und ihre eigene Entwicklung nahmen. Aber die Bewegung des Ewostatewos war nicht die einzige ihrer Art unter den Mönchen am Horn von Afrika – im 15. Jahrhundert forderten die ›Stefaniten‹,[14] benannt nach ihrem Gründer Estifanos, die Rückkehr zum ›wahren Asketentum‹.

Abb. 5: Kloster Debre Bizen/Eritrea 1373/74, Zentrum der Bewegung des Ewostatewos.

Sie kritisierten den Sittenverfall im Mönchstum, forderten und lebten Armut, Genügsamkeit und Gleichheit sowie Distanz zu weltlicher Macht. Abgelehnt wurden besonders Marien- und Kreuzeskult sowie übertriebene quasireligiöse Verehrung des Herrschers, der letztlich nur weltlicher Machthaber sei. Vielleicht gerade wegen dieser Skepsis gegenüber der politischen Führung wurde der ›Orden‹ auch nach dem Tod seines Gründers 1444 weiter verfolgt und noch lange mit Misstrauen betrachtet.

Zar'a Ya'kob – Religion, Kultur und Weltpolitik

In der Mitte des 15. Jahrhunderts trat mit Zar'a Ya'kob (1399–1468) eine der profiliertesten Herrschergestalten des christlichen Imperiums ins Licht der Geschichte.

Nicht nur durch seine Persönlichkeit und die Ereignisse der Epoche, die er mitgeprägt hat, bildete er einen Mittelpunkt des Interesses. Seit dem 14. Jahrhundert gibt es auch zunehmend schriftliche Quellen, die sogenannten Königschroniken, die uns ein farbiges und plastisches Bild historischer Zusammenhänge und Ereignisse vermitteln und die gut erschlossen und sorgfältig ediert sind.[15] Zunächst war seine Regierungszeit – er wurde 1439 in Aksum wie die meisten abessinischen Kaiser gekrönt (nach Niederschlagung einer Rebellion) – durch äußere Bedrohungen belastet. Muslimische Invasionen unter Ahmad Badlay aus

Ifat, die 1443 u. a. Schewa betrafen und vorübergehend erfolgreich waren, mussten zurückgeschlagen werden. Nach dem endgültigen Sieg Zar'a Ya'kobs 1445 kamen weitere Regionen im Süden,[16] wie etwa das zwischen den Flüssen Awash und Wabi Schebelle (heutiges Somalia) gelegene Dewaro, unter direkte Kontrolle des christlichen Reiches. In Soldatenliedern und Wundererzählungen, wo der Sieg des Kaisers der Jungfrau Maria zugeschrieben wird,[17] wird der christliche Erfolg in besonderer Weise zelebriert.

Aber auch im Inneren stellten sich Zar'a Ya'kob Herausforderungen: Widerstand kam vor allem aus der schon früher unruhigen Nordprovinz Tigray, den der noch nicht gekrönte Kaiser überwinden mußte, damit die Zeremonie in der alten Metropole Aksum stattfinden konnte.

Die Küste war ein weiteres Ziel der Arrondierungspolitik von Zar'a Ya'kob; hier sind nicht nur die Dahlak-Inseln, sondern auch Massawa, das die Rolle von Adulis als Haupthandelshafen längst übernommen hatte, unter islamische Kontrolle geraten; auf der Halbinsel Gerar in nächster Nähe der Stadt errichtete der Kaiser Befestigungen. Eventuell kam es sogar zur gewaltsamen Einnahme von Massawa. Sein Sohn und Nachfolger, Ba'eda Mariam, baute die Rotmeerpolitik aus und führte die Funktion des ›Baher Negasch‹ (einer Art autonomer Gouverneur) für die Nordprovinz an der Küste (heutiges Eritrea) ein.

Zar'a Ya'kob hat auch kulturgeschichtliche Akzente gesetzt: Literatur und Kunst erhielten durch ihn neue Impulse. An seinem Hof richtete er ein ›Scriptorium‹, eine Art Literaturwerkstatt ein, wo historische, panegyrische und religiöse Werke entstanden; manche trugen gar den Verfassernamen des Herrschers. Marien- und Kreuzeskult erfuhren gezielte Förderung und damit einen Aufschwung. Ikonen gewannen dadurch mehr Bedeutung: Der Mönch Fere Seyon (1440–1470) machte sich als Maler einen Namen, der Mariendarstellungen für den Kaiser schuf.[18] Es gab Bestrebungen, in seine Werke europäische Einflüsse hineinzuinterpretieren; möglich ist, dass der Künstler europäische Mariendarstellungen in der Sammlung des Kaisers gesehen hat und sich daraus Anregungen holte.

Auch Kreuze wurden unter Zar'a Ya'kob nun überall angebracht: Auf Gebäuden, Gebrauchsgegenständen, an Kleidern und auf Waffen, sogar auf Händen und Gesichtern (bis heute nicht ungewöhnlich am Horn von Afrika). Der Kaiser war bemüht, Zauberpraktiken und heidnische Bräuche, die sich überall gehalten hatten und neben christlichen Ritualen oder in christlichem Gewand fortbestanden, abzuschaffen. Dies alles hatte nicht ausschließlich religiöse Bedeutung, sondern diente einer Vereinheitlichung und Reinigung von Kirche, Brauchtum und Ritual im Sinne einer politischen Konformität. Kirche, Glauben und Loyalität zum Staat, zum Kaiser sollten eine Einheit, unzertrennbar verflochten sein – nicht beliebig, sondern streng eindeutig geregelt. So gaben Kirche und Religion dem Kaiser und seinem Reich eine sakrale Dimension, die ihnen ja aufgrund des Ursprungsmythos und der Nationallegende zukommt. Auch höfische Regularien und kaiserliches Protokoll spielen jetzt, aus vergleichbaren Gründen, eine wichtige Rolle. Sie wurden ausgearbeitet, im Detail festgelegt und genau definiert – so trugen sie dazu bei, die Signifikanz dieser fast rituellen Vorschriften und Verfahren festzuschreiben und zu betonen, sie in eine höhere Sphäre zu erheben, ihnen Bedeutung zu verleihen. Sie erlangten dadurch eine herrschaftsstabilisierende Funktion.

Der Kaiser führte auch eine aktive Religionspolitik. 1450 berief er ein Konzil in das von ihm gegründete Kloster Debre Metmak ein, nördlich der von ihm gegründeten Hauptstadt Debre Berhan. Dabei wurde der lange schwelende Streit mit der Bewegung des Ewostatewos (der selbst aber längst im Exil war) beigelegt. Die Feier des Sabbath wurde als orthodox anerkannt. So ging dieser weit über ein Jahrhundert währende Konflikt mit einem Kompromiss zuende. Weniger flexibel und tolerant zeigte sich der Kaiser gegenüber den Stefaniten, die er verfolgte und deren Gründer Estifanos im Gefängnis starb. Sie hatten die Verehrung religiöser Symbole, die nun auch Staatsinsignien waren, sowie die Niederwerfung vor dem Herrscher abgelehnt und wurden deshalb wohl als politisch gefährlich oder zumindest unzuverlässig betrachtet.

Zar'a Ya'kob hatte auch erste Kontakte nach Europa – unter ihm begann die Phase des Austauschs von Delegationen und der lange Prozess gegenseitigen Kennenlernens, der schließlich in Kooperation mündete. Eine Kontaktaufnahme des christlichen Landes am Horn von Afrika zwischen Indischem Ozean und Nil, mit Europa, dem Zentrum der christlichen Welt, lag auf der Hand. Sie sollte von da an zu einer der Konstanten der Geschichte des nordostafrikanischen Raums werden und bald eine entscheidende Rolle spielen. Eine vage, im Nebel des Sagenhaften nur undeutlich fassbare Vorstellung von einem christlichen König im Osten, dem ›Erzpriester Johannes‹, hatte sich im Laufe des Mittelalters in Europa entwickelt[19] und begann nun, schärfere Konturen anzunehmen.[20] Die militärischen Erfolge des abessinischen Kaisers gegen seine muslimischen Nachbarn passten gut ins (Wunsch-)Bild eines ebenfalls vom Islam bedrohten Europa. Kaiser Zar'a Ya'kob hatte an seinem Hof den Italiener Pietro Rombulo, der als Abenteurer ans Horn von Afrika gekommen war, Jahrzehnte im Land verbrachte und dem Herrscher in verschiedenen diplomatischen Funktionen diente. Ihn schickte der Kaiser 1450 an der Spitze einer Delegation nach Europa, wo er eine Audienz bei Papst Nikolas V. erhielt und auch den König von Neapel besuchte, wodurch er dem abendländischen Interesse an Abessinien besondere Impulse verlieh. Zwar gab es keine unmittelbaren konkreten politischen Ergebnisse dieser Mission Rombulos, aber ein erster Kontakt war hergestellt. In derselben Periode nahmen abessinische Mönche am Konzil von Florenz teil. Zur gleichen Zeit gab es auch erste Verbindungen zwischen Portugal und dem salomonischen Staat, die knapp 100 Jahre später entscheidende Bedeutung gewinnen sollten.

Auch aus einer ganz anderen Richtung landen Schiffe am Horn von Afrika: Unter der Ming-Dynastie (1368–1644) unternahm China weitreichende See-Forschungsreisen,[21] erreichten chinesische Flotten Afrika, z. B. auch die somalische Küste. Brava und Mogadischu hatten Kontakt mit den Chinesen (1414), deren Fahrten in den westlichsten Bereich des Indischen Ozeans jedoch nicht fortgesetzt wurden. Das damals schon strategisch bedeutsame Hormuz am Eingang zum Persischen Golf wurde ebenfalls von chinesischen Schiffen angelaufen.

In der zweiten Hälfte seiner Regierungszeit gründete der Kaiser eine eigene Hauptstadt, Debre Berhan,[22] die zu einem Anziehungspunkt nicht nur für die politische Elite des Reiches wurde, aber ihren Charakter als Reichszentrum schon unter seinem Sohn und Nachfolger verlor. Erst im späten 17. Jahrhundert wurde Debre Berhan noch einmal zu einem Zentrum der Macht.

Krisen und interkontinentale Beziehungen

Es war die strukturelle Schwäche des Reiches, die es verletzlich machte. Ausdehnung, Macht und Position im regionalen oder internationalen Kontext des salomonischen Staates hingen in hohem Maß ab von der jeweiligen Persönlichkeit des Kaisers. Eine Verwaltung, eine feste, dauerhafte Provinzgliederung oder auch nur eine Thronfolgeregelung existierten nicht – somit gab es ständig Anlässe für Konflikte, Unruhen, innere Rivalitäten. Selbst eine permanente Hauptstadt hatte das salomonische Reich nicht. Hatte ein Herrscher eine solche gegründet, so verlor sie ihren Charakter als Zentrum der Macht und Schwerpunkt des Reiches meist mit dem Tod des jeweiligen Kaisers. Es ist unschwer erkennbar, wie fragil ein Reich[23] unter solchen Umständen bleiben musste, welche Bedeutung individuellen Handlungen und Entscheidungen zukam angesichts kaum vorhandener Institutionen, politischer Konzepte und strukturierter Verfahren.

Ba'eda Maryam (1448–1478) etwa setze die Tradition Zar'a Ya'kobs nicht fort, die Regionen des Reiches direkt oder durch loyale Vertraute zu regieren, sondern übertrug sie Regenten, die aus den jeweiligen Provinzen stammten.

Unter den Herrschern des späten 15. und frühen 16. Jahrhunderts spielten Kriege mit den islamischen Nachbarn eine immer größere Rolle, die zunehmend den Dschihad gegen das christliche Reich führten und es wiederholt in Bedrängnis brachten. Gleichzeitig spielten Höflinge eine unheilvolle Rolle im Streit um die Macht. Damals konnte Eleni (1431–1522), die Tochter eines Herrschers von Hadiyya,[24] eines muslimischen Staates im Süden an der Grenze zu Sidamo, an Einfluss gewinnen. Als junges Mädchen wurde sie christlich getauft und mit Kaiser Zar'a Ya'kob verheiratet. Sie konnte auch unter mehreren Nachfolgern ihres Mannes eine stabilisierende Rolle spielen, insbesondere als die noch jungen Monarchen von ehrgeizigen Adeligen marginalisiert zu werden drohten und das Reich am Rand des Chaos stand. Auch noch in der ersten Zeit der Herrschaft von Kaiser Lebna Dengel (1496/97–1540)[25] war seine Großmutter Eleni einflussreich und rivalisierte mit der Mutter des Kaisers, Na'od Mogesa. Eleni, die Zeichen der Zeit erkennend, entsandte den Armenier (?) Mateus an den portugiesischen Hof, wo er 1519 ankam; der Austausch verstetigte sich und konnte bald konkrete Erfolge für das salomonische Reich erbringen.

Zwar schien die erste Phase der Regierungszeit von Lebna Dengel stabil, doch begann dann der massive islamische Angriff auf das Reich, der zu seinem Untergang geführt hätte, wäre es nicht zu einem Eingreifen des christlichen Europa gekommen.

Das Horn von Afrika gerät in den Sog interkontinentaler Interessen, Spannungen und Konflikte. Wenn es auch aus weltgeschichtlicher Perspektive dabei keine Hauptrolle spielt, so wird es doch von den neuen Entwicklungen stark betroffen und mehr und mehr einbezogen in internationale Prozesse.

Das 16. Jahrhundert war für das Horn von Afrika[26] eine Epoche, die zu historischen Weichenstellungen führte, welche zu Beginn dieses Zeitraums noch nicht abzusehen waren: Die islamische Offensive,[27] die von Akteuren der Region selbst getragen wurde, stellte die bisherige Vorherrschaft des christlichen abessinischen

Reiches erstmals ernsthaft infrage,[28] gefährdete gar seine Existenz. Kurz darauf stieß das Osmanische Reich im Zuge seiner Expansion ins Rote Meer und den Indischen Ozean an die eritreische Küste vor und gründete eine ›abessinische‹ Provinz. Auch Europa wurde im Zuge seiner imperialen Ausdehnung und seines Griffs nach dem Welthandel im Indischen Ozean, im Persischen Golf und am Roten Meer aktiv und leistete dem christlichen Bruderstaat am Horn von Afrika konkrete, unmittelbare Hilfe, welche das Überleben des christlichen Reiches sicherstellte.

Im Süden der Region gärte es. Die Ethnie der Oromo[29] brach im 16. Jahrhundert auf, es kam zu erheblichen Migrationsbewegungen, durch welche die demographische Landschaft am Horn von Afrika dauerhaft verändert wurde. Heute sind die Oromo die größte Volksgruppe des Staates Äthiopien.

Vom Sultanat Adal aus entstand eine Gefahr neuer Dimension für das salomonische Reich. Ahmad ben Ibrahim al-Ghazi,[30] von der christlichen Seite als Granj (Linkshänder) bezeichnet, trat als religiöser Führer auf, rief zum Dschihad und erlangte die faktische Macht in Adal und Harar, wo er zwar nie die ›legitimen‹ Herrscher beseitigte, sie aber zeitweise zu Marionetten degradierte. Er maßte sich nie weltliche Titel wie etwa ›Sultan‹ an, sondern nannte sich Imam, womit er das Primat seiner religiösen Rolle betonte. Seinen ersten entscheidenden Sieg über das christliche Reich und Kaiser Lebna Dengel erlangte er 1529. Seine Armeen drangen schnell vor, versetzten das christliche Abessinien in Angst und Schrecken und hinterließen überall Tod und Zerstörung.

Nach einem Jahrzehnt war fast das gesamte Horn von Afrika islamischer Herrschaft unterworfen. In der Tat wollte Granj nicht nur zerstören und Beute machen, sondern strebte ein großislamisches Reich an, wollte sogar eine familiäre Verbindung zur salomonischen Dynastie im Sinne glaubwürdiger Legitimität und langfristiger Sicherung eines islamisch geprägten, aber auch im traditionellsalomonischen Sinn rechtmäßigen Staates. Im Norden trugen die Glaubenskrieger den Dschihad bis nach Tigray und Hamasin (heutiges Eritrea), im Süden[31] nach Gurage, Bale, Hadiyya und Sidama. Ein arabisches Werk, von einem Zeitgenossen und Augenzeugen verfasst, der auch die Aussagen anderer Zeitzeugen verwendet hat, mit dem Titel »Futuh al-Habascha«,[32] stellt die wesentliche muslimische Quelle für diese islamische Großoffensive dar.

Der salomonische Kaiser selbst war ständig auf der Flucht und starb 1540 im Kloster Debre Damo; Söhne von Kaiser Lebna Dengel wurden getötet oder gefangen genommen.

Der muslimische Siegeszug endete erst, als 1541 in Massawa 400 mit Feuerwaffen ausgerüstete Portugiesen landeten. Zwar wurden die Portugiesen nach anfänglichen Erfolgen im August 1542 in Tigray mit osmanischer Hilfe geschlagen und ihr Anführer Christovao da Gama[33] gefangen genommen und von Granj persönlich getötet, aber die überlebenden Portugiesen konnten wesentlich dazu beitragen, dass Kaiser Gelawdewos (1521/22–1559) im Februar 1543 einen entscheidenden Sieg errang. Granj selbst wurde von einem portugiesischen Scharfschützen getötet. Damit war der islamische Dschihad schnell am Ende, denn der Tod eines charismatischen Anführers führte meist zu einem völligen Zusammenbruch. Die Phase erfolgreicher islamischer Expansion war zu kurz gewesen, um

Abb. 6: Johannes-Evangelium aus Gunda Gunde in Tigray um 1540.

eine regelrechte ›Großmacht‹ Adal entstehen zu lassen, die das christliche Reich hätte ablösen können. Das salomonische Reich unter Kaiser Gelawdewos konnte sich erholen, sogar zu Gegenoffensiven ansetzen.

Aber neue Herausforderungen kamen durch welthistorische Entwicklungen: Das Osmanische Reich hatte 1517 Syrien und Ägypten erobert und war auch ins Zweistromland (heutiger Irak) in Richtung Persischer Golf vorgestoßen. Als neue Vormacht im Roten Meer[34] sicherten sich die Osmanen an beiden Ufern Positionen. Dabei ging es um den Handel im Indischen Ozean, der in die Hand der Portugiesen zu geraten drohte. Diese hatten nach Entdeckung des Seewegs um Afrika und nach Indien[35] ein weitgespanntes Netz von Stützpunkten von Nordafrika bis Ostasien[36] errichtet. Das islamische Monopol für den Asienhandel, Garant der Prosperität und Macht der islamischen Welt, war somit in Gefahr. In einer solchen Konstellation war die Rotmeerküste des heutigen Eritrea, nahe dem Bab al-Mandeb, dem Zugang zum Roten Meer vom Indischen Ozean aus, ein strategischer Baustein. 1538 hatten die Osmanen bereits den Jemen ihrem Machtsystem eingegliedert und von dort aus Granj in seinem Dschihad gegen das salomonische Reich mit Feuerwaffen unterstützt. 1557 dann landeten die Osmanen an der eritreischen Küste, nahmen die Hafenstadt Massawa ein und drangen ins Landesinnere vor. Trotz einiger Rückschläge wurde die Provinz Abessinien auf dem Territorium des heutigen Eritrea gegründet, die in ihrer Ausdehnung variierte, aber in jedem Fall mindestens einen osmanischen Stützpunkt an der Rotmeerküste sicherstellte. Die osmanischen Türken spielten von da an eine Rolle in den Rivalitäten und Auseinandersetzungen am Horn von Afrika zwischen dem salomonischen Reich, dem das heutige Norderitrea kontrollierenden ›Baher Negasch‹[37] und anderen Akteuren, wie etwa dem muslimischen Herrscher von Harar.

Aber auch die Portugiesen waren längst vor Ort und verteidigten ihre Positionen gegen ihre muslimischen Gegner. Schon im 15. Jahrhundert hatte es portugiesisch-abessinische Kontakte[38] gegeben, doch traten die portugiesischen Beziehungen zum Horn von Afrika etwas in den Hintergrund im Gesamtkontext der portugiesischen Ausbreitung[39] im Indischen Ozean des 16. Jahrhunderts und im Zusammenhang mit der historischen osmanisch-portugiesischen Auseinandersetzung um den Welthandel.

Es ging um die Frage, ob die erste Globalisierung im Zeichen des Kreuzes oder des Islam erfolgen würde. Schon 1499 hatte es einen Angriff Portugals auf Mogadischu gegeben, der aber erfolglos geblieben war, ebenso wie die Verwüstung von Barawa (Brava) im Süden der Somaliküste durch die Portugiesen. Zwar hatten die Portugiesen 1515 Hormuz, die bis heute strategisch wichtige Insel am Eingang zum Persischen Golf erobert und die Osmanen konnten es erst im 17. Jahrhundert ihrem Reich eingliedern. Aden aber hatten die Portugiesen trotz mehrerer Versuche nie einnehmen können.[40] Auch portugiesische Vorstöße ins Rote Meer blieben Episode.

Wenn Portugal auch keine Stützpunkte am Horn von Afrika hatte, hier nie territorialen Besitz erwarb und diese Region angesichts welthistorischer Veränderungen, die damals im Gang waren, nicht im Mittelpunkt des Interesses stand, war Portugal doch durchaus engagiert in diesem Großraum und wusste um die Bedeutung guter Beziehungen zu Abessinien, die aktiv von beiden Seiten gepflegt wurden. Nachdem da Gamas relativ kleines Kontingent mit Feuerwaffen ausgerüsteter portugiesischer Soldaten das salomonische Reich hatte retten können, gingen Gesandschaften hin und her, blieben Abessinier und Portugiesen in Kontakt, so schwierig und langwierig angesichts der Distanzen, Gefahren und Verkehrsverhältnisse dies auch gewesen sein mag. Europäische Geistliche, vor allem aus Portugal, kamen ans Horn von Afrika, gelangten an den salomonischen Hof, wurden einflußreich, brachten den Geist der römischen Kirche, aber auch nachhaltige kulturelle Einflüsse.[41] Seit 1555 machten sie kontinuierliche Missionsversuche, gegen die sich einerseits Widerstand erhob, die andererseits auch positive Aufnahme fanden. Teilweise wurde versucht, die Religionsfrage politisch zu instrumentalisieren.

Aufbruch der Oromo

Tief im Landesinneren brachte das 16. Jahrhundert ebenfalls neue Entwicklungen. Das Volk der Oromo,[42] dessen ursprüngliches Siedlungsgebiet sich von Kenia über den Süden des heutigen Äthiopien bis zur sudanesischen Grenze hinzieht, brach zu einer historischen Migration auf. Die Stoßrichtung ihrer Wanderung[43] waren Norden, Nordosten und Westen. Sie drangen in muslimische und christliche Siedlungsräume ein, ins Reich der salomonischen Herrscher und die islamischen Staaten wie etwa zunächst Bale, dann Ifat, Adal etc.

Sie wanderten bis Gonder, Wello und sogar Tigray. So wurden die Oromo die weitest verbreitete ethnische Gruppe in dem Großraum. Dieser Expansionsvorgang wurde den militärischen Ereignissen des 16. Jahrhunderts zugeschrieben, die das salomonische Reich schwächten und ein Machtvakuum schufen, gerade an der offenen Südflanke, als das Horn von Afrika von der großen muslimisch-christlichen Auseinandersetzung dieser Zeit heimgesucht wurde. Ein weiterer Faktor, der die Oromo-Wanderung begünstigte, war die Moggaasa (Moassa)-Methode,[44] ein System (politischer) Adoption. Es erlaubte die Eingliederung von Stämmen und Ethnien in den Oromo-Kontext und erleichterte somit die Machtübernahme in Regionen, deren Bevölkerung nicht unterworfen und beherrscht werden musste, sondern aufgenommen und integriert werden konnte. Die Oromo-Wanderung war kein kurzes, vorübergehendes Phänomen, sondern ein lang andauernder, kontinuierlicher Prozess, der auch im 17. und 18. Jahrhundert noch anhielt, sogar das Herrscherhaus des salomonischen Reiches beeinflusste und bis heute die Geschichte des Raumes prägt. Der orthodoxe Kleriker Bahrey, ein Zeitgenosse und Zeitzeuge des Oromo-Aufbruchs, vor dem er an den Kaiserhof geflohen war, verfasste eine bemerkenswerte Analyse dieses Migrationsvorganges und die erste Geschichte der Oromo. Sein Werk[45] gilt als wichtigste und früheste Quelle zu Geschichte und Gesellschaft der Oromo, deren Erfolg er darin sieht, dass ihr ganzes Volk Militärdienst leistete und in seiner Gesamtheit am Migrations- oder Eroberungsprozess beteiligt war, während der salomonische Staat schon arbeitsteilig organisiert war und nur seine begrenzte Armee dem Ansturm einer wahren ›Völkerwanderung‹ entgegensetzen konnte.

Kaiser Susenyos (regierte 1607–1632)[46] war in seiner Jugend Gefangener der Oromo und flüchtete zu ihnen während der Streitigkeiten um den Thron, die schließlich zu seinen Gunsten endeten.

Ein katholisches Reich am Horn von Afrika?

Kaiser Susenyos begegnete den katholischen portugiesischen Missionaren, die jetzt mehr und mehr ins Reich kamen, mit Sympathie, ließ sich von ihnen beeinflussen und konvertierte sogar 1621 zum Katholizismus, ob aus religiöser Überzeugung – der Kaiser soll sich immerhin mit der jesuitischen Philosophie befasst haben – oder aus politischen Gründen, ist nicht definitiv festzustellen. Jedenfalls bemühte er sich auch um politische Kontakte zum christlichen Europa, indem er Schreiben an den Papst und die Habsburger richtete. Im Land aber keimte Widerstand gegen die neue religiöse Orientierung des Herrschers auf. Alfonso Mendes, ein Portugiese, der 1625 als Patriarch der römischen Kirche ins salomonische Reich kam, brachte den Kaiser dazu, den Katholizismus praktisch zur ›Staatsreligion‹ zu machen und ihn mit Gewalt durchzusetzen.[47] Erst der entschiedene Widerstand dagegen – vor allem in Tigray – brachte Kaiser und Patriarch dazu, eine etwas liberalere Haltung einzunehmen und den Katholizismus nicht mehr verpflichtend zu machen. Als jedoch unter dem zunehmenden Druck der Gegner des Katholizismus der Kaiser schließlich abdankte, verließ auch der katholische Patriarch das Land, um sich im portugiesischen Diu an der indischen Westküste niederzulassen. Unter Kaiser Fasiledes (1632–1667),[48] Sohn von Susenyos, kam die Restauration der ›Orthodoxie‹. War Fasiledes zunächst wie sein Vater Katholik gewesen (wenn vielleicht auch nur pro forma), so überzeugte er doch seinen Vater, Gewissensfreiheit zu gewähren und stellte sogar 1632 die Vorherrschaft der Orthodoxie wieder her. Die Jesuiten[49] zogen sich zunächst in ihr Refugium Feremona in Tigray zurück und mussten dann das Land ganz verlassen.

Mit den Osmanen wurde vereinbart, dass diese keine Jesuiten über die von ihnen kontrollierten Häfen Massawa und Suakin einreisen lassen würden. Da die Portugiesen überall im Bereich des Indischen Ozeans ihr Reich konsolidierten und auch an der ostafrikanischen Küste um Mombasa ihre Präsenz verstärkten, ging man am Horn von Afrika davon aus, dass mit der Verbreitung des Katholizismus nur der Boden für imperialistische Operationen der portugiesischen Seite bereitet wurde.

Um einer befürchteten portugiesischen Invasion zuvorzukommen, startete Fasiledes eine diplomatische Präventivaktion. Er nahm Kontakte zum zayditischen (schiitischen) Imam des Jemen auf und trat in Verbindung mit den Osmanen, dem iranischen Schah und dem indischen Groß-Moghul.

Dabei standen nicht echte Sympathien für den Islam im Vordergrund – dem Herrscher ging es darum, eine antikatholische Allianz gegen Portugal zu schmieden, um eine vermeintliche Bedrohung abzuwehren, schienen die Portugiesen doch überall im Indischen Ozean und auch an seinen Rändern Fuß zu fassen. Das Misstrauen gegen Europa war am Horn von Afrika nach dem katholischen Intermezzo tief verwurzelt. Deshalb blieben Bemühungen des französischen Königs Ludwig XIV., die Beziehungen wiederzubeleben, erfolglos.

Ganz allgemein war der salomonische Staat bestrebt, seine Isolierung zu überwinden, ohne in Abhängigkeit neuer Partner zu geraten.

So suchte Fasiledes die Kooperation jemenitischer Herrscher zu gemeinsamem Vorgehen gegen die Osmanen. Konkretes Ziel war, den Handel seines Reiches über einen nicht unter osmanischer Kontrolle stehenden Hafen zu führen. Baylul, nördlich der heutigen süderitreischen Hafenstadt Asab gelegen, schien hierfür geeignet, da hier das Rote Meer enger wurde und die See-Entfernung zum jemenitischen Hafen Mucha nicht mehr weit war. Von jemenitischer Seite zeigte man jedoch weniger Interesse an einer Kooperation,[50] weshalb Baylul nie über einen Handelsplatz regionaler Bedeutung hinauswuchs.

Das Reich von Gonder

In die Regierungszeit von Fasiledes fällt, neben machtpolitisch motivierten Militärmaßnahmen innerhalb des Reiches etwa gegen die Oromo, die weiterhin eine ständige Unruhequelle darstellten, auch eine innenpolitische Entwicklung, welche eine neue Epoche einleitete: Fasiledes machte Gonder, nördlich des Tana-Sees, gelegen an einer der wichtigen Handelsrouten zum Roten Meer, zu seiner Hauptstadt. Damit leitete er eine Periode ein, in der weit über 100 Jahre Gonder[51] Hauptstadt des Reiches blieb und den Schwerpunkt des Salomonischen Staates nach Nordwesten verschob.

Diese Einrichtung einer festen Hauptstadt in einem Land, dessen Herrscher sich bislang oft auf Wanderschaft befunden oder nur kurzfristig Residenzen eingerichtet hatten, die ihren Hauptstadt-Charakter bei einem Thronwechsel wieder verloren, entfaltete bleibende Wirkungen. Sie begünstigte eine kulturelle Blüte, wie sie oft entsteht an Orten und in Regionen, die geprägt sind von der dauerhaften Konzentration politischer und wirtschaftlicher Macht. Der Gonder-Stil in der Architektur,[52] der sich bereits seit dem späten 16. Jahrhundert entwickelt hatte, prägte die Baukunst nicht nur der Reichsmetropole, sondern auch des Landes zwischen Tana-See und Aksum bis hinein ins 19. Jahrhundert.

Die Palastanlage des Fasiledes gehört heute zum UNESCO-Weltkulturerbe, zahlreiche Bauten sind noch relativ gut erhalten. Der repräsentative Charakter der Stadt wurde weiterentwickelt durch die Bautätigkeit späterer Herrscher, die alle auf diese Weise ihr Zeichen setzen wollten.

Abb. 7: Gonder-Architektur: Fasiledes-Palast.

Auch unter Fasiledes Nachfolgern wurden Feldzüge im Land gegen innere Feinde geführt (z. B. gegen Oromo und Agau) und auch die antikatholische Politik wurde fortgeführt. Katholische Priester wurden ermordet, Katholiken mussten das Land verlassen. Andere wurden gezwungen, zur ›Orthodoxie‹ zurückzukehren. Ganz allgemein sind das 17. und 18. Jahrhundert eine Zeit der religiösen Gegensätze, auch der innerkirchlichen christologischen Auseinandersetzungen, die bezüglich der göttlichen und menschlichen Natur Jesu entstanden[53] (▶ Kap. 5). Teilweise führten diese spitzfindigen religiösen Konflikte zu gewaltsamen Auseinandersetzungen und sogar Massakern. Kaiser Iyasu I. wurde in diesem Kontext 1706 ermordet. Verschiedene Interessengruppen assoziierten sich mit unterschiedlichen christologischen Richtungen – Machtpolitik und Religionsstreitigkeiten gingen eine unselige Verbindung ein. Diese Konflikte überschatteten auch die Regierungszeit von Iyasus Söhnen Tekle Haymanot und Dawit III. – erst unter seinem Sohn Bekaffa trat eine Stabilisierung ein. Bekaffas späte Jahre wurden bestimmt von seiner Konkubine Welette Giyorgis, die den Ehrennamen Berhan Mogesa[54] trug und aus Kwara nordwestlich des Tanasees stammte, aber unter der Bezeichnung Mentewwab (›o welche Schönheit‹) bekannt wurde. Sie soll sich besonders durch die Förderung der Kunst ausgezeichnet haben.

Mütterlicherseits von Kaiser Minas († 1563) abstammend, gelangte sie bei Hof, obwohl nicht Ehefrau des Kaisers, zu beträchtlichem Einfluss. Ihre Stellung erlangte sie mit bemerkenswerter Konsequenz und Durchsetzungsfähigkeit.

Für Iyasu II., ihren Sohn, den sie mit Bekaffa hatte, übte Mentewwab die Regentschaft aus, ebenso für dessen Sohn, ihren Enkel Iyo'as. So blieb sie fast ein halbes Jahrhundert lang die dominierende Persönlichkeit am salomonischen Hof. Ihre Rolle festigte sie durch Berufung von Verwandten in wichtige Positionen, so z. B. ihren Bruder Welde Le'ul, der hohe Hofämter bekleidete und ihr half, ihre Position zu verteidigen, dann aber auch mit ihr in Streit geriet. Es entstand eine Rivalität zwischen Mentewwab und der Mutter ihres Enkels Iyo'as, die der Oromo-Sippe von Yedschu entstammte, welche bald die Kontrolle über das Kaiserhaus und die Residenzstadt Gonder erlangen sollte. Der Regent von Tigray, Mika'el Sehul,[55] der zunächst Alliierter von Mentewwab gewesen war und sogar ihr Schwiegersohn wurde, stellte sich dann gegen die Regentin und ihren Enkel Iyo'as, den er als Kaiser absetzte, kurz darauf tötete und durch einen Marionettenkaiser ersetzte.

Zemene Mesafent – Zerfall des Reiches

Diese Wirren beendeten die Blüte der Gonder-Periode und leiteten bereits über zur ›Zemene Mesafent‹,[56] einer Epoche, die durch Chaos, Anarchie und Schwäche des Kaiserreichs gekennzeichnet war. Ihr Beginn wird oft auf das Jahr der Absetzung von Kaiser Iyo'as 1769 angesetzt. Nur Schewa bewahrte in dieser chaotischen Epoche eine gewisse Prosperität und Stabilität.

Schon in der Gonder-Zeit war das Reich territorial geschrumpft, die faktische Macht der salomonischen Kaiser zurückgegangen, hatten regionale Fürsten mehr Autonomie erlangt. Diese Tendenz nahm in den letzten Jahrzehnten des 18. Jahrhunderts bedrohliche Formen an. Durch die zunehmende Regionalisierung war das Reich nur noch ein Schatten seiner selbst, die Kaiser nur noch Puppen an den Fäden wirklicher Machthaber, beispielsweise der Regionalfürsten. Nie wurde jedoch Hand an die Dynastie als solche gelegt – der quasisakrale Charakter des salomonischen Hauses, so fragwürdig seine Historizität auch sein mag, verhinderte den Sturz der Dynastie und sicherte ihr Überleben. Auch wenn Kaiser ermordet oder rücksichtslos abgesetzt und ausgetauscht wurden – so wurden sie doch durch Repräsentanten der Familie im weitesten Sinn ersetzt. Alle Kriegsherren und Provinzherrscher achteten zu einem Mindestmaß die salomonische Tradition und Legitimität.

Es fällt schwer, Entwicklungslinien nachzuzeichnen, die typisch und prägend waren für die chaotisch-anarchische Periode der ›Zemene Mesafent‹,[57] die von permanentem Bürgerkrieg und schwacher Zentralgewalt bestimmt war. Eine Kontinuität besteht im Aufstieg von Tigray im Verlauf der Wirren von Mitte des 18. bis Mitte des 19. Jahrhunderts. Ein zweites Phänomen, das uns durch die ›Zemene Mesafent‹ begleitet, war die Konsolidierung der Yedschu-Dynastie als zeitweise wichtigste Macht hinter dem Kaiserthron und in Gonder. Kaiser Tekle Giyorgis († 1800) war wohl der letzte aus der salomonischen Dynastie, der noch als eigenständiger Herrscher gelten kann, doch schon seine fragmentierte Regierungszeit – er hatte insgesamt sechs zeitlich voneinander getrennte Regentschaftsperioden – zeigt, dass eine vom Machtverfall des Kaiserhauses gekennzeichnete akute Krise ausgebrochen war. Tekle Giyorgis versuchte, sich mit den beiden wichtigsten Machthabern, Ali I. Gwangul († 1788) aus der Yedschu-Familie Werresek und Welde Selassie (1733–1815) von Tigray zu arrangieren, mit ihnen – falls nötig – zu kooperieren und vielleicht auch sie gegeneinander auszuspielen. Die von Ali, der auch ›der Große‹ genannt wurde, begründete Dynastie aus Yedschu, südlich von Lasta gelegen, war eine Mischung aus Oromo- und Amhara-Elementen, hatte sowohl christliche als auch muslimische Linien und orientierte sich zunehmend in Richtung Begemdir und zur ›Hauptstadt‹ Gonder, wo Ali für kommende Jahrzehnte seine Dynastie verwurzelte. Während der ›südliche‹ in Yedschu verbliebene Zweig eher traditionell muslimisch blieb, konvertierten die ehrgeizigen Machtpolitiker des Zweiges in Begemdir zum Christentum im Zuge eines Assimilierungsprozesses.

Der Enkel des Gründers der Yedschu-Dynastie in Gonder, Gugsa Mursa († 1825),[58] wurde der mächtigste Herrscher aus der Yedschu-Linie und gefährlichste Gegner von Welde Selassie, der den Norden des Reiches kontrollierte und versuchte, sich mit Gugsa darauf zu einigen, sich auf den jeweiligen Machtbereich zu beschränken. Gugsa Mursa – auch ihm hat man das Epithet ›der Große‹ verliehen – herrschte nicht nur über Begemdir, sondern auch über Wello und Godscham, konnte seinen Machtbereich zeitweise bis Tigray ausdehnen. Obwohl oder gerade weil er vom Islam zum Christentum konvertiert war, ging er mit der Kirche skrupellos um – beispielsweise plünderte er den Sitz von Abuna Yosab nach dessen Tod und schickte ein anderes Kirchenoberhaupt, Abuna Qerellos, ins Exil. Erst nach seinem Tod konnte der Norden wieder Terrain gewinnen, als Webe Hayle Mariam (1799–1867),[59] ein Sohn des Regenten von Semen (Region südich und westlich des Tekkeze-Flusses) in Tigray die Macht ergriff. Er konnte das Territorium von Tigray durch Erfolge gegen die Yedschu-Machthaber arrondieren, mußte aber einen Mehrfrontenkrieg führen, als Ägypten im Zuge seiner umfassenden Großmachtbestrebungen nach Eritrea vordringt, was er als Bedrohung für seine Interessen empfand, zumal die Ägypter auch ins Landesinnere vorstießen. Webe bemühte sich angesichts der ägyptischen Bedrohung um Kontakte zu und Zusammenarbeit mit Europa, fühlte sich aber gekränkt durch die geringe Resonanz, die seine Vorschläge in den europäischen Hauptstädten fanden. Webe konnte die Ägypter zurückschlagen und dabei sogar nach Bogos (im heutigen Eritrea) und Kassala (im heutigen Sudan) vorstoßen, aber auch Richtung Süden seinen Machtbereich ausweiten. Selbst die Hauptstadt der Yedschu, Debre Tabor, griff er 1841 an, doch behielt der letzte Regent aus der Yedschu-Dynastie, Ali Alula, die Oberhand. Webes Stern war danach endgültig im Sinken. Er wurde von Kasa Haylu, dem späteren Kaiser Tewodros, 1855 geschlagen und blieb bis zu seinem Tod in dessen Gewahrsam in der Bergfestung Mekdela in Wello. Die ›Zemene Mesafent‹ ging damals ihrem Ende zu. Es war eine Epoche, die die Bedeutung der Oromo innerhalb des salomonischen Staates deutlich werden ließ. Ihnen gelang es nicht nur, ins Kaiserhaus einzuheiraten, es ist geradezu ein Leitmotiv der ›Zemene Mesafent‹, dass eine Oromo-Sippe das Kernland der Monarchie kontrollierte und eine Art ›Vormundschaft‹ über die schwachen Kaiser ausübte. Die Aktionen der Regenten von Tigray als Gegengewicht blieben von begrenzter Wirkung.

Dies ist der konsequente Höhepunkt einer zunehmenden Integration der Oromo ins abessinische ›System‹, die schon lange begonnen hatte und auch in der Konversion vieler Oromos zum Christentum zum Ausdruck kam. Ganz im Süden bildeten sich damals Oromo-Staaten am Gibe (Omo) Fluss, der in den Turkana-See mündet an der Südgrenze des heutigen Äthiopien zu Kenya. Wichtigster war Dschimma,[60] das als regelrechter Staat seit dem Ende des 18. Jahrhunderts entstand und bis 1932 existierte, als Hayle Selassie überall die direkte Herrschaft seines Kaiserreiches durchsetzte. Gomma, Gumma, Gera und andere kleinere Staaten entstanden in der gleichen Epoche aus den ständigen Rivalitäten der Oromo-Clans. Landwirtschaft und Handel mit Kaffee und Sklaven waren Existenzgrundlage dieser staatlichen Gebilde und führten zu wirtschaftlicher Blüte.

In diese Periode fällt ein besonderes wirtschaftshistorisches Phänomen.

Um die Mitte des 18. Jahrhunderts gelangt der Maria-Theresia-Taler[61] ins Rote Meer und dann ans Horn von Afrika. Bereits der deutsch-dänische Forschungsreisende Carsten Niebuhr (1733–1815) findet ihn 1762 in den Häfen als Zahlungsmittel. Der Maria-Theresia-Taler wurde wegen seines verlässlichen Gewichts und Silbergehalts im Laufe der Jahrzehnte das wichtigste Münzgeld in der Region. Er trug ein Portrait der habsburgischen ›Kaiserin‹ Maria-Theresia (1717–1780; eigentlich war sie Erzherzogin und Gattin des Kaisers, wurde aber als ›Kaiserin‹ tituliert und führte auch de facto die Regierungsgeschäfte) und den habsburgischen Doppeladler. Nach dem Tod von Maria Theresia wurde die Münze weiter geprägt, ausschließlich zum Export in den nahöstlich-ostafrikanischen Raum. Am

Horn von Afrika waren seit den Tagen des Reiches von Aksum keine wirklichen Münzen geprägt worden, später kamen arabische Münzen, Dinare (von lat. Denarius) oder venezianische Dukaten ins Land. Salzbarren (Amole) dienten als lokaler Geldersatz. Im 19. Jahrhundert wurde der Maria-Theresia-Taler praktisch zur Nationalwährung des Kaiserreichs, die allen Versuchen der Kaiser oder später der italienischen Kolonialmacht, sie zu ersetzen, widerstand und erst nach 1945 als Zahlungsmittel verschwand.

In den Wirren um die Mitte des 19. Jahrhunderts in den zentralen und nördlichen Regionen Abessiniens, in der auch zunehmend europäische Einflussnahme und Missionsbestrebungen spürbar werden, konnte Kasa Haylu (1820–1868)[62] sich schließlich durchsetzen. Mit seiner Kaiserkrönung 1855 scheinen Jahrzehnte fruchtloser Kleinkriege und fehlender Zentralgewalt beendet – hat die Moderne am Horn von Afrika begonnen?

4 Vielfalt am Horn von Afrika – historische Aspekte und Facetten

Das Horn von Afrika und Europa im Mittelalter und an der Schwelle zur Neuzeit

Die Kontakte zwischen dem Horn von Afrika und Europa reichen weit zurück.[1] Rom und Byzanz[2] waren Machtfaktoren im Roten Meer. Das Römische Reich pflegte Handelsbeziehungen zu den Häfen im heutigen Eritrea und Somalia bereits in vorchristlicher Zeit. Enger und intensiver wurden die Kontakte zur Zeit des Reiches von Aksum, in welchem das Griechische Bildungssprache wurde und auf den aksumitischen Münzen[3] Verwendung fand. Zur Sicherung der gemeinsamen Interessen gab es mit Byzanz früh Kooperation sowie abgestimmtes politisches und militärisches Handeln im regionalen Kontext – z. B. in Südarabien im 6. Jahrhundert (▶ Kap. 1). Mit der Ausbreitung des Islam und seinem Einbruch in die ›alte Welt‹ wurden die Verbindungen zwischen dem ›orbis aethiopicus‹ und der spätantiken Mittelmeerwelt jäh unterbrochen. Byzanz verlor seine südlichen Reichsgebiete (Syrien, Ägypten, Nordafrika) und seinen Zugang zum Roten Meer. Europa und das Horn von Afrika verloren einander zeitweise aus den Augen, die Entfernung wurde größer. Im Mittelalter kam in Europa die vage Vorstellung eines fernen christlichen Herrschers auf, des ›Priesterkönigs Johannes‹, ein aus zahlreichen Quellen gespeistes mythisches Bild, das zuerst nach Asien projiziert wurde und erst im 13./14. Jahrhundert in Richtung Horn von Afrika[4] wanderte.

In der Chronik Ottos von Freising (1112–1158) begegnet uns Mitte des 12. Jahrhunderts der Priesterkönig, der von einem der Heiligen Drei Könige abstammen soll, gleichermassen ›rex et sacerdos‹, König und Priester ist, zum ersten Mal. Historische Gestalten und sagenhafte Figuren fließen zum Bild vom Priesterkönig und seinen Taten zusammen. Vielfältig sind auch die Quellen,[5] in denen der Priesterkönig Gestalt annimmt, die wir in vielen Sprachen kennen. Im Kontext der Kreuzzüge weisen apokalyptische christlich-arabische Texte auf Äthiopien als Reich des Priesterkönigs hin. Erste Reisende vom Horn von Afrika und abessinische Mönche in Jerusalem konkretisieren die Vorstellung vom ostafrikanischen Charakter des Priesterkönigs Johannes;[6] in ›Abessinien‹ lokalisieren ihn Karten aus dem 14. Jahrhundert. Da der Priesterkönig als erfolgreicher Gegner des Islam gesehen wurde, bildete sich in Europa die Wunschvorstellung einer Allianz mit ihm gegen die gemeinsamen Gegner, die Muslime, die weiterhin in Europa offensiv waren.

Je besser die Kenntnis des Raums um das Horn von Afrika wurde und je genauer Reisende als Augenzeugen berichteten, desto mehr verblasste das mythische Bild und wich historisch konkreteren Vorstellungen, zu Beginn der Neuzeit auch greifbarer Zusammenarbeit. Durch die Literatur aber geistert bis in die Gegenwart ein geheimnisvoller Priester(könig) Johannes.

Schon früh, wohl bereits im 4. Jahrhundert, gelangten Christen vom Horn von Afrika nach Jerusalem, wo erste Kontakte zu Europäern zustande kamen. Aber konkrete Schritte können wir erst Jahrhunderte später feststellen. Der französische Dominikaner Guillaume Adam legte dem französischen König 1317 nahe, Verbindung zu Abessinien aufzunehmen. Im späten 14. Jahrhundert gelangte der florentinische Kaufmann Antonio Bartoli ans Horn von Afrika und kehrte 1402 mit einer von Kaiser Dawit II. (reg. 1379–1413) entsandten Delegation nach Europa zurück. Schon 1400 hatte König Heinrich IV. von England einen Brief an den ›König von Abessinien‹ geschickt. Nichts belegt jedoch, dass die mit Bartoli nach Europa gelangte Delegation durch diesen Brief angestoßen wurde.

Einen Fall eigener Art stellt Pietro Rombulo[7] (1385/90–nach 1450) aus Messina dar, der wohl 1407 an den salomonischen Hof kam und dort bald eine wichtige Stellung einnahm. Im Auftrag von Kaiser Zar'a Ya'kob reiste er nach Indien, Ceylon und China. 1450 wurde er an der Spitze einer Delegation nach Europa entsandt. Im Anschluss an eine Papstaudienz gelangte er nach Neapel, wo Bischof Pietro Ranzano seinen Bericht über die Jahrzehnte, die er am Horn von Afrika verbracht hatte, aufzeichnete (Rombulos Originalschriften, z. B. seine persönlichen Erinnerungen und autobiographischen Notizen, sind nicht erhalten) und uns so über das abenteuerliche Leben und Wirken Rombulos unterrichtet. König Alfons I. von Neapel antwortete dem salomonischen Kaiser mit dem Versprechen künftiger Zusammenarbeit.[8]

Auch Eleni (ca. 1431–1522),[9] Witwe von Kaiser Zar'a Ya'kob und Regentin für den jungen Kaiser Lebna Dengel, sah die Vorteile, die sich aus einer Zusammenarbeit mit Europa angesichts der politischen Lage Anfang des 16. Jahrhunderts ergeben konnten. Umso mehr, als König Manoel von Portugal eine Delegation schickte, die seinen persönlichen Brief an Eleni übergab, sobald Albuquerque die portugiesische Position im Indischen Ozean gesichert hatte. Sie antwortete ihrerseits mit der Entsendung einer Delegation nach Portugal unter einer sagenumwobenen Persönlichkeit namens Mateus, um dessen Herkunft sich verschiedene Gerüchte ranken. Diese Delegation hatte den expliziten Auftrag, über eine militärische Allianz zu verhandeln. Sie gelangte mit Hilfe Albuquerques, des portugiesischen Generalgouverneurs von Indien, nach Lissabon und erhielt 1514 Audienz bei König Manoel,[10] in dessen strategischem Denken das Horn von Afrika, der dortige Priesterkönig Johannes und das Rote Meer als geopolitisch wichtige Wasserstraße bereits Gestalt anzunehmen begannen. In Europa setzte damals lebhafte diplomatische Aktivität[11] ein, selbst der Papst brachte eine Delegation auf den Weg. Doch Eleni starb, noch bevor Mateus und seine Begleiter zurückkehrten. Auch Mateus starb, kurz nach der Landung auf afrikanischem Boden, auf dem Rückweg im Kloster Debre Bizen.

Es gab aber nicht nur europäische Gesandtschaften am Horn von Afrika, auch Künstler kamen aus Europa. Berühmtester unter ihnen war der Venezianer Nicolo Brancaleone (ca. 1460–nach 1526),[12] der schon gegen Ende des 15. Jahrhunderts am Hof von Lebna Dengel wirkte. Er illuminierte Bücher, die er signierte, schuf aber auch Tafelbilder. Brancaleone passte seinen italienischen Stil an abessinische Stilelemente und Malweisen an. Seine Kunst war besonders bei der Elite des salomonischen Reiches sehr beliebt.

Abb. 8: Marienbildnis von Nicolo Brancaleone 16. Jh.

Umgekehrt gab es auch in Europa aufsehenerregende Auftritte von Menschen aus dem ›orbis aethiopicus‹ wie etwa den Besuch zweier Mönche aus dem salomonischen Reich, die 1441, zusammen mit koptischen Geistlichen aus Ägypten, zum Konzil von Florenz[13] kamen. Das Ziel einer Vereinigung der orientalischen Kirchen mit Rom wurde allerdings nicht erreicht. Die Thematik gewann aber im 17. Jahrhundert wieder Aktualität, als portugiesische Jesuiten am salomonischen Hof Einfluss erlangten. Jedenfalls erhielten Kenntnisse vom und Interesse am Christentum in Ostafrika durch die Präsenz der abessinischen Kleriker in Florenz neue Impulse. In der Tat war das Wissen, das man damals in Europa vom Horn von Afrika hatte, bereits beträchtlich.

Auf Fra Mauros († 1459) ›Mappamondo‹ (Weltkarte)[14] etwa werden Regionen des heutigen Eritrea und Äthiopien detailreich gezeigt, ebenso der südliche Nilverlauf und Nubien sowie Somalia (und Afrika südlich davon). Afrika wird als umschiffbar dargestellt – Jahrzehnte bevor Vasco da Gama 1498 das Kap der Guten Hoffnung umsegelte. Toponyme wie Aksum, Lalibela und Hamasen sind bei Frau Mauro bereits eingetragen.

Um die Mitte des 15. Jahrhunderts entstand eine weitere aufschlussreiche Landkarte, die unter dem Namen ›Egyptus Novelo‹[15] berühmt geworden ist. Auch sie zeigt überraschende Detailkenntnis des ›orbis aethiopicus‹, weshalb vermutet wird, der Schöpfer der Karte habe umfangreiche und konkrete Informationen gehabt, die er damals nur von der abessinischen Delegation beim Konzil von Florenz erhalten haben kann.

Zwar stehen naheliegenderweise Gewährsleute aus Mittelmeer- und Atlantikländern und aus den großen Entdeckernationen im Vordergrund bei frühen Kontakten zwischen dem Horn von Afrika und dem christlichen Abendland, doch gab es auch in anderen Regionen Europas Pioniere in diesem Bereich.

Der Domherr Bernhard von Breydenbach (ca. 1440–1497)[16] aus Mainz hat 1486 als erster das ›äthiopische‹ Alphabet in einem gedruckten Buch vorgelegt. Auf Pilgerfahrt in Jerusalem hatte er abessinische Mönche kennengelernt.

Er beschrieb sie und ihre religiösen Anschauungen in seinen Reiseaufzeichnungen, die noch im 15. Jahrhundert mehrere Auflagen erlebten. Breydenbach fertigte einen Holzschnitt der ›Abessinier‹ und ihres Alphabets an, die er seinem Buch beifügte. Es war ein Zeitgenosse Breydenbachs, Johannes Potken (1470–1524),[17] der Probst von Sankt Georg in Köln, welcher als päpstlicher Sekretär Gelegenheit hatte, Mönche aus dem ›orbis aethiopicus‹ kennenzulernen. Er brachte das erste gedruckte ›äthiopische‹ Buch heraus, für das er nach Studium äthiopischer Manuskripte Drucktypen herstellen ließ, zu dem er in der vatikanischen Bibliothek Gelegenheit gehabt hatte. Es waren biblische Texte, begleitet von einer Ge'ez-Kurzgrammatik, die Potken zu einem Buch zusammenstellte.

Eine erste Blütezeit der Beschäftigung mit ›Abessinien‹ kam in Europa im 17. Jahrhundert auf, als die Beziehungen zwischen dem Abendland und dem Horn von Afrika schon Kontinuität und Tradition hatten. Das 16. Jahrhundert hatte unmittelbare Kooperation und direkte Kontakte gebracht als Folge des portugiesischen Ausgreifens in den Indischen Ozean, an die afrikanische Ostküste und bis Ostasien.

Die in diesem Zusammenhang vielleicht interessanteste Persönlichkeit war Anna Maria van Schurman (1607–1678),[18] die Verfasserin einer der ersten europäischen Grammatiken des Ge'ez, die auch als erste Frau gilt, die an einer Universität im neuzeitlichen Europa studiert hat. Hiob Ludolf (1624–1704),[19] der als Begründer der europäischen Äthiopistik gilt, hat sie kennengelernt und ihre Fachkenntnis sowie ihre leider nicht erhaltene Ge'ez-Grammatik sehr gelobt. Ludolf lernte in Rom den abessinischen Mönch Gorgorius (Gregorius) († 1658) kennen, der sein Ge'ez-Lehrer und sein Gewährsmann für den ostafrikanischen Raum wurde. Er war zum Katholizismus übergetreten und hatte dem katholischen Patriarchen von Äthiopien, Mendes, als Sekretär gedient. Als sich die Stimmung im salomonischen Kaiserreich schließlich gegen die römische Kirche wandte, floh er nach Rom, wo er eine Wirkungsstätte am Collegium Aethiopicum von Santo Stefano dei Mori fand. Auf Einladung von Herzog Ernst I. von Sachsen-Gotha-Altenburg (1601–1675) kam Gorgorius nach Gotha; er war wichtigster Informant von Hiob Ludolf und spielte somit eine zentrale Rolle bei der Begründung der europäischen Äthiopistik.[20]

Ludolf verfasste eine beachtliche Reihe von Publikationen über den ›orbis aethiopicus‹, so z. B. eine Geschichte Äthiopiens (1681), ein Werk zur Theologie der äthiopischen Kirche,[21] ein äthiopisch-lateinisches Lexikon und eine amharische Grammatik (1698). Ludolf fungierte auch als Diplomat und beriet mehrere europäische Fürstenhäuser. 1679 berief ihn Kaiser Leopold nach Prag, um sich bezüglich des Abschlusses einer Allianz mit dem salomonischen Reich gegen die Osmanen beraten zu lassen. Der historische Hintergrund hierfür liegt auf der Hand: 1683 fand die zweite türkische Belagerung von Wien statt, nach der Ludolf einen Ge'ez-Brief an die »äthiopische Nation« verfasste.[22] Diese Bemühungen, diplomatische Beziehungen zwischen dem Habsburgerreich und Abessinien herzustellen, waren nicht von Erfolg gekrönt. Über holländische Kontakte (Holland hatte eine Handelsniederlassung im jemenitischen Hafen Mucha) nahm Ludolf Kontakt mit dem Jemen auf und erhielt von dort Antworten auf seine Fragen, die er in weiteren Schriften verwertete. Seine Publikationen wurden aus dem Lateinischen in mehrere europäische Sprachen übersetzt. Ludolfs Grammatik und sein Wörterbuch des Ge'ez blieben zwei Jahrhunderte lang Standardwerke.

Die frühen Ideen und Vorschläge einer Zusammenarbeit zwischen dem salomonischen Herrscherhaus und Staaten des christlichen Europa blieben allesamt ohne konkrete Ergebnisse: Zu groß waren die Distanzen, zu schwierig war die Logistik, zu lange dauerten die Reisen, zu ungünstig war die geopolitische Gesamtsituation. Man wusste voneinander und ahnte, dass eine politisch-militärische Kooperation für beide Seiten von Vorteil sein könnte. Aber zwischen dem christlichen Reich am Horn von Afrika und dem christlichen Abendland lag wie ein Sperrriegel die islamische Welt.[23] Den Zugang zum Roten Meer verwehrten die muslimischen Mächte Europäern ganz bewusst. Es ging dabei weniger um eine mögliche Verständigung mit den Christen in ›Habasch‹, die doch weit entfernt schienen und oft auch kaum Zugang zum Meer hatten; man wollte vielmehr den Christen Europas den Zugang zur Handelswelt des Südens und Ostens versperren, ihnen den unmittelbaren Kontakt zu den Märkten Asiens und Afrikas verwehren. Das Monopol der islamischen Welt für den Asienhandel war für die Muslime von herausragender Bedeutung. Erst, als Portugal die Südumsegelung Afrikas gelungen (Jahreswechsel 1487/88) und der Seeweg nach Indien gefunden war (1498), wurden die direkte Kontaktaufnahme mit dem Horn von Afrika und auch unmittelbare Beziehungen zu den abessinischen Christen leichter, schien strategische Zusammenarbeit realisierbar.

Schon im Vorfeld der großen portugiesischen Entdeckungen und vielleicht in Hinblick auf entsprechende Pläne schickte König Joao II. im Jahr 1487 eine Delegation über das Mittelmeer, Alexandria und Kairo ans Horn von Afrika und Pero da Covilha[24] war vielleicht der erste offizielle Gesandte einer europäischen Macht, der nach Stationen in Aden, Hormuz, Mekka und Medina sowie Goa über Zayla an den salomonischen Hof zu Kaiser Eskandar (1478–1494)[25] gelangte. Seinen Auftrag, Handelsrouten zu erkunden und eine anti-islamische Allianz mit dem christlichen Reich in die Wege zu leiten, konnte Covilha indes nicht erfüllen, denn er durfte nicht mehr nach Europa zurückkehren. Zwar wurde er am salomonischen Hof sehr großzügig behandelt und nahm einen steilen Aufstieg, doch konnte er Abessinien nicht mehr verlassen.

Als Rodrigo da Lima[26] – der Seeweg stand den Portugiesen jetzt seit der Jahrhundertwende offen – als Botschafter des portugiesischen Königs 1520 in Massawa landete und bald an den Hof des Kaisers kam, traf er Covilha an, der dort offensichtlich eine hohe Position innehatte und der Mission von Lima durch seine hervorragenden Sprach- und Landeskenntnisse sowie mithilfe seiner exzellenten Beziehungen sehr gute Dienste leisten konnte. Lima traf mehrfach den Kaiser und blieb mit seiner Delegation länger als geplant, erst 1526 konnten die Portugiesen von einer kleinen portugiesischen Flotte wieder aufgenommen werden und die Rückreise antreten. Begleitet wurden sie von einem Botschafter des salomonischen Kaisers, Segga Ze'ab, der Briefe u. a. an König Joao III. mit sich führte. Wuchs die Zahl der Europäer am Horn von Afrika seit der portugiesischen Entdeckung und Erschließung des Indienseewegs stetig an, so waren umgekehrt Menschen aus der Region, die den Weg nach Europa fanden, die große Ausnahme. Segga Ze'ab war wohl schon einmal bis Italien gekommen und hatte gewisse, wenn wohl auch geringe, Sprachkenntnisse; deshalb fiel ihm nicht nur die Betreuung der Portugiesen im salomonischen Reich zu, sondern auch die Funktion des kaiserlichen Botschafters, als der er im Sommer 1527 nach Lissabon kam. Dort soll er zwar gut aufgenommen, dann aber an der Weiterreise zum Papst nach Rom, für den er einen Brief des abessinischen Kaisers mitführte, gehindert worden sein. Ein Glücksfall war, dass er 1533 den Gelehrten Damiao de Góis kennenlernte und sich mit ihm anfreundete. Als Ergebnis enger Zusammenarbeit der beiden entstand de Góis' »Fides, religio moresque aethiopum«, das 1540 im Druck erschien und eine der ersten und der ›authentischsten‹ Informationsquellen über das Horn von Afrika im europäischen 16. Jahrhundert darstellt.[27]

Der Maler Andrade und der Arzt Bermudez jedoch blieben 1526 zunächst zurück am Horn von Afrika. Andrade soll auf Bitten von Kaiser Lebna Dengel geblieben sein, der ihn als Künstler sehr geschätzt habe. Wir verdanken Andrade mehrere Gemälde, darunter auch Portraits des salomonischen Kaisers Lebna Dengel. Schiffsarzt Bermudez behauptete, vom Kaiser zum Oberhaupt der Reichskirche ernannt worden zu sein, wofür es jedoch keinerlei Bestätigung gibt außer seinem eigenen schriftlichen Bericht. Unbestreitbar ist, dass Bermudez später als äthiopischer Botschafter an den portugiesischen Königshof gelangte, wo er 1537 von Joao III. empfangen wurde.

Die Gesandschaften von Segga Ze'ab oder Bermudez waren in der Tat wirkungsvoll – zum ersten Mal kam eine echte Zusammenarbeit zwischen Abessinien und einem europäischen Staat zustande mit greifbaren Ergebnissen und historischer Dimension. Denn von Goa, dem portugiesischen Stützpunkt in Indien, brach 1539 eine Flotte auf, die einen erneuten Vorstoß ins Rote Meer plante mit dem ehrgeizigen Plan, die osmanische Rotmeerflotte in Suez, also ganz im Norden des Roten Meeres, zu zerstören. Damals ist das christliche Kaiserreich unter starken Druck aus dem muslimischen Osten geraten. Die Portugiesen unter Estevao da Gama, Sohn des Entdeckers des Indienseewegs und Gouverneur von Portugiesisch-Indien, landen, nachdem sie die (im heutigen Sudan gelegene) Hafenstadt Suakin zerstört hatten, 1541 in Massawa. Christovao da Gama,[28] jüngerer Bruder von Estevao, der die Gesamtoperation leitete, übernimmt eine wagemutige Mission. Mit 400 Freiwilligen und gut ausgestattet mit Feuerwaffen, darunter acht Kanonen, soll er das damals existenziell gefährdete christliche Reich retten vor der drohenden muslimischen Eroberung. Nachdem jahrhundertelang das christliche Kaiserreich die dominierende Macht am Horn von Afrika gewesen war, war jetzt der Islam erfolgreich in die Offensive gegangen und kurz davor, das salomonische Reich endgültig zu vernichten.

Erster Ansprechpartner für die Portugiesen war der ›Baher Negasch‹, den der Kaiser als Gouverneur der Region am Roten Meer nördlich des Flusses Mereb eingesetzt hat – eine Art früher Herrscher von Eritrea. In seiner Hauptstadt Debarwa[29] verbrachten sie ihre erste Zeit in Abessinien. 1542 kam es zu Auseinandersetzungen der Portugiesen mit muslimischen Gegnern. Nach anfänglichen Erfolgen der Portugiesen siegten die Muslime mit türkischer und arabischer Unterstützung und der verwundete da Gama wurde im August gefangen genommen und getötet. Auch viele seiner Leute waren gefallen, doch die Truppe formierte sich neu und im Zuge weiterer Auseinandersetzungen gelang es 1543 einem portugiesischen Scharfschützen, den legendären Anführer der Muslime, Granj, zu erschießen. Sein Tod brachte die Wende – der muslimische Siegeszug endete und die christliche Gegenoffensive setzte ein, an deren Erfolg die Portugiesen mit ihren Feuerwaffen wesentlichen Anteil hatten. Viele Portugiesen oder deren Nachfahren blieben im Land und traten in kaiserliche Dienste.[30]

Mit dieser militärischen Leistung hatte Europa einen wesentlichen Beitrag zum Überleben des salomonischen Reiches geleistet – dem Christentum am Horn von Afrika blieb das Schicksal des nubischen Christentums, das ganz im Islam aufging, erspart. Portugal machte sich darüberhinausgehende Gedanken über seine Beziehungen zu Ostafrika.

In Abessinien gab es einen christlichen Staat und eine große Anzahl von Christen, die sich inmitten eines muslimischen Umfeldes behaupteten. Doch es schien, dass diese Christen häretische Ansichten und Praktiken hatten und jedenfalls der römischen Kirche fernstanden, was sich schon anlässlich der äthiopischen Teilnahme am Konzil von Florenz Mitte des 15. Jahrhunderts erwiesen hatte. Denn in Portugal war seit 1536 die Inquisition tonangebend. So reifte bereits in den Jahren, als da Gama mit seinem Expeditionskorps am Horn von Afrika agierte, der Plan, die Jesuiten in den orbis aethiopicus zu entsenden, um die dortigen Christen auf den rechten Weg zu bringen.

In Kontakt mit Papst Paul III. und dem portugiesischen König Joao III. konzipierte Ignatius von Loyola (1491–1556), der Gründer des Jesuitenordens, das Projekt einer großen Jesuitenmission[31] am Horn von Afrika. Diese Afrika-Unternehmung gehörte zu den zentralen Themenkreisen im Denken und Schreiben des Ordensgründers der Jesuiten.[32] Möglicherweise war die entscheidende Inspiration für sein Interesse an Abessinien ein Kontakt zu dem Kleriker Tesfa Seyon (ca. 1508–ca. 1552), auch bekannt als ›Peter der Äthiopier‹, dem Loyola in Rom begegnete. Der Äthiopier verkehrte mit den führenden Klerikern der Kurie, hatte auch Kontakt zum Papst und spielte im damaligen geistig-religiösen Leben der ewigen Stadt eine wichtige Rolle. Ihm ist ein erster Druck der Ge'ez-Version des Neuen Testaments zu verdanken sowie weitere Texte, die Aufschluss geben über das kirchliche Leben und die religiöse Vorstellungswelt am Horn von Afrika. Hier traf Tesfa Seyon auch im Umkreis von Santo Stefano dei Mori auf Mariano

55

Vittori (1518–1572),³³ dem er half, die Sprachen und die Religiosität des christlichen Orients besser zu erfassen. Wir verdanken Vittori die allererste europäische Ge'ez-Grammatik, die anfangs des 17. Jahrhunderts auch in Frankfurt im Druck erschien. Tesfa Seyon unterstützte nachdrücklich die Idee Loyolas, durch jesuitische Missionsaktivitäten³⁴ die abessinischen Christen in den Schoss der römischen Kirche zu führen.

Die praktische Durchführung des Projekts plante Loyola mit der portugiesischen Krone. 1556 brach Andrés de Oviedo (1518–1577) von Lissabon an der Spitze einer Gruppe von Jesuiten auf und landete 1557 im Hafen Hergigo³⁵ südlich von Massawa. Er wurde 1562 nach dem Tod von Nunes de Barreto, dem ersten katholischen Patriarchen von Abessinien, der allerdings ›sein‹ Land nie erreicht hatte, zum neuen Patriarchen ernannt. Doch die Arbeit der Jesuiten am Horn von Afrika³⁶ war sehr viel schwieriger als zunächst erwartet – Oviedo konnte nur sehr wenig von dem, was er erreichen sollte, verwirklichen, denn Kaiser Gelawdewos lehnte das Ansinnen, sich dem Katholizismus zu unterwerfen, ab. Immerhin war Oviedo sehr angesehen bei der Bevölkerung Abessiniens, sein Grab wurde zur Pilgerstätte. Oviedo hatte sich zu weit in theologische Dispute am Kaiserhof eingelassen und flüchtete in der Folge nach Norden (1558), wo er sich zunächst beim Baher Negasch in Debarwa, damals eine Art eritreische Hauptstadt, aufhielt (was zeigt, wie unabhängig dieser agieren konnte), später die portugiesische Gemeinschaft in Feremona (unweit Aksum, ganz im Norden von Tigray) gründete, zu der auch Überlebende und Nachkommen der Militärexpedition von da Gama gehörten. Feremona wurde zu einem katholisch-portugiesischen Zentrum mit beträchtlicher Ausstrahlung in Tigray. Weiterreichende Folgen hatte diese erste jesuitische Phase am Horn von Afrika nicht.

Eine neue, erfolgreichere Epoche für die Jesuiten und damit für den Einfluss der römischen Kirche am Horn von Afrika begann mit der Landung von Pedro Paez³⁷ im Jahr 1603. Dieser wurde vom mächtigen Gouverneur Kefle Wahed in Debarwa empfangen, der gleichzeitig Tigre Mekonnen und Baher Negasch (Regent von Tigray ebenso wie von Norderitrea) war und damit den gesamten Norden regierte. Bald gelangte Paez mit seinen Begleitern an den kaiserlichen Hof und erwarb dort schnell beträchtliches Ansehen und das Vertrauen des Kaisers.

Unter jesuitischem Einfluss schaffte Kaiser Zedengel († 1604), wie uns Paez berichtet, den Sabbath als Feiertag ab.³⁸ Der Kaiser, der sich durch den Versuch, eine starke kaiserliche Armee zu schaffen sowie durch soziale Reformen – etwa durch das Edikt ›Der Mensch ist frei, Land ist steuerpflichtig‹ – zur Verbesserung der Lage der Bauern gegenüber dem Feudaladel auszeichnete, hatte Sympathien für den Katholizismus entwickelt, vertraute aber Paez an, dass eine offene Demonstration von Neigungen zur römischen Kirche starken Widerstand auslösen würde. Doch der Jesuit schrieb nach Europa, dass Zedengel militärische Unterstützung erhoffe und dass die Entsendung einer Militärexpedition der Stärkung des Katholizismus am Horn von Afrika dienen könne.

Zwar kam der Kaiser durch seine zahlreichen Feinde, die er naturgemäß hatte, ums Leben. Aber auch sein Cousin und Nachfolger Susenyos stand dem römischen Glauben positiv gegenüber, begünstigte die Jesuiten aus Portugal, band sogar den Jesuiten Paez in politische Entscheidungen ein. 1621 bekannte er sich selbst ausdrücklich und offen zum Katholizismus. Jetzt konnten die Jesuiten überall im Land Niederlassungen einrichten. Gorgora am Nordufer des Tanasees, das 1607 gegründet wurde und auch ein Priesterseminar umfasste, war die bekannteste und wichtigste. Die Ära von Patriarch Mendes, seit 1625 im Land, konnte so zunächst eine Blütezeit für die Jesuiten[39] und ihren Glauben werden. Liturgische und theologische Texte aus Europa wurden ins Ge'ez übersetzt, katholische Priesterweihe und Taufe wurden eingeführt.

Wie nicht anders zu erwarten, führte die ›Katholisierung‹ des Landes, auch wenn der Kaiser hierbei zuletzt etwas nachgiebiger wurde, zu starkem Widerstand – nicht nur innerhalb der Kirche. Zahlreiche Revolten bedrohten den Kaiser, bis er 1632 – kurz vor seinem Tod – Glaubensfreiheit verkündete. Sein Sohn und Nachfolger Fasiledes kehrte zum traditionellen ›orthodoxen‹ Glauben zurück und leitete eine Restauration ein, die eine entschieden antijesuitische Tendenz hatte. Die Jesuiten suchten zunächst Zuflucht in Feremona (1633), einige machten sich auf den Weg nach Indien. Andere tauchten im Land unter, wobei sie die Hilfe überzeugter einheimischer Konvertiten in Anspruch nehmen konnten. Nach und nach wurden die meisten getötet, katholische Bücher wurden verbrannt. Die einheimische katholische Kirche verschwand, 1669 wurden die letzten äthiopischen Portugiesen unter Kaiser Johannes I. ausgewiesen.[40]

Trotz ihres ›modernen‹ Ansatzes – sie gingen auf das Land und seine Kultur ein und lernten die Sprachen des Horns von Afrika – scheiterten die Jesuiten, denn sie waren allzu sehr in politische Gegensätze verstrickt und traten zu autoritär auf, waren zu wenig kompromissbereit. Für die Kaiser Zedengel und Sesenyos waren die Jesuiten, ihre Fähigkeiten und ihre Religion ein Mittel gewesen, ihre Macht zu festigen.

Gerade das löste bei anderen, besonders bei lokalen Machthabern, der äthiopischen Kirche und im einfachen Volk (das natürlich konservativ orientiert war) Widerstand aus, der letztlich zum Misserfolg des Experiments führte. Auch waren die Jesuiten wohl zu unflexibel und zu dominant bei der Durchsetzung ›ihres‹ Glaubens. Die damals noch junge Glaubenskongregation (Sacra Congregatio de Propaganda Fide) im Vatikan zog Konsequenzen: Jesuiten kamen am Horn von Afrika nicht mehr zum Einsatz. Kapuziner und Franziskaner befassten sich künftig mit dem ›orbis aethiopicus‹. Die Kapuziner waren bereits in Ägypten als Missionare aktiv. Die ersten beiden Kapuziner jedoch, die ans Horn von Afrika kamen, starben den Märtyrertod in Gonder – Misstrauen und Feindschaft gegenüber europäischen Missionaren[41] waren allgemein, nicht auf Jesuiten beschränkt. Frühe Bemühungen der Franziskaner, nach Abessinien zu gelangen, scheiterten ebenso.

Auch evangelische Missionare kamen aus Europa ans Horn von Afrika. Während des Dreißigjährigen Krieges gelangte der evangelische Peter Heyling[42] (1607/08–1652) nach Ägypten. Als nach dem katholischen Intermezzo ein neuer Metropolit aus Alexandria ins salomonische Reich entsandt wurde, nahm Heyling die Gelegenheit wahr und schloss sich ihm an. Zwar wurde er zunächst in Abessinien gut aufgenommen (nicht zuletzt als Gegner der römischen Kirche), geriet aber bald – wie nicht anders zu erwarten – in theologische Konflikte, musste das Land verlassen und wurde in Suakin (heutiger Sudan) von osmanischen Behörden hingerichtet.

Wichtige Ergebnisse dieser ersten intensiven Phase europäischer Beziehungen zum Horn von Afrika waren einerseits die deutliche Verbesserung europäischer Kenntnisse dieser Region, ihrer Sprachen, Kultur und Geschichte, andererseits die Impulse, die von Europa ausgingen – so wurden Tigrinya und Amharisch mehr und mehr zu Schriftsprachen und auch künstlerische Einflüsse aus Europa kamen zur Geltung. Europa war von da an im Denken der salomonischen Kaiser verankert. Von der Mitte des 17. bis zur Mitte des 18. Jahrhunderts gab es nur einzelne europäische Missionare (nicht alle waren wirkliche Geistliche) in Abessinien.

Der wichtigste Reisende, der in dieser ›Zwischenzeit‹ des 18. Jahrhunderts ans Horn von Afrika gelangte, war der Schotte James Bruce (1730–1794).[43] Nachdem er schon bewegte Jahre auf Reisen in Europa und Nordafrika verbracht hatte, erreichte er 1769 den Hafen Massawa, von wo er nach Gonder weiterreiste. In der Hauptstadt konnte Bruce zahlreiche Manuskripte kaufen. Er erwarb sich durch seine Sprachkenntnisse und seine medizinischen Fähigkeiten hohes Ansehen bei Hof. 1770 erreichte er das eigentliche Ziel seiner Reise, die Quelle des ›blauen Nils‹ (Abbay). Über Sennar (heute im Sudan) reiste er zurück und kam 1774 wieder nach Großbritannien. 1790 erschien sein fünfbändiges Werk ›Travels to Discover the Source of the Nile‹, das bald ins Deutsche[44] und Französische übersetzt wurden und mehrere Auflagen erlebte. Das Werk war und blieb lange das wichtigste seiner Art im Europa dieser Zeit.

Mit dem Vordringen der Portugiesen in den Indischen Ozean gewann Europa endlich direkten Zugang zu Asien. Die islamische Welt verlor ihre Monopolstellung, die sie so lange erfolgreich verteidigt hatte. Vom ostafrikanischen Malindi aus gelangte Vasco da Gama mit Hilfe eines arabischen Lotsen nach Indien.[45] Ein wichtiger Schritt zur weltweiten europäischen Vorherrschaft war getan. Die Portugiesen waren in erster Linie bemüht, Handelsströme umzuleiten – der Seeweg nach Indien um die Südspitze Afrikas sollte die einzige Handelsverbindung werden; damit sollten die portugiesische Kontrolle des europäisch-asiatischen Handels gefestigt, die traditionellen Verkehrswege über die islamische Welt gesperrt werden. Dementsprechend sicherten sich die Portugiesen schon früh strategische Positionen: Die Insel Sokotra am Zugang zum Roten Meer und Hormus an der Meerenge zum Persischen Golf (1506). Portugals Anstrengungen, sich auch im Roten Meer dauerhaft festzusetzen und den Verkehr über die alten Routen völlig zu unterbinden, waren jedoch letztlich nicht erfolgreich. Allenfalls wurde der Handelsstrom durchs Rote Meer durch die portugiesische Offensive zeitweise gestört, sein Umfang reduziert. Auf die Dauer musste das portugiesische Bestreben, den gesamten Handel zwischen Asien, Afrika und Europa in die Hand zu bekommen, zum Scheitern verurteilt sein.[46]

Aber Portugal war nun, durch seinen Stützpunkt auf Sokotra, auch am Horn von Afrika präsent, das jetzt per Schiff über die Route um die Südspitze Afrikas erreichbar geworden war. Der islamische Sperriegel war zwar nicht gebrochen, aber umgangen. Wenn auch das Rote Meer weitgehend ein muslimischer See blieb, im Indischen Ozean und im Welthandel war künftig Europa die dominierende Macht.

Islamische Staaten am Horn von Afrika

Im Mittelpunkt des historischen Interesses am Horn von Afrika steht die christliche Kontinuität, die ihren Ausdruck findet im Reich von Aksum, im Zagwe-Reich und im Staat der salomonischen Dynastie, der sieben Jahrhunderte das Bild von ›Äthiopien‹ in Europa prägt. Dabei finden die Muslime am Horn von Afrika und die Vielzahl islamischer Staaten, die in diesem Raum entstanden und florierten, meist geringere Aufmerksamkeit. Dies hat seinen Grund wohl auch in der alten abendländischen Vorstellung eines christlichen ›Abessinien‹ oder ›Äthiopen‹, wie sie sich seit den legendenhaften Vorstellungen des Mittelalters von einem ›Priesterkönig Johannes‹ herausgebildet und seither unsere Wahrnehmung dominiert hat.[47] Muslime aber sind schon seit der Frühzeit des Islam an der afrikanischen Küste des Roten Meeres, hatte doch bereits der Stifter des Islam, der Prophet Muhammad,[48] in Zeiten schwerer Bedrängnis eine Gruppe seiner Anhänger ans Horn von Afrika geschickt, wo sie im Reich von Aksum wohlwollende Aufnahme und gute Behandlung gefunden haben sollen. Als die Araber dann im Zeichen des Islam nach dem Tod des Propheten zu ihrem beispiellosen Sieges- und Eroberungszug aufbrachen,[49] stießen sie vor allem nach Norden, in die Länder des fruchtbaren Halbmonds, nach Iran und nach Ägypten vor.[50] Zwar schickte schon der Prophet 630/31 eine ›Strafexpedition‹ in die Gewässer vor der Westküste des Roten Meeres (als Folge von Piratenüberfällen) und auch Kalif Omar unternahm eine Militäraktion (642), aber eine regelrechte Eroberung der afrikanischen Rotmeerküste im Zuge des Dschihad erfolgte nie. Allerdings führen viele Muslime am Horn von Afrika ihre Genealogie auf das 7. Jahrhundert und somit in die früheste Zeit des Islam zurück. So gründen die Somalis ihren Nationalmythos auf frühe Muslime, die nach Afrika kamen und vermeintlich Urväter ihres Volkes wurden.

Es ist auch durchaus wahrscheinlich, dass schon früh Muslime als Kaufleute ins Land kamen, denn sie dominierten bald im Handel des Roten Meeres und des Indischen Ozeans sowie als heilige Männer und ›Missionare‹, die in noch nicht christianisierten Gebieten und unter ›heidnischen‹ Ethnien bald Interesse und Anhänger fanden.[51] Nicht wie in Damaskus, Alexandria und Ktesiphon verbreitete sich der Islam als die Religion einer siegreichen expandierenden Großmacht, sondern durch Vorbild, Überzeugungskraft und zusammen mit dem Handel schlug hier die neue Religion Wurzeln – überall da, wo das Christentum noch nicht vorherrschte.[52] Die Verbreitung des Islam war so intensiv, dass am Horn von Afrika schon bald islamische Staaten entstehen konnten.[53]

Die Dahlak-Inseln vor der Küste (des heutigen Eritrea) bei Massawa, die infolge eines ›abessinischen‹ Überfalls auf die Hafenstadt Jiddah[54] 702 besetzt und somit wohl erster islamischer Brückenkopf im ostafrikanischen Raum wurden, unterstanden dann wieder christlicher Herrschaft, kehrten später jedoch unter islamische Kontrolle zurück.

Im Spannungsfeld aksumitischer Beziehungen zu jemenitischen Machthabern waren die Dahlak-Inseln ein Handelsknotenpunkt in der Region; auch der Hafen Massawa, der Adulis als wichtigstes Handelszentrum abgelöst hatte, geriet zeitweise unter islamische Herrschaft und war Sitz eines muslimischen Gouverneurs.[56]

Als im 11. Jahrhundert ein unabhängiges Sultanat Dahlak an Bedeutung gewann, wurde Massawa dessen Festlandsstützpunkt und Verbindungshafen zwischen dem christlichen Hochland und dem islamisch beherrschten Küstenbereich. Die Sultane von Dahlak, die von 1140 bis 1249 bekannt sind,[55] lavierten zwischen Unabhängigkeit einerseits und Jemen oder Abessinien als zeitweisen Oberherren andererseits. Es sind paradoxerweise gerade Grabsteine, die uns illustrieren, wie bunt gemischt die Bewohnerschaft aus Seeleuten, Kaufleuten und Abenteurern auf den Dahlak-Inseln war: Muslime aus allen Teilen der arabischen Welt und Persien ebenso wie Abessinier, Georgier, Juden und Menschen vom Kaspischen Meer.

Auch an anderen Orten der Küste am Horn von Afrika setzte sich der Islam früh fest. Geopolitisch-strategisch besonders bedeutend wegen ihrer Lage am Eingang zum Roten Meer und ihrer Orientierung zum Indischen Ozean ist die somalische Nordküste, die sich westlich von Kap Guardafui (nahe der Ostspitze des afrikanischen Kontinents) erstreckt und von Somalis besiedelt wurde bis ins heutige Dschibuti. Ihre antike Bezeichnung ›Barbaría‹ lebt bis heute fort im Namen der Hafenstadt Berbera. Berbera hatte eine wichtige Rolle als Handelsstadt, der Hafen war durch eine Karawanenstraße verbunden mit Harar, dem islamischen Handelszentrum, und mit dem Inneren Abessiniens. Somalische Nomaden als Träger des Überlandhandels und Karawanen trafen hier auf arabische Seefahrer, die den Fernhandel in der Hand hatten. In antiken Quellen wird Berbera bereits erwähnt, in islamischen Quellen erscheint es allerdings erst im 13. Jahrhundert.[56]

Der wichtigste Hafen an dieser Küste jedoch ist Zayla,[57] ganz im Westen gelegen, nahe der heutigen somalisch-dschibutischen Grenze. In arabischen Quellen erscheint die Stadt erstmals im 9. Jahrhundert. Schon im 10. Jahrhundert gehen arabische Autoren[58] häufiger und ausführlicher auf Zayla ein. Es wird als Teil des christlichen Reiches dargestellt oder als abhängig davon bzw. tributpflichtig. Lebhafte Beziehungen zu islamischen Häfen der Region müssen bestanden haben. Vieh, Schildkrötenpanzer, Bernstein, Sklaven, Silber und Gold werden als wichtige Handelswaren genannt. Im 12. Jahrhundert war Zayla eine unabhängige islamische Hafenstadt geworden, die eine zunehmend wichtige Rolle bei der Verbreitung des Islam im ›orbis aethiopicus‹ spielte.[59] Seit dem 15. Jahrhundert, als das salomonische Reich Zayla vorrübergehend okkupierte, wurde die Stadt zu einem Schwerpunkte christlich-muslimischer Konflikte in der Region und in diesem Kontext zum Anlaufhafen für jemenitische Truppen. Muslimische Machthaber erfassten die strategische Bedeutung des Hafens im Spannungsfeld zwischen dem Inneren Abessiniens, dem Roten Meer und dem Indischen Ozean und besetzten die Stadt mehrfach. Zeitweise war Zayla ein führendes Zentrum des islamischen Raums östlich des salomonischen Reiches. Die Portugiesen griffen den Hafen 1517 an, ohne ihn jedoch einzunehmen.

Auch südlich von Kap Guardafui war der Islam an der Somaliküste früh eine prägende Kraft. Wohl schon im 8. Jahrhundert kamen muslimische Einwanderer aus dem Persischen Golf und dem Südwesten der arabischen Halbinsel (Hadramaut, Medina) an die Somaliküste und ließen sich in Mogadischu[60] nieder. Muslimische Sippen bildeten eine Art föderative Republik in der Stadt. Erst später, im 13. Jahrhundert, wurde in Mogadischu ein erbliches Sultanat errichtet, das die ›republikanische‹ Phase beendete. Arabische Geographen, Historiker und Reisende besuchten und beschrieben die Stadt im 13. und 14. Jahrhundert (z. B. Yaqut, Ibn Battuta); sie schilderten Mogadischu als große, prächtige und florierende Stadt, deren Textilhandel hervorgehoben wird.[61] Noch heute sichtbare, eindrucksvolle Zeugnisse der mittelalterlichen Blüte sind die Moscheen aus dem 13. Jahrhundert in Mogadischu.[62] Nomaden, die im Hinterland den Karawanenverkehr störten, und die Portugiesen im Indischen Ozean, die auch Mogadischu angriffen, trugen im späten Mittelalter und zu Beginn der Neuzeit zum Niedergang bei.

200 km südlich von Mogadischu stellte Brava (Barawa) zunächst das wohl südlichste städtische Zentrum islamischer Prägung dar. Brava, bereits im swahilisprachigen Bereich der ostafrikanischen Küste, wird als Ausgangspunkt der weiteren Verbreitung islamischer Kultur in Richtung der Küste von Kenia und Tansania betrachtet.[63] Die Karawanen aus dem Landesinneren, entlang den Flüssen Wabi Schebelle[64] und Dschuba, erreichten hier den Indischen Ozean und fanden Anschluss an den interkontinentalen Seehandel. Die Handelsverbindungen reichten bis Harar und verdankten ihre Sicherheit über eine so lange Distanz der Kooperation zwischen Brava und den Stämmen und Clans des Hinterlandes.[65] Diese Handelswege galten als zuverlässig und unbedenklich bis ins 20. Jahrhundert. Im 16. Jahrhundert wurde Brava von den Portugiesen attackiert, die aber später aus der Region von den Herrschern von Oman, welche ihr See-Imperium im 17. Jahrhundert auf Ostafrika ausdehnten, vertrieben wurden. Brava blieb in Abhängigkeit von Oman bzw. Sansibar (das zum Mittelpunkt des Reiches, das Oman gegründet hatte, geworden war) bis zum Eintreffen der Italiener (1889).

Muslimische ›Reiche‹ im engeren Sinn entstanden im Landesinneren.[66]

Ein ›Islamischer Gürtel‹ legte sich im Osten und Süden um das christliche salomonische Reich. Möglicherweise bereits im 9. Jahrhundert sind erste islamische Staaten gegründet worden. Erstmals taucht Schewa in einer einzigen Quelle auf, die erst im 20. Jahrhundert entdeckt wurde und das Jahr 896/97 als Gründungszeitpunkt eines Sultanats Schewa angibt.[67] Anlass zu Skepsis gibt die Nennung genau desselben Jahres als Gründungsjahr des Emirats Harar in einer anderen Quelle.

Harar,[68] eines der bedeutendsten städtischen Zentren des Islam am Horn von Afrika und später Mittelpunkt der führenden islamischen Macht in der Geschichte des Großraums, liegt über 520 km östlich der heutigen äthiopischen Hauptstadt an historisch bedeutsamen Handelsstraßen. Wahrscheinlich wurde Harar spätestens im 13. Jahrhundert gegründet; es lag südlich der Staaten Ifat und Adal sowie östlich von Schewa. Die Stadt soll damals von Herrschern regiert worden sein, die als ›Heilige‹ galten, also als muslimische Gelehrte oder Protagonisten des Dschihad oder Anführer islamischer Bruderschaften. Heute gehört die Altstadt von Harar zum UNESCO-Weltkulturerbe wegen ihrer mittelalterlichen Architektur, die relativ gut erhalten ist.

Die Geschichte Harars bis zum 15. Jahrhundert ist kaum bekannt. Harar wurde dann Teil des Herrschaftsbereichs der Walaschma-Dynastie, die auch Ifat und

Adal beherrschte. Von Harar aus entfaltete sich im 16. Jahrhundert die stärkste muslimische Offensive in der Geschichte der Region, durch die das salomonische Reich – und damit die christliche staatliche Kontinuität am Horn von Afrika – beinahe beendet und vernichtet worden wäre.

Das 16. Jahrhundert bringt den Höhepunkt in den christlich-muslimischen Auseinandersetzungen,[69] die schon jahrhundertelang die Geschichte dieses Raumes wie ein roter Faden durchziehen. War bisher das christliche Reich unbestritten dominierend gewesen und hatte die islamischen Staaten im Osten und Süden militärisch im Zaum gehalten oder sie ans Reich angebunden, sie teilweise auch tributpflichtig gemacht, so kehrte sich die Lage diesmal um: In Harar entstand eine muslimische Macht, die in die Offensive gehen konnte und zur existenziellen Bedrohung für das salomonische Reich wurde.

Ein Berufssoldat somalischer Herkunft, Ahmad ibn Ibrahim ›al-Ghazi‹, bekannt geworden unter seinem Spitznamen ›Granj‹, stieg am Walaschma-Hof zu einer einflussreichen Stellung auf. Ohne Anspruch auf eine formal hohe Position oder prestigeträchtige Titel zu erheben, war er doch bald in Harar der eigentliche Machthaber und die Sultane nur mehr Marionettenherrscher.[70] Den Zeitgenossen galt er als ›Imam‹, was den religiösen Charakter seiner Reputation und seiner Ausstrahlung illustriert. Er gab seinen Aktionen islamisch-sakrale Färbung; dies trug zu seiner Wirkung bei. 1516/17 hatte der salomonische Kaiser noch militärische Erfolge gegen muslimische Gegner erzielt und 1525 führte er einen Feldzug gegen Hadiyya im Süden.[71] Granj schaltete zu dieser Zeit interne Gegner aus, setzte einen Marionettensultan in Harar ein, bahnte politisch hilfreiche Ehen für seine Schwestern an und begann dann, in christliche Regionen einzufallen. Dabei musste er zwar 1528 noch eine Niederlage einstecken, begann aber 1529 seine Siegesserie. Die Armee des Dschihad eilte von Erfolg zu Erfolg, von Sieg zu Sieg, stieß von der Peripherie des christlichen Reiches in die Kerngebiete und immer weiter nach Norden vor. Kaiser Lebna Dengel war bald ständig auf der Flucht[72] im eigenen Land, zog sich schließlich ins Gebirge zurück, wo er im abgelegenen Kloster Debre Damo 1540 starb. Es schien, als würde das christliche Reich zusammenbrechen, völlig unter muslimische Kontrolle geraten und letztlich durch eine neu entstehende Großmacht am Horn von Afrika ersetzt werden. Kirchen wurden zerstört, Klöster geplündert und Christen zwangskonvertiert.[73] Rettung für das salomonische Reich kam von unerwarteter Seite. Schon lange hatten Beziehungen zwischen dem christlichen Abessinien und Portugal bestanden, hatte es immer wieder Kontakte zwischen dem ›orbis aethiopicus‹ und dem christlichen Abendland gegeben. Jetzt war Portugal als Macht präsent im Indischen Ozean, portugiesische Schiffe erreichten auch die ostafrikanische Küste, attackierten das islamische Zayla 1517 im Einzugsbereich von Harar und nicht weit vom salomonischen Reich. Kaiser Lebna Dengels Hoffnung, die Portugiesen würden es nicht mit einem Angriff bewenden lassen, sondern Zayla dauerhaft besetzen und so den Zustrom von Unterstützung aus dem Jemen für die Muslime am Horn von Afrika unterbinden, erfüllte sich zwar damals nicht, aber entscheidende portugiesische Hilfe kam in höchster Not. 1541 – die muslimischen Glaubenskrieger waren schon bis Hamasin (heutiges Hochland von Eritrea) vorgedrungen – landeten 400 Portugiesen mit Feuerwaffen in Massawa, aber auch die muslimische Seite erhielt Unterstützung aus dem Jemen. Zwar erlitten die Portugiesen auch Rückschläge, wohl aufgrund ihrer relativ geringen Zahl, aber in einer Schlacht am Tana-See, in der die überlebenden Portugiesen sich mit den Truppen von Kaiser Gelawdewos (1521–1559)[74] vereinigten, konnte die christliche Seite 1543 einen entscheidenden Sieg verbuchen. Granj selbst, der legendäre Führer des Dschihad, fiel – dies führte zum Zusammenbruch der muslimischen Seite. Das Kriegsglück wendete sich – der Fortbestand des salomonischen Reiches war gesichert. Die muslimische Bedrohung war aber nicht ganz verschwunden. Zwar konnte Kaiser Gelwawdewos die Situation ausnutzen und im Süden im Oktober 1544 einen weiteren Sieg über muslimische Gegner verbuchen und auch Harar wurde wiederholt von Christen eingenommen. Aber Kaiser Gelawdewos fiel 1559, als seine Truppen im Süden von dem islamischen Kriegsherrn Nur al-Munadschid geschlagen wurden, bei dem Versuch, die strategisch wichtige historische Region Fetegar (am nördlichen Awash-Ufer in Schewa gelegen und immer wieder zwischen Christen und Muslimen umkämpft) zurückzuerobern.

In diesen Jahren, die gekennzeichnet waren vom Versuch einer christlichen Konsolidierung, kam eine weitere islamische Herausforderung von ganz unerwarteter Seite: Die Osmanen landeten an der Rotmeerküste. Im Jahr 1516/17 hatten die Osmanen, deren Expansion bis dahin in Richtung christliches Europa erfolgt war, Syrien und Ägypten erobert. Damit kontrollierten sie das gesamte Süd- und Ostufer des Mittelmeers und die Handelsrouten zwischen Indischem Ozean und Mittelmeerwelt. Es galt, das Monopol der islamischen Welt[75] für den Handel zwischen Europa und Asien sowie Afrika zu verteidigen, auf dem die wirtschaftliche Blüte des Nahen Ostens beruhte. Denn seit der Wende vom 15. zum 16. Jahrhundert war Portugal im Indischen Ozean präsent und stieß auch in Richtung Rotes Meer und Persischer Golf vor. Der Zeitpunkt der osmanischen Offensive Richtung Ägypten, Syrien und Zweistromland und die zunehmend dynamische Rolle, welche die Türken damals im Roten Meer zu spielen begannen,[76] ist keine Koinzidenz. Es war eine folgerichtige Reaktion auf das portugiesische Vordringen in die Region.[77]

1506/07 nahmen die Portugiesen Sokotra ein, die strategisch wichtige Insel vor Kap Guardafui an der Ostspitze Afrikas, von wo aus der Golf von Aden kontrolliert werden kann und somit der Zugang zum Roten Meer. 1513 misslang ihnen zwar die Eroberung Adens,[78] aber sie blieben am Horn von Afrika in engem Zusammenwirken mit den Christen der Region. Ihre Präsenz mündete in eine ständige muslimisch-christliche Auseinandersetzung. Mehrfach griffen die Portugiesen die muslimischen Handelsstädte an der somalischen Küste an, so z. B. Zayla. Schon Vasco da Gama selbst hatte 1499 Mogadischu beschossen. So wie die Christen am Horn von Afrika die portugiesische Hilfe begrüßten, war den Muslimen die von osmanischer Seite gebotene Unterstützung willkommen. Die unmittelbare christliche Bedrohung wurde für die Muslime immer konkreter: Portugiesische Angriffe auf strategische Positionen wie Aden und Hormuz, das Jahrzehnte lang in portugiesischem Besitz blieb, und Albuquerques[79] Flottenvorstoß ins Rote Meer mit der erklärten Absicht, Handelsströme, die hier Richtung Mittelmeer verlaufen, zu unterbinden,[80] waren Alarmzeichen. Sie zeigten auch den Osmanen die Notwendigkeit auf, ihre Position im Roten Meer auszubauen und ihren Machtbereich an dessen Küste, von wo aus unmittelbare Aktionen gegen Portugal und im Indischen Ozean möglich werden, auszudehnen. Özdemir Pascha,[81] der sich im Jemen ausgezeichnet hatte durch die Eroberung von San'a und als osmanischer Gouverneur des Landes, konnte den zögerlichen Sultan in Istanbul überzeugen, die osmanische Präsenz auch an der Westküste des Roten Meeres zu erweitern. Er eroberte zunächst die (im heutigen Sudan gelegene) wichtige Handelsstadt Suakin (wohl 1554) und gründete 1555 offiziell die osmanische Provinz ›Habesch‹ (= Abessinien). 1557 okkupierte Özdemir Massawa und 1559 wird Zayla osmanisch. Die wichtigsten Hafenstädte am Horn von Afrika waren damit in türkischer Hand. Massawa wurde Hauptstadt der neuen osmanischen Provinz. Selbst das weit im Süden (vor der Küste von Tansania) gelegene Sansibar erkannte zeitweise osmanische Oberhoheit an.

Die Osmanen drangen ins Landesinnere vor, nahmen Debarwa, die Hauptstadt des Baher Negasch, des Gouverneurs der Rotmeerprovinz des abessinischen Kaiserreichs, ein. Sie zerstörten Kirchen und Klöster. Dabei erhielten sie auch lokale Unterstützung, etwa durch eine Fürstin Ga'ewa,[82] Herrscherin von Mezega, einer Region im nördlichen Begemdir, südlich des Setit-Flusses. Auch der Baher Negasch Yeshaq nutzte die durch die türkische Invasion entstandene neue Lage. Zeitweise stand er auf Seiten des salomonischen Kaisers, wenn es jedoch opportun erschien, machte er gemeinsame Sache mit den Osmanen. Dies zeigt das Autonomiepotenzial, das dem Amt des Baher Negasch immanent war, und verdeutlicht das Spannungsfeld zwischen dem Versuch, die Region am Roten Meer durch dieses Gouverneursamt ans Kaiserreich zu binden[83] einerseits und den ›eritreischen‹ Unabhängigkeitsbestrebungen andererseits, zwischen der ›Außenorientierung‹ hin zum Roten Meer und der Verbundenheit mit dem Binnenland, dem Kaiserreich.

Der türkisch-abessinische Konflikt wogte hin und her, die Osmanen stießen ins Binnenland vor und verloren dann wieder an Terrain, Debarwa[84] war zeitweise osmanisches Zentrum im Landesinneren.

Aber 1578 verloren die Türken Debarwa an das salomonische Kaiserreich und zogen sich weitgehend an die Küste zurück. Bis an die Küste stießen aber auch kaiserliche Angriffe vor; 1589 belagerte Kaiser Serse Dengel (1550–1597)[85] vergeblich das stark befestigte Hergigo (Arkiko), einen kleinen Hafen nahe Massawa. Doch immer wieder drangen osmanische Gouverneure auch ins Hochland vor, erst im 17. Jahrhundert beschränkten sich die Türken endgültig auf die Küste. Die Bedeutung der Region war nach Ende der akuten portugiesisch-osmanischen Auseinandersetzungen zurückgegangen – symbolisch dafür war die Verlegung der Provinzhauptstadt von Massawa ins arabische Jiddah. Massawas Rolle als Handelshafen war nur mehr fürs Horn von Afrika wichtig, nicht auf internationaler Ebene. Aus der einheimischen Ethnie der Balaw[86] ernannten die Osmanen hier im 17. Jahrhundert einen Na'ib[87] oder Statthalter, der eine Dynastie gründet. So wurde erreicht, dass die osmanischen mit lokalen Interessen verbunden blieben, Kontinuität gesichert und gegenseitige Loyalität in beiderseitigem Interesse war. Der Na'ib wurde ein Machtfaktor in der Region über Massawa hinaus, die Dynastie konnte sich ein weites territoriales Einflussfeld sichern, zu dem auch Teile der Afar-Küste gehörten und das bis zu den Dahlak-Inseln reichte. Das Verhältnis zu den salomonischen Kaisern war wechselhaft, ebenso zu anderen Machthabern im Hochland. Der Na'ib war für sie von Interesse als Lieferant von Feuerwaffen, da er die wichtigen Häfen kontrollierte. Nicht zuletzt trug der ›Staat‹ des Na'ib – eigentlich eine autonome osmanische Provinz – zur Verbreitung des Islam im Bereich des heutigen Eritrea bei.

Die Beta Israel – Juden am Horn von Afrika?

Zwischen dem 14. und 16. Jahrhundert erscheint eine ethnische Gruppe in Begemdir, Tigray und Lasta, die von Außenstehenden als ›Falascha‹ bezeichnet wurde und wird, sich selbst aber als ›Beta Israel‹[88] verstand.

Die Chronik der Zeit von Kaiser Amde Seyon I. ist wohl die erste Quelle, die die Beta Israel erwähnt – Leute, die ›wie Juden‹ waren und gegen die der Kaiser Truppen schickte. Über die Ethnogenese[89] dieser Gemeinschaft hat es eine Vielzahl widersprüchlicher Theorien und Hypothesen gegeben. Die Gruppe bestand zunächst wohl aus Agau, deren Sprache sie auch verwendete, und konzentrierte sich in Begemdir an der nordwestlichen Reichsgrenze. Erst später erfolgte die Übernahme semitischer Sprachen.

Die vor 50 Jahren herrschende Lehre, es habe sich um Juden gehandelt, die etwa aus Ägypten oder Südarabien ins Land gekommen seien, gilt heute als überholt. Wahrscheinlicher ist es, dass aufgrund der stark alttestamentarischen Gründungslegende des salomonischen Reiches, das auf den jüdischen König Salomon zurückgehen soll, alttestamentarische – also ›jüdische‹ – Konzepte, Ideen, Regeln manchen Christen besonders plausibel, authentisch oder legitim erschienen und, weil als altehrwürdig empfunden, mit besonderem Nachdruck praktiziert wurden. Jüdisch anmutende Komponenten waren seit jeher typisch für das Christentum am Horn von Afrika. Ein Reisender des 18. Jahrhunderts, Jerome Lobo, ging so weit zu urteilen, man könne nicht leicht unterscheiden, ob die Abessinier eher Juden oder eher Christen seien.[90] Nicht zu verwundern also, dass sich vor diesem religiösen Hintergrund eine Richtung entwickelte, die zu den Ursprüngen des abessinischen Gründungsmythos zurückkehren wollte und sich selbst folglich als jüdisch empfand – ganz im Sinne der Reichstradition und ihres mythischen Ursprungs – und auch von anderen als jüdisch empfunden wurde. Die Beta Israel sonderten sich mehr und mehr religiös, sozial und auch räumlich von den (im reichskirchlichen Sinn) ›christlichen‹ Abessiniern ab und entwickelten so im Laufe von Jahrhunderten eine eigene Identität.

Immer wieder traten Mönche der Reichskirche auf, die sich von den Beta Israel und ihrer archaischen Religiosität angezogen fühlten: so im 14. Jahrhundert der Asket Kosmos (Qozmos), der aufgrund seiner extremen Haltung von der offiziellen Kirche verfolgt und von den Falaschas in Semen (südlich von Tigray und westlich des Tekkeze-Flusses in Begemdir) aufgenommen wurde. Er entfachte eine Revolte, die nach anfänglichem Erfolg mit beträchtlichem Aufwand niedergeschlagen wurde. Militärische Auseinandersetzungen mit den Beta Israel gab es immer wieder. Kaiser Yeshak geht anfangs des 15. Jahrhunderts entschlossen militärisch gegen sie vor, ist einerseits konziliant gegenüber denen, die sich ihm unterwerfen, andererseits kompromisslos gegenüber denen, die ihm Widerstand leisten. Damals entsteht möglicherweise der Begriff ›Falascha‹[91] – ›Heimatlose, Landlose‹ – dadurch, dass der Kaiser den Beta Israel, die nicht zur Unterwerfung bereit waren, ihr Land nahm und ihnen Landbesitz verbot. So wurde die Abgrenzung der Falascha von außen verstärkt und gefördert, von innen aber gerade dadurch weiter intensiviert: Besondere Reinheitsvorschriften wurden eingeführt, die Kontakte zu außenstehenden Gruppen erschwerten und brandmarkten. Ebenso nahm die Diskriminierung zu: Zunehmend wandten sich die Beta Israel – unter dem sozialen Druck ihres Umfelds – weniger angesehenen Berufen zu, sie wurden Schmiede oder Töpferinnen. In der Landwirtschaft waren sie tätig als Pächter, da ihnen Landbesitz, wie bereits erwähnt, verwehrt blieb.

Diskriminiert wurden sie auch besonders während der muslimischen Granj-Invasion Mitte des 16. Jahrhunderts.

Vielfach wurden sie von ihren christlichen Nachbarn der Zauberei verdächtigt; auch entstand der Aberglaube, sie würden sich nachts in Hyänen[92] verwandeln und Menschen anfallen.

Vielfach traten Beta Israel auch in Dienste christlicher Herrscher (wie dies häufig der Fall ist bei Minderheiten, die als solche nicht gleichberechtigt sind, deren Einzelvertreter aber wichtige Funktionen erhalten – man vergleiche etwa die Christen im Osmanischen Reich!).

Zu ihrem Überleben als Gemeinschaft hat sicher die im 17. Jahrhundert durchgesetzte Regelung der physischen Trennung unterschiedlicher Religionsgemeinschaften[93] im Reich beigetragen.

Die religiösen Überzeugungen der Beta Israel sind eine Mischung aus (pseudo-)jüdischen (alttestamentarischen) und abessinisch-christlichen Komponenten.[94] Ihre Gotteshäuser entsprechen der dreiteiligen Struktur des salomonischen Tempels, Opfer spielten eine wichtige Rolle. Festtage sind sowohl jüdischer (z. B. Yom Kippur, der Versöhnungstag, als höchstes jüdisches Fest) als auch christlicher (z. B. St. Michaelstag) Provenienz. Der Sabbath wird streng beachtet (eine Tendenz, die auch bei rein christlichen Gruppen am Horn von Afrika festzustellen war). Zentraler Text ist der ›Orit‹ (Oktateuch: fünf Bücher Mose, Ruth, Joschua und Richter), der Talmud ist den Beta Israel nicht bekannt (ein weiteres Indiz dafür, dass es sich eben nicht um genuine ›Juden‹ gehandelt hat). Monastisches Leben spielte auch bei ihnen, wie ganz allgemein am Horn von Afrika, eine nicht unwichtige Rolle.

Die Zahl der Beta Israel war stets sehr beschränkt und lag wohl deutlich unter Hunderttausend (wenngleich es auch höhere Schätzungen gibt). Erst im 19. Jahrhundert rückten sie ins Blickfeld des Westens. Vor allem die ›London Society for Promoting Christianity amongst the Jews‹ wandte sich im 19. Jahrhundert auch dem Horn von Afrika zu. Dort spielte seit 1860 vor allem der deutsch-britische Missionar Henry Aaron Stern, der selbst vom Judentum zum evangelischen Glauben konvertiert war, eine aktive Rolle. Seine Kritik an den religiösen Überzeugungen der Beta Israel und ihren seiner Ansicht nach unzureichenden religiösen Kenntnissen brachten ihn und seine Tätigkeit im Land in Misskredit. Die quantitativen Erfolge der Missionsgesellschaft blieben denn auch minimal, nur wenige Beta Israel konvertierten. Aber sie brachte die Beta Israel ins Bewusstsein des ›Westens‹ – die Vorstellung von Juden am Horn von Afrika, die dort ›im Verborgenen‹ gelebt hatten und in Europa unbekannt geblieben waren, faszinierte die Gemüter und erregte starkes Interesse. Gerade auch Juden sahen Anlass, hier aktiv zu werden. Der Semitist Joseph Halévy kam als erster Jude zu den Beta Israel – er begann, sie explizit als ›Juden‹ aufzufassen (seit 1867) und diese Auffassung international zu verbreiten – verbunden mit der Intention, die Beta Israel zu reformieren und sie vor den evangelischen Missionaren, die ja längst ihre Aktivitäten entfaltet hatten, zu ›schützen‹. Vor allem aber wurden seine Bemühungen erfolgreich aufgegriffen und fortgesetzt von seinem Schüler Jacques Faitlovitch (1881–1955)[95] zu Anfang des 20. Jahrhunderts. Die Vorstellung von einer jüdischen Identität der Beta Isra'el verbreitete sich weltweit. Ziel war, die Beta Isra'el zu einem Judentum ›zurückzuführen‹, zu dem sie nie gehört hatten. Auch die Beta Israel selbst begannen sich erst jetzt, unter dem Einfluss entsprechender Beeinflussung und Belehrung, zunehmend einem Judentum zugehörig zu fühlen, mit dem sie nie zu tun gehabt hatten. Faitlovitch brachte mit Unterstützung von Edmond de Rothschild mehrere ›Falaschas‹ nach Europa und gründete Unterstützer-Gruppen für die ›äthiopischen Juden‹ in Italien und Deutschland. Er wurde von Kaiser Menilek II. empfangen und gründete Schulen, darunter ein Internat in Addis Abeba. In zahlreichen Publikationen trat er für das ein, was er für die Interessen der Falaschas hielt. Eine Art ›Judaisierung‹ der Falascha, bei denen man zunächst mehr Agau-Traditionen antraf als jüdische, erfolgte im Lauf der Zeit. Faitlovitch hatte maßgeblichen Anteil an der weiteren Entwicklung, die Beta Isra'el als ›Juden‹ betrachtet und behandelt zu sehen. Schwer litten die Beta Isra'el unter der großen Hungersnot, die das Horn von Afrika von 1888 bis 1892 heimsuchte, deren Nachwirkungen auch Faitlovitch noch erlebte.

Durch die Revolution von 1974 wurde die Lage der Beta Israel zunehmend volatil und unsicher. Israel fühlte sich verantwortlich für eine Gemeinschaft, die gelernt hatte, sich als ›jüdisch‹ zu begreifen und weltweit als ›jüdisch‹ angesehen wurde. So wurden in einer ersten großen Aktion, der ›Operation Moses‹ 1984/85 6 700 Falaschas nach Israel[96] umgesiedelt. Weitere Transfer-Maßnahmen folgten. In den Wirren des Zusammenbruchs des sozialistischen Mengistu-Regimes 1991 wurden Ende Mai in der ›Operation Salomon‹ über 14 000 Falascha ›freigekauft‹ und nach Israel gebracht. Schon damals herrschte Skepsis bezüglich ihrer Heranführung an eine moderne Gesellschaft.[97] Heute stellen sie fast 80 000 ›äthiopische Juden‹ in Israel. Freilich bleibt das Verhältnis der Falascha zu den israelischen Juden gespannt. Dazu trägt nicht zuletzt bei, dass eine überproportionale Anzahl von Beta Israel mit dem HI-Virus infiziert ist. Ihre völlige Integration[98] ist in Israel noch immer nicht abgeschlossen.

Regionale Identitäten am Horn von Afrika

Das Horn von Afrika war zu keiner Zeit von einem einzigen Staat beherrscht. Mogadischu und der größte Teil der Somaliküste beispielsweise gehörten nie zum salomonischen Reich, das in der Region über Jahrhunderte dominant war. Und viele Regionen im Osten (wie Ogaden) oder Süden (z. B. Gamo-Gofa) des heutigen Staates Äthiopien wurden erst vor 120 bis 150 Jahren erobert bzw. ganz eingegliedert. Aber auch im engeren Einzugsbereich Abessiniens, dessen Grenzen und Komponenten immer wieder stark variierten, haben verschiedene Regionen unterschiedliche Identitäten, jeweils eigene Traditionen und kulturelle Prägungen sowie spezifische ethnische und historische Charakterzüge ausgeprägt und separate Entwicklungen genommen – ein einheitliches ›Äthiopien‹ hat nie existiert.

Eritrea

Im Norden, wo die flache Küstenebene vom Roten Meer zum Hochland aufsteigt, hat diese geographische Besonderheit wesentlich zur Gestaltung Eritreas und seines spezifischen Charakters beigetragen.

›Eritrea‹ ist die Bezeichnung für dieses Land, die erstmals die Kolonialmacht Italien verwendet hat unter Bezug auf den antiken Begriff ›Mare Erythraeum‹, der sich heute für das ›Rote Meer‹ in praktisch allen Sprachen durchgesetzt hat. Die Bezeichnung weist auf die starke Prägung des Landes durch seine Küstenlage am Roten Meer hin. Von Anfang an spielte das ›Land am Roten Meer‹ eine Sonderrolle, unterschied sich von den jeweiligen Reichen des Landesinneren. Adulis beispielsweise, der wichtigste Hafen der Region in der Antike, war zunächst unabhängig, bevor er im Zuge der Expansion des aksumitischen Reiches in dieses integriert wurde. Der Handel am Horn von Afrika musste zum großen Teil über Eritrea laufen, das über das Meer und seine Häfen seit der Antike mit dem Nahen Osten und der Mittelmeerwelt einerseits sowie mit Südasien und der afrikanischen Ostküste andererseits verbunden war. So durchzogen seit frühester Zeit die Handelsstraßen und Karawanenwege Eritrea von der Küste ins Landesinnere und führten vom Binnenland zu seinen Häfen. An diesen Verbindungswegen liegen Handelsorte (Qohayto, Matara), deren archäologische Reste noch vorhanden sind. Waren die großen Reiche der Region – von Aksum über den Zagwe-Staat und die Jahrhunderte des salomonischen Reiches bis zum heutigen Äthiopien – immer mehr dem Landesinneren zugewandt und entfernte sich das Reichszentrum immer mehr vom Roten Meer, war Eritrea im Gegensatz dazu stets zum Meer hin orientiert und seine Geschichte von dieser Lage bestimmt. Sowohl das Christentum im 4. Jahrhundert als auch der Islam im 7. Jahrhundert kamen über das Land am Roten Meer ans Horn von Afrika. Hier entstanden frühe islamische Niederlassungen und erste islamische Staaten (Dahlak), gab es bald auch islamische Gruppen und Bevölkerungskomponenten. Während über die Somaliküste die Muslime mehr und mehr ins Landesinnere nach Süden vordringen konnten und östlich des christlichen Reiches muslimische Staaten aufbauten, gab es und gibt es in Eritrea sowohl Muslime als auch Christen, die bis heute relativ spannungsfrei koexistieren. Doch ein dauerhaftes Vordringen bis ins Hochland gelang potenziellen muslimischen Eroberern von hier aus nie. Eritrea ist somit das Land, das von den welthistorischen Veränderungen oft zuerst und direkt betroffen wurde. Die Osmanen können sich hier niederlassen – und die von ihnen in der Mitte des 16. Jahrhunderts gegründete ›abessinische Provinz‹ (Habesch Eyaleti)[99] umfasst praktisch nur Eritrea bzw. Teile davon. Auch die Portugiesen, die schon etwas früher ins Land kommen (erste Hälfte des 16. Jahrhunderts) und das salomonische Reich vor der drohenden islamischen Eroberung retten, landen zuerst in eritreischen Häfen und halten sich beim Baher Negasch auf. Immer wieder finden auf eritreischem Boden die ersten Auseinandersetzung zwischen dem christlichen Reich und fremden Eindringlingen statt. Sei es im Fall der ägyptischen Eroberer im 19. Jahrhundert, gegen welche die Entscheidungsschlachten auf eritreischem Boden stattfanden (Gura in Akkele Guzay und Gundet am Mereb), die sich aber im Küstenbereich Eritreas festsetzen und vorübergehend halten – sei es im Fall der italienischen Imperialisten, die zunächst, vom Hafen Massawa ausgehend, Eritrea unterwerfen und ihre ersten Rückschläge (z. B. in Dog'ali) auf eritreischem Boden erleiden. Die Kaiser des christlichen Reiches versuchen immer wieder, Eritrea, das Land am Meer, ins Reich einzugliedern, erkannten dabei aber dessen speziellen Charakter, der in seiner Prägung durch das Rote Meer und in seiner geopolitischen Lage bestand, bereits in der Namensgebung an. Seit der Zagwe-Epoche und auch in der frühen salomonischen Zeit,[100] wurde es – ebenso wie sein jeweiliger Regent – als ›ma'ekele baher‹ (Mitte der Küste) bezeichnet. Kaiser Be'ede Maryam, Sohn von Kaiser Zer'a Ya'kob, führt im 15. Jahrhundert den Titel ›Baher Negasch‹ (Herrscher des Meeres)[101] für den Regenten der nördlichen Provinzen am Meer – Medri Bahri – ein. Alle diese Bezeichnungen beziehen sich ausdrücklich auf die Lage der Nordprovinzen am Meer. Über diese Region am Roten Meer hinaus kommen fremde Eindringlinge meist nicht. Oft muss der salomonische Staat fremde Mächte im Bereich der Küste dulden – dies gilt für den sich hier früh festsetzenden Islam ebenso wie für die Osmanen im 16. Jahrhundert, die Ägypter und die Italiener im 19. Jahrhundert. In ihrem ureigenen Territorium, im Hochland, im Reich südlich des Mereb aber dominieren die Kaiser der salomonischen Dynastie jahrhundertelang und können Angreifer fast immer zurückschlagen – seien es Italiener, Ägypter oder Osmanen.

Der Fluss Mereb ist schon jahrhundertelang und bis heute die Grenze zwischen Äthiopien und dem ›Mereb Mellasch‹,[102] dem Land jenseits des Mereb – das durch diese Bezeichnung eine eigene, gesonderte Identität erhält. Mereb Mellasch umfasst prinzipiell die eritreischen Kernländer Seraye, Akkele Guzay und Hamasen, variiert jedoch zeitweise in seiner Ausdehnung – liegt aber im Wesentlichen auf dem Gebiet des heutigen Eritrea. Umfassender ist die Nordprovinz ›Bambolo Mellasch‹,[103] die nur zeitweise Gestalt annahm. Einen Gouverneur über alle Nordprovinzen ernannte der Kaiser nur nach Bedarf – etwa Fasiledes, der im 17. Jahrhundert seinem Schwiegersohn Hab Sellus aus Hamasen (Kernland Eritreas) die Regentschaft über Bambolo Mellasch übertrug. Die Geschichte dieser ›Nordprovinzen‹ jenseits des Mereb-Flusses zeigt einerseits, dass die Kaiser immer wieder versuchten, Kontrolle über diese eigenständige Region zwischen Hochland und Küste auszuüben, andererseits aber auch, dass diese ihnen immer wieder entglitt und dass dort starke Unabhängigkeitstendenzen vorhanden waren. Regionalfürsten im Norden versuchten, wann immer sie sich dazu in der Lage fühlten, eigene Machtbereiche zu schaffen und auszudehnen, ihre Unabhängigkeit zu erlangen und zu wahren. Die Regenten, die den Titel Baher Negasch trugen, sollten den Herrschaftsanspruch der salomonischen Kaiser durchsetzen an der Küste,[104] die Kontrolle des Reiches über Häfen und Handelsverbindungen festigen; sie waren jedoch versucht, sich vor dem Hintergrund der geopolitischen Lage unabhängig zu machen, besonders, wenn sie selbst aus einer der nördlichen Provinzen stammten.

Am Beispiel des Baher Negasch Yeshak († 1578)[105] aus der zweiten Hälfte des 16. Jahrhunderts lässt sich das Spannungsfeld zwischen Reichsloyalität und ›eritreischer‹ Unabhängigkeitstendenz verdeutlichen. Yeshaq hatte Verbindungen zwischen den Portugiesen und der Zentralregierung hergestellt sowie deren Engagement am Horn von Afrika ermöglicht und vermittelt, wohl auch an einer portugiesischen Operation gegen Zayla mitgewirkt – portugiesische Quellen erwähnen seine Rolle. Ebenso setzte er sich erfolgreich osmanischen Versuchen entgegen, weiter ins Landesinnere vorzudringen, nachdem die Osmanen seine Hauptstadt Debarwa erobert hatten. Auch schlug er Königin Ga'ewa,[106] eine einheimische Verbündete der Osmanen. Das hinderte ihn allerdings nicht, mit den Osmanen gemeinsame Sache zu machen, wenn dies seinen Interessen diente. Auch nahm er die aus dem Reich vertriebenen Jesuiten auf und setzte sich damit in Gegensatz zum Kaiser. Er ging soweit, in Thronfolgekonflikte einzugreifen und seinen Machtbereich bis nach Tigray auszudehnen, so dass er paktisch den gesamten Norden beherrschte, ohne den Mereb als Grenze zu respektieren. Auf die Dauer konnte das Reich solche Übergriffe nicht hinnehmen. 1578 schlug Kaiser Serse Dengel (ca. 1550–1597)[107] die Osmanen und Baher Negasch Yeshak, der getötet wurde.

Es kam sogar zu einer Dynastiebildung in der Region jenseits des Mereb, durch Baher Negasch Hab Sellus (Habte Sellasi) († 1704) aus der Sippe der Dekki Teschem,[108] auf die zahlreiche Orte in der eritreischen Region Hamasen ihre Genealogie zurückführen. Sie spaltet sich in zwei konkurrierende Zweige, in Se'azzega und Hazzega, auf und wurde durch Hab Sellus zur bis in die zweite Hälfte des 19. Jahrhunderts führenden Familie des Mereb Mellasch. Hab Sellus schuf mit seinem Sohn erstmals eine systematische Kodifizierung des Rechts von Hamasen, nach ihm ›Heggi Habsellus‹[109] benannt, die ältere regionale Rechtstraditionen aufnimmt und verarbeitet. Das Rechtsbuch ist bis heute gültig und wird noch immer angewendet. Andere ebenfalls alte Rechtstraditionen, sind überliefert in den Texten von Loggo Tschewa (Region in Hamasen) bzw. von Loggo Serda (Akkele Guzay, wobei die ›Loggo‹ eine Agau-Ethnie darstellen).[110]

Aus der Dekki-Teschem-Abstammungslinie stammt auch Welde Mika'el Selomon (ca. 1823–1906),[111] der – in gewisser Weise ähnlich wie Yeshak im 16. Jahrhundert – zwischen Ägyptern und salomonischem Reich lavierte, in seinen Loyalitäten öfter wechselte, in Hamasen die Auseinandersetzung zwischen Se'azzega und Hazzega weiterführte und letzten Endes im Mereb Mellasch, dessen offizieller Gouverneur er zeitweise war, vor allem die Schaffung eines unabhängigen Machtbereiches im Auge hatte. Seine Unabhängigkeit verteidigte er konsequent auch gegen das salomonische Reich, weshalb manche in ihm einen frühen Protagonisten für ein unabhängiges Eritrea sehen wollten.

Eine eigene Welt stellte die Küstenregion um Massawa dar, wo im 19. Jahrhundert noch die Na'ib (Vertreter, Statthalter)-Dynastie aus der Balaw-Sippe eine führende Rolle spielte[112] – auch dies eine Variante der durch die Lage am Meer bedingten Eigenständigkeit.

Abb. 9: Historisches Gebäude in Massawa (Eritrea).

Die eigentliche Prägung einer eritreischen Identität erfolgte jedoch in dem halben Jahrhundert der italienischen Kolonie Eritrea (1890–1941). Erstmals gab es definitiv eine klare, eindeutige, auch geographisch festgelegte Trennung zwischen ›dem Land am Roten Meer‹ und dem äthiopischen Reich. Erstmals wird ›Eritrea‹ eine offizielle Bezeichnung, welche die Italiener bewusst eingeführt haben und welche sich – auch bei den Ethnien der Region – durchgesetzt hat. Das italienische Eritrea wird der Bezugsrahmen für seine Bewohner, ein eigenes spezifisches Bewusstsein entsteht. In seinem geographischen Kontext leben Muslime und Christen sowie verschiedene Ethnien zusammen, müssen sich miteinander auseinandersetzen und sich im eritreischen Rahmen um politische und gesellschaftliche Gestaltung bemühen. Im italienischen Eritrea begann auch die politische

Bewusstwerdung der Bevölkerung – im Konflikt mit den Italienern aber auch unter deren Kultureinflüssen, die Entstehung einer eritreischen Identität, eine gewisse Entfremdung zu Äthiopien. Obwohl die Mehrheit der Eritreer Tigrinya spricht wie die Einwohner von Tigray, dem auf der äthiopischen Seite der Grenze gelegenen Land, konnte dies die Gegensätze nicht überbrücken. Unabhängigkeitsbetrebungen kommen auf – eine Trennung nicht nur von Italien, sondern auch von Äthiopien, wird ein zentrales Thema des politischen Diskurses in der Mitte des 20. Jahrhunderts. Die Entwicklungen der vorausgehenden zwei Jahrtausende liefern dafür Beispiele, Fakten und Argumente. Äthiopien selbst hatte mit seiner wenig sensiblen Handhabung und schroffen Ablehnung der eritreischen Autonomiebestrebungen seit dem Ende des II. Weltkriegs die Spannungen weiter verschärft. Benachteiligung und Unterdrückungsversuche stärkten nur das aufkeimende eritreische Nationalgefühl. Ein jahrzehntelanger Freiheitskrieg sowie die Gründung eines selbständigen Staates Eritrea, wodurch Äthiopien den Zugang zum Meer verlor, waren die Folge. Zur Definition der nationalen Eigenständigkeit werden kulturell-ethnische Alleinstellungsmerkmale hervorgehoben, die ›Eritrea‹ von ›Äthiopien‹ unterscheiden, wie etwa die prähistorische Ona-Kultur,[113] die aufs erste Jahrtausend v. Chr. zurückgeht und erst seit 50 Jahren bekannt ist. Sie hat sich nur im Großraum Asmara entfaltet.

Die ethnische Gruppe der Bilin,[114] früher auch Bogos genannt, die von den Agau abstammt und knapp 100 000 Menschen umfasst, besiedelt seit dem Mittel-

Abb. 10: ›Hidmo‹ Traditionelles Bauernhaus im ländlichen Eritrea.

alter die Region um Keren am Anseba-Fluss. Sie sprechen eine (kuschitische) Agau-Sprache und leben ausschließlich in Eritrea. Erst durch Werner Munzinger und den österreichischen Afrikanisten Leo Reinisch (1832–1919)[115] wurden die Bilin, ihre Sprache und Ethnographie in der zweiten Hälfte des 19. Jahrhunderts in Europa bekannt und gewann ihre Identität Konturen.

Tigray

Südlich an Eritrea grenzt die historische Landschaft Tigray, die sehr variabel war in ihrer Ausdehnung, deren Kernland sich jedoch um Aksum, Adwa und Yeha erstreckte. Tigray im weiteren Sinn breitete sich südlich des Mereb, westlich der Afar-Region, östlich des heutigen Sudan und nördlich des Tekkeze-Flusses aus. Tigray ist eine Kernregion des christlichen Reiches am Horn von Afrika, hier entstehen frühe Kulturen (um Yeha) und hier entwickelt sich Aksum zum Mittelpunkt des ersten Reiches von weit ausstrahlender Bedeutung am Horn von Afrika. Wie in Eritrea so lebten auch in Tigray die Agau, deren kuschitische Sprache noch bei kleinen Gruppen lebendig ist, im Wesentlichen aber das Substrat bildet, auf dem Tigrinya entstand, die wichtigste und meist verbreitete Sprache sowohl in Tigray als auch in Eritrea – dem Ge'ez, der klassischen (alt-)äthiopischen Sprache, nahestehend.[116] Agau und semitische Gruppen verschmolzen hier, noch heute sind altsüdarabische Einflüsse spürbar in Ortsnamen, Inschriften und Monumenten (Sonnen- und Mondsymbole). Auch nach dem Untergang des Reiches war und blieb die historische Ausstrahlung und Sonderrolle von Aksum bis heute erhalten. Über die Jahrhunderte hinweg behielt Aksum sein Privileg als ›Heiligtum‹ und Stadt mit besonderem Status. Der spezifisch sakrale Charakter der Stadt beruht auf der ›Bundeslade‹, die sich dort immer noch befinden soll. Sie enthält die Zehn Gebote und wurde von Menilek I. als Sohn König Salomons und der Königin von Saba der Überlieferung nach aus Jerusalem nach Aksum gebracht als Symbol der Verbundenheit mit Gott. Als Vertreter des salomonischen Kaisers residierte der ›Nebure Ed‹[117] in der heiligen Stadt. Von den sieben Großfamilien von Aksum als eine Art ›Bürgermeister‹ gewählt wird der ›Karigeta‹. Die Bewohner von Aksum genießen Steuervorteile. Diese städtische Autonomie einer historisch-religiös als besonders herausgehoben empfundenen Stadt konnte Aksum bis ins 20. Jahrhundert bewahren.

Reichshauptstadt jedoch war Aksum nicht mehr – entsprechende Bestrebungen von Kaiser Yohannes IV. verhinderten die Bürger sogar – sie mögen um ihre Selbständigkeit und ihre privilegierte Stellung gefürchtet haben. Aus dieser historischen Rolle als ›Land von Aksum‹ und erstes Zentrum des abessinischen Christentums leiteten die Menschen aus Tigray ein besonderes Selbstbewusstsein ab, die Überzeugung, das Kernland des christlichen Reiches zu sein und Hort von dessen ältesten Traditionen.

Nicht nur die Stadt Aksum, ganz Tigray hat ein besonderes christliches Bewusstsein als das Land, in dem sehr früh das Christentum am Horn von Afrika Wurzeln geschlagen hat (wenn es auch auf dem Weg von Adulis durch Eritrea nach Tigray gelangt ist). Das Kloster Enda Abba Selama[118] bei Mekele soll von

Frumentius, der das Christentum einst gebracht hat, gegründet worden und auch seine Grabstätte sein. Debre Damo, eines der renommiertesten Klöster des Landes, das in über 2000 m Höhe liegt und auf die aksumitische Zeit zurückgeht, befindet sich hier ebenso wie zahlreiche andere Kirchen und Klöster, in denen eine große Zahl christlicher, teilweise illuminierter Manuskripte aufbewahrt wird, wenn auch viele durch die muslimische Invasion im 16. Jahrhundert zerstört wurden.

Abb. 11: Kloster Debre Damo in Tigray.

In den Sakralbauten in Tigray finden sich zahlreiche Gemälde mit christlichen Motiven. Auch liegen dort einige der ältesten in den Fels gehauene Kirchen,[119] die zum Teil älter sind als die berühmte Felskirche von Lalibela.

Tigray war nicht immer eine politische Einheit, ein ›Staat‹. Oft existierten hier regionale Fürsten nebeneinander, konkurrierten und eroberten auch größere

Machtbereiche. So wie ganz im Norden an der Küste zeitweise vom Kaiser ein ›Baher Negasch‹ ernannt wurde als Statthalter, wurde über Tigray ein ›Tegre Mekonnen‹[120] ernannt – der Mereb war die Grenze zwischen beiden. Manchmal wurden die beiden Provinzen auch unter einem Gouverneur zusammengelegt. Aber es gelang auch Kleinfürsten einer der fast 30 Teilprovinzen, einen größeren Machtbereich zu erobern, zu Herrschern von ›Tigray‹ zu werden und eine Machtposition im Gefüge des salomonischen Reiches zu erlangen.

Ein frühes Beispiel ist Kefle Wahed (ca. 1560–1618),[121] Sohn eines Fürsten der alten Region Agame, dem es gelang, praktisch ganz Tigray zu beherrschen. Er kontrollierte darüber hinaus den Norden bis an die Küste, heiratete die Tochter von Kaiser Serse Dengel und verhalf bei dessen Tod dem minderjährigen Sohn des Kaisers, Ya'kob, zum Thron.

Auch Mika'el ›Selul‹ (ca. 1691–1777) war ein typisches Beispiel eines erfolgreichen Machtpolitikers aus Tigray. In Zeiten zunehmender Konflikte und wachsender Anarchie konnte er ein Fürstentum schaffen, das den Mereb Mellasch (große Teile Eritreas) ebenso umfasste wie Regionen im Süden bis nach Gonder. Indem er die Witwe von Kaiser Bekaffa († 1730), die Großmutter von Kaiser Iyo'as, gegen die Oromo-Sippe der Yedschu unterstützte, die zunehmend Einfluss bei Hof gewonnen hatte, wurde er zu einer der mächtigsten Figuren im Reich, setzte je nach Wunsch und Interessenlage Kaiser ab, versuchte aber nie selbst, sich salomonische Abkunft anzumaßen und den Thron zu besteigen. Er begnügte sich damit, im Chaos des ›Zemene Mesafent‹ die faktische Macht auszuüben und den Kaiserhof zu dominieren. Gegen Ende seines Lebens wurde er durch neue aufstrebende Machthaber auf eine Rolle als Gouverneur von Tigray reduziert. Eine bleibende Wirkung hatte seine Herrschaft aber nicht. Er war ein geschickter Machtpolitiker ohne jegliche Visionen oder politische Prinzipien, der eine chaotische Phase für seine persönlichen Machtinteressen nutzte.

Ebenso als Geschöpf des ›Zemene Mesafent‹ konnte Webe Haile Mariam, obwohl er aus Semen stammte, Tigray zur Bühne seiner Machtpolitik machen. Mithilfe wechselnder Allianzen, einer geschickten Kirchenpolitik (ihm gelang es, einen neuen Metropoliten aus Alexandria ins Land zu bringen) und unter Bemühungen um eine aktive ›Außenpolitik‹[122] gelang es Webe, zu einer führenden Rolle im damaligen Reichskontext zu gelangen. Er war sich bewusst, dass europäisches Know-How und europäische Waffen wesentlich waren für jeden, der sich einen Vorsprung in den ständigen Rivalitäten innerhalb des Reiches, vor allem in der Chaos-Periode des ›Zemene Mesafent‹, sichern wollte. Allerdings blieben seine Bemühungen um gute Beziehungen zu Europa ohne Erfolg.

Kasa (Kahsay), Regent von Tigray (1867–1871), der spätere Kaiser Yohannes IV., stammte aus der Dynastie von Temben, einer historischen Provinz östlich des Tekkeze an der Grenze zu Begemdir, war auch verwandt mit den führenden Familien von Agame und gehörte zur salomonischen Sippe.

Schon früh lehnte Kasa sich gegen die Herrschaft von Kaiser Tewodros auf. Seine Revolte nahm 1864 bis 1867 ernsthafte militärische Formen an und erfasste ganz Tigray. Die britische Napier-Expedition von 1867 begünstigte den weiteren Aufstieg Kasas, der die Chance nutzte und die Briten unterstützte, die ihm dafür Feuerwaffen zukommen ließen. Nach dem Tod von Tewodros II. erlangte er schnell die Herrschaft und wurde selbst Kaiser. Auch ihm hatte die Herrschaft in Tigray als Machtbasis gedient und den Griff nach der Kaiserwürde ermöglicht.

So wurde Tigray immer wieder zum Ausgangspunkt für den Ausbau von machtpolitischen Positionen, Kern von Herrschaftsbereichen innerhalb des Reichskontexts oder sogar zum Sprungbrett zur Kaiserwürde. Seit aber Menilek II. Kaiser war, nahm der Einfluss von Schewa, seinem Stammland, an Bedeutung zu und die Amharen spielten eine zunehmend wichtige Rolle im Reich.

Eine spezifische Tigray-Identität war zwar vorhanden und schürte Unzufriedenheit, nahm jedoch erst später konkrete Form an. Erstmals kam die Selbstbehauptung Tigrays deutlich zum Tragen in der ›Weyane‹ (= Revolte)[123] von 1943, als chaotische Verhältnisse nach dem Abzug der Italiener sowie Versuche der Zentralregierung, amharische Beamte und Offiziere an wichtigen Stellen in Tigray einzusetzen und damit die Macht der Zentralregierung zu stärken, zu offener Unzufriedenheit führten. Der Aufstand in Tigray konnte zwar mit britischer Hilfe niedergeschlagen werden, doch hatte sich gezeigt, wie stark regionale Identität wirken konnte, wenn der Versuch gemacht wurde, Herrschaft von außen durchzusetzen, hatten doch in der Kaiserzeit – schon aus praktischen Gründen – die Regionen eine beträchtliche Autonomie genossen, die von Italien gestärkt wurde. Die Ressentiments, die in Tigray gegen den äthiopischen Zentralstaat herrschten, wurden besonders stark in der Zeit des kommunistischen Regimes, das fast zwei Jahrzehnte das Land beherrschte und ›Gleichschaltung‹ betrieb. Der sich hier anbahnende Konflikt war auch Ausdruck einer ethnischen Polarisierung, betont durch den sprachlichen Kontrast Tiginya/Amharisch. Schon in den frühen 1970er-Jahren kam es zur Gründung marxistischer Organisationen durch Studenten aus Tigray. Die ›Tigray People's Liberation Front‹,[124] die 1975 gegründet wurde, sich zur mächtigsten äthiopischen Widerstandsbewegung entwickelte und schließlich 1991 das amharische Kommunisten-Regime in Addis Abeba mit Hilfe der eritreischen EPLF stürzte, um es durch ein Tigray-dominiertes zu ersetzen, war stärkster Ausdruck dieses ethnischen Selbstbewusstseins, das in Tigray nicht zuletzt unter dem Druck negativer Umständen entstanden war.

Durch den Sturz des Derg-Regimes war Tigray zur dominierenden Region in Äthiopien geworden, hatte die TPLF die führende Rolle im Staat übernommen. Als sich dies nach 27 Jahren durch den Ministerpräsidenten Abiy Ahmed 2018 zu ändern begann, führte das zu schweren Ressentiments in Tigray, wo man vor allem das Entgegenkommen gegenüber Eritrea kritisierte. Forderungen nach Unabhängigkeit für Tigray wurden laut. Im November 2020 eskalierte die Situation, als die TPLF eine Revolte in Tigray gegen die äthiopische Zentralregierung begann.

Schewa

Eine historische Region, die in der Neuzeit eine wesentliche Rolle im äthiopischen Staat spielte und unter Kaiser Menilek II. zu seinem Mittelpunkt wurde, war das weit südlich der alten Reichszentren und der traditionellen Amhara-Gebiete (z. B. Angot) westlich des Awash-Flusses gelegene Schewa, das im Laufe seiner Geschichte unterschiedliche geographische Grenzen und ethno-religiöse Strukturen annahm. Es ist noch nicht Teil des aksumitischen Reiches und gehört auch nicht zum Staat der Zagwe-Dynastie. Gegen Ende des 9. Jahrhunderts entsteht das Sultanat Schewa, einer der frühen islamischen Staaten am Horn von Afrika. In christlich-abessinischen Quellen seit dem 14. Jahrhundert wird Schewa als islamisches Land beschrieben, in welches das Christentum langsam eindringt. Im 15. Jahrhundert ist Schewa definitiv Teil des salomonischen Reiches, muslimische Nachbarfürstentümer werden Vasallen. Das Christentum kann sich dank klösterlicher Aktivitäten weiter in Schewa ausbreiten. Schewa wird auch zum Ausgangspunkt für das weitere Ausgreifen des Christentums nach Süden, z.B. nach Bale und ins Gurage-Land. Zahlreiche Kirchenbauten, auch aus dem Fels gehauen, sind Zeugnisse dieses Prozesses. Im 15. und 16. Jahrhundert verlegen die Kaiser, vor allem Lebne Dengel, immer wieder ihre Camps oder ›wandernden Residenzen‹ (ketema)[125] hierher an die südliche Reichsgrenze – ein Beleg dafür, wie wichtig ihnen die Südexpansion in (noch) nichtchristliche Regionen war. Das Land gewinnt an Bedeutung im Reichskontext und Schewa erscheint bereits auf abendländischen Karten des 15. Jahrhundert.

Doch der muslimische Gegenschlag kommt in der Mitte des 16. Jahrhunderts, gefolgt von der Oromo-Invasion.[126] Drastische Bevölkerungsverschiebungen finden statt, Schewa geht dem Reich verloren, ist vom Gonder-Reich durch die Oromo-Migration abgetrennt und ihm nur noch formell unterstellt, erlebt einen Niedergang. Es wird als quasi-unabängiger Staat von lokalen Fürsten regiert. Doch das Reich stieß im 17. und vor allem im 18. Jahrhundert wieder in die Oromo-Gebiete und die Territorien vor, die früher schon zur salomonischen Krone gehört hatten,[127] selbst Kaiser besuchen das Land wieder. Die Periode des ›Zemene Mesafent‹ konnte Schewa weitgehend abseits der Wirren unbeschädigt überstehen, blieb sich selbst überlassen. Mehr und mehr wurden die Oromo integriert, Oromo und Amhara heirateten untereinander, Oromo nahmen die amharische Sprache an, konvertierten zum Christentum, assimilierten sich. Wie in der europäischen Völkerwanderung nehmen die neuen Ethnien die alte Kultur der eroberten Länder an.

Die Machthaber in Schewa begannen den Titel ›Negus‹ zu führen, eine Seitenlinie der salomonischen ›Dynastie‹ etablierte sich als Herrscher von Schewa unter Negasi Krestos, der ein Zeitgenosse von Kaiser Iyasu I. (ca. 1658/59–1706) war und gegen Ende des 17. Jahrhunderts, anerkannt vom Kaiser, Schewa regierte. Bedeutendster Vertreter dieser Linie war Sahle Sellasie (ca. 1795–1847).[128] Ihm gelang es, durch eine Politik des Teilens und Herrschens, die verschiedenen Oromo-Gruppen zu unterwerfen bzw. einzugliedern und ein territorial erweitertes und stablisiertes Schewa zu schaffen.[129] Mehr und mehr wurde Europa aufmerksam auf das florierende Land im Süden des ›orbis aethiopicus‹. Sahle Sellasie soll seinem Enkel den Namen Menilek gegeben haben in bewusstem Bezug zu dem legendären Menilek I., Sohn der Königin von Saba und des jüdischen Königs Salomon. Es bewahrheitete sich, dass Menilek ein herausragender Herrscher wurde, unter dem Schewa zum eigentlichen Zentrum des Reichs aufblühte. Als Tewodros II. in Schewa einfiel, wurde Menilek als Kind zusammen mit anderen Adeligen aus Schewa auf die Bergfestung Mekdela verschleppt, heiratete eine Tochter des Kaisers und konnte schließlich nach Schewa entkommen. Als selbsternannter König zeigte Menilek zwar früh Ambitionen, war aber klug genug, sich zunächst zurückzuhalten, unterstützte dann aber die Ägypter gegen Yohannes IV., dem er sich jedoch 1878 unterwarf, als dieser militärisch in Schewa einrückte. Daraufhin wurde sein Titel Negus bestätigt, ebenso sein Territorium (Schewa und Teile Wellos). Während Kaiser Yohannes vor allem im Norden beschäftigt war, konnte Menilek im Süden seine Hausmacht ausbauen. Er erweiterte sein Territorium und suchte Kontakt zur Außenwelt. Fast 30 Jahre unterstützte ihn der Schweizer Alfred Ilg in vielen Bereichen, nicht zuletzt durch die Vermittlung von westlichem Know-How.

Menilek stieß auch nach Arsi[130] vor, altes muslimisches Land, inzwischen von Oromo besiedelt, von dem Schewa durch den Awash getrennt war, dann nach Hararge, aus dem die Ägypter sich 1885 zurückgezogen hatten, im Vorfeld der Häfen an der somalischen und Afar-Küste. Da der Handel zunehmend an Bedeutung gewann und auch Feuerwaffen für Menilek immer wichtiger wurden, wurde der Zugang zum Meer, wenn auch nicht die Beherrschung der Küstenregion, an der sich damals bereits europäische Mächte festzusetzen begannen, ein wesentliches Ziel. Dschimma und Kefa im Süden wurden auch unterworfen und rundeten ein deutlich gestärktes Schewa-Reich ab. Selbst mit Nachbar-Regenten wie Negus Tekle Haymanot von Godscham entstand ein militärischer Konflikt, der zu einem erneuten Eingreifen des Kaisers führt, ohne dass jedoch die im Süden führende Rolle Schewas beeinträchtigt wird. Menilek schafft einen großen Wirtschaftsraum, neben den traditionellen tierischen Produkten spielen Gold, Sklaven und zunehmend auch Kaffee eine wichtige Rolle im Handel und bilden die Grundlage von Macht und Reichtum des Schewa-Staates. Menilek hat seine Position so weit gesichert, dass er sich beim Tod von Kaiser Yohannes sofort zum Kaiser erklärt. Als Menilek II. kann er nicht nur den von seinen Vorgängern eingeleiteten Modernisierungsprozess weiterführen, sondern auch die Rolle Schewas im Reichskontext dauerhaft aufwerten. Es war möglicherweise Menileks Ehefrau Taytu Betul (ca. 1853–1918), die Menilek – damals erst Negus von Schewa – 1886 dazu bewog, seinen Regierungssitz in das neugegründete Addis Abeba an die für die Oromo heiligen Mineralquellen von Finfinnee, ursprünglich ein ›Ketema‹, also ein Militärlager, zu verlegen.[131] Als Menilek zum Kaiser gekrönt worden war, wurde die Hauptstadt von Schewa, Addis Abeba, zur Reichshauptstadt und ist bis heute Zentrum und Regierungssitz des äthiopischen Staates. Der Reichsschwerpunkt war damit deutlich nach Süden verschoben und lag von nun an in Schewa – auf Kosten früherer Zentren des salomonischen Staates weiter im Norden. Addis Abeba blühte auf und wuchs zur Metropole, welche zahlreiche Einrichtungen und Komponenten erhielt, die für Hauptstädte charakteristisch sind, aber in Äthiopien – wo es keine permanente Hauptstadt gegeben hatte – unbekannt waren. So profitierte ganz Schewa von der Anziehungskraft der Kapitale, die zahlreiche Menschen anlockte. Auch als Wirtschaftsmetropole generierte die schnell wachsende Großstadt zunehmende Einkünfte für Staat und Kaiser. 1918 erreichte Addis Abeba 100 000 Einwohner und 1973 bereits die Millionengrenze. Durch diese florierende Hauptstadt wurde die führende Rolle Schewas unterstrichen und verstetigt. Der amharisch-sprachige Teil Äthiopiens konnte jetzt seine Dominanz festigen. Einen gewissen Rückschlag für Schewa und die Amharen bedeutete die Revolution von 1991 und die Machtübernahme durch die TPLF, die von da an den äthiopischen Staat kontrollierte und die Ethnie der Tigray bevorzugte. Heute pochen in Schewa die Oromo auf mehr Teilhabe und ihre zunehmend wichtige Rolle im Land.

Begemdir (Gonder)

Eine weitere bedeutende historische Region ist Begemdir, das trotz seiner besonderen Rolle in der Geschichte des äthiopischen Staates im Schatten der Nachbarländer blieb. Begemdir ist das älteste Siedlungsgebiet der Agau, und war nicht von Anfang an Teil des Reiches.
Das Agau-Substrat prägt in dieser Region die sich entwickelnde amharische Sprache mit.
In der Zagwe-Periode gibt es bereits Christen am Tanasee, einem Ort christlicher Mythen, dessen Nord- und Ostufer zu Begemdir gehört. Der Tanasee ist der größte See am Horn von Afrika und stellt ein riesiges Süßwasserreservoir dar. Charakterisiert wird er seit jeher durch eine vielfältige Flora und Fauna. Das Christentum entwickelt hier bald eine Blüte, die – vor allem auf den fast 40 Inseln (und Halbinseln) – zur Entstehung zahlreicher Klöster und Kirchen führt. Kaiser Amde Seyon I. kann Begemdir in sein Reich einfügen, aus seiner Zeit dürfte die älteste Kirche auf der Insel Tana Kirkos stammen, ein Lieblingsort des Kaisers.
Sie steht im Mittelpunkt zahlreicher sagenhafter Überlieferungen. Die Legende will es, dass der mythische König Menilek I. die Bundeslade, die er aus Jerusalem mitgebracht hatte, auf die Insel brachte, bevor sie 600 Jahre später nach Aksum gelangte.[132] Auch die Heilige Familie soll auf der Flucht vor Herodes hier Unterschlupf gefunden haben. Ebenso ist die Insel der Legende nach die letzte Ruhestätte von Frumentius, dem Urvater des Christentums am Horn von Afrika. Jedenfalls war der Tanasee mit seiner Konzentration christlicher Stätten im Mittelalter ein Zentrum missionarischer Aktivität, das weit ausstrahlte. Die Insel Tana Kirkos barg einen Schatz an Manuskripten, teilweise mit Miniaturen illuminiert, die heute gut erschlossen und ediert sind,[133] sowie an anderen Reliquien.
Kaiser Serse Dengel macht im 16. Jahrhundert die Tana-See-Region zu einem Mittelpunkt des Reiches und wählt Guba'e[134] an der Ostküste des Sees vorübergehend zu seiner Residenz, wo Kaiser Minas bereits gerne die Regenzeit verbracht hatte. Das Guzara-Schloss aus dieser Zeit könnte das erste Beispiel der später aufblühenden Gonder-Architektur[135] sein. Die Entwicklung des Reichs von Gonder gab der weiteren Entwicklung der Tana-Region zusätzliche Impulse, die Klöster florierten und erhielten kaiserliche Landschenkungen.
Der Südosten und Osten von Begemdir ist ein Ort der Kulturkontakte, schon im 14. Jahrhundert nehmen hier viele Agau das Amharische als Verkehrssprache an und konvertieren zum Christentum. Im 16. Jahrhundert ist hier fast die gesamte Bevölkerung christlich-amharisch. Ganz anders ist die Lage weiter nördlich: Agau-Gruppen mit stark alttestamentarischen Neigungen leisten entschiede-

nen Widerstand, werden aber unterworfen und verlieren ihren Landbesitz. Die Beta Israel entwicklen so ihre Eigenidentität, geraten aber auch in die Isolation.

Im Gegensatz dazu arrangiert sich die Agau-Gruppe der Kemant[136] mit der amharischen Herrschaft – sie behalten ihr Land, aber auch gleichzeitig ihre kulturelle Identität. Dennoch oder gerade deswegen sind sie ins Reich integriert und das mitten in ihrer Region gelegene Gonder wird zur Reichshauptstadt im 17. Jahrhundert. Allein die Tatsache, dass wieder über eine längere Periode (ca. 1630–1760) eine feste Reichshauptstadt bestand, hatte starke ökonomische und kulturelle Auswirkungen auf Begemdir. Meist waren die Kaiser mit ihren Heerlagern durch das Reich gezogen, ähnlich den deutschen Kaisern des Mittelalters, die keine feste Reichshauptstadt hatten. Auch wenn Kaiser zeitweise einzelne Orte zu ihrem Sitz machten, war dies nur vorübergehend und hatte deshalb nur begrenzte Auswirkungen. Eine permanente Hauptstadt, wie es Gonder unter Kaiser Fasiledes wurde, entwickelte eine nachhaltigere Dynamik und zog viele Menschen an. Die Bauaktivität gab Gonder ein repräsentatives Gepräge. Neben den Palästen,[137] die hier entstanden, wurden auch zahlreiche Kirchen errichtet – sprichwörtlich sind es 44. Noch heute bietet Gonder einen eindrucksvollen Anblick. Die Kirchen und Klöster wurden zum Anziehungspunkt für Studenten und wissensdurstige Mönche und so zu Zentren eines regen theologischen und kulturellen Lebens. In ihrem Umfeld wurde auch die Malerei[138] gepflegt, denn Kirchenwände wurden oft mit künstlerischen Darstellungen geschmückt. Auch Ikonen und illuminierte Handschriften haben hier eine Tradition.

Gonder war wohl auch wegen seiner Lage an einer wichtigen Kreuzung von Karawanenstraßen ausgewählt worden. Der Handel war, wie üblich im ›orbis aethiopicus‹, vor allem in muslimischer Hand. Als Zahlungsmittel wurden vielfach Salzbarren, sogenannte ›Amole‹ aus den Salzseen der Afar-Senke, verwendet. Handelsrouten führten von Gonder ins Niltal, in die Afar-Senke, an die Küste und in den Süden. Es gab mehrere Marktplätze in der Stadt. Zahlreiche Adlige verlegten ihren Wohnsitz in die Kapitale, ebenso Handwerker und Kaufleute. Nicht nur Christen lebten in Gonder, auch Muslime und Beta Israel. Die verschiedenen Religionsgruppen hatten jeweils ihre eigenen Viertel. Vor allem Beta Israel, aber auch Muslime errichteten die Bauten der Stadt. Gonder war umgeben von einem doppelten Mauerring mit 12 Toren. Architektonische Zeugen des Gonder-Stiles findet man in der gesamten Region, seine Wirkung verbreitete sich auch in den Nachbarländern Godscham und Tigray. Die Jesuiten, die im 17. Jahrhundert an den Hof der salomonischen Kaiser kamen und zeitweise starken Einfluss gewinnen konnten, waren auch an der Bautätigkeit beteiligt. Sie errichteten zahlreiche Gebäude um den Tanasee. Am Tanasee lebt eine weitere Ethnie mit Agau-Hintergund, die muslimischen Wäyto,[139] die als Nilpferdjäger, Fischer und Bootsbauer eine besondere Verbundenheit zum See hatten, durch ihre spezifischen Kenntnisse den Amharen nützlich waren und mit ihnen zusammenleben. In der zweiten Hälfte des 18. Jahrhunderts ist mit dem Beginn der Zerfallsperiode auch der Niedergang von Gonder und das Ende der Blütezeit des Tanasees gekommen, der Reichsschwerpunkt verschiebt sich. Die Oromos der Yedschu-Dynastie machen Debre Tabor, in einiger Entfernung östlich des Tanasees gelegen, zu ihrer Hauptstadt. Die Paläste von Gonder beginnen zu verfallen. Gonder wird 1866 durch Kaiser Tewodros geplündert und niedergebrannt.

Oromo

Die größte Bevölkerungsgruppe im heutigen Staat Äthiopien sind die Oromo[140] mit über 30 Millionen Menschen, deren Siedlungsgebiet sich über mehrere historische Regionen vom südlichen Tigray im Norden bis zur kenianischen Grenze im Süden und von Ogaden im Osten bis zur sudanesischen Grenze im Westen erstreckt. Im Süden bildeten sie die sogenannten Gibe-Staaten am Fluss Gibe/Omo, der in den Turkana-See mündet. Sie wurden nach und nach von Äthiopien erobert und sind heute im äthiopischen Staat aufgegangen.

Anfangs des 16. Jahrhunderts begannen die Oromo eine Migration aus ihren Ursprungsregionen, die damals noch nicht zum äthiopischen Staat gehörten, sondern südlich davon lagen[141] (▶ Kap. 3). Die Oromo unterscheiden zwei Hauptgruppen, die jeweils unterschiedliche genealogische Linien aufweisen, die Baarentuu und die Boorana. Während die Baarentuu eher nach Norden und Osten wanderten bis Hararge und Tigray, expandierten die Boorana eher nach Nordwesten und Westen bis Wellega, Godscham und Begemdir. Regionen, die im Süden bereits zum orbis aethiopicus gehört hatten, wurden vom Reich getrennt durch die Oromo-Migration, wie etwa Schewa. Ein großer Teil dieser weiten Gebiete sind heute von Oromo besiedelt, die sie vielfach inzwischen als ihre Heimat betrachten. Einerseits wurden sie im Laufe der Zeit assimiliert und konvertierten häufig zu Islam und Christentum, andererseits griffen sie auch in die Reichsgeschichte ein, konnten während des ›Zemene Mesafent‹ Einfluss auf den Kaiserhof gewinnen (Yedschu-Sippe, siehe oben im Kapitel zu Zemene Mesafent).

Die Oromo wurden Teil des Reichssystems und wurden für Fürsten und Kaiser auch ein militärischer Faktor, ebenso erhielten Oromos hohe Positionen in der Regierung. In der Region westlich von Schewa bis Welega entstanden Oromo-Kleinstaaten, in denen unter der Zunahme des Handels die ursprünglich egalitäre Lebensform monarchischen Strukturen wich. Weiter im Süden behielten sie als Weidenomaden ihre traditionellen Gesellschafts- und Lebensformen bei. Unter Menilek II. verloren alle Oromo-Regionen ihre Unabhängigkeit und wurden endgültig ins Reich eingegliedert. Dabei behielten einige Regionen, die sich kooperativ gezeigt hatten, eine gewisse Autonomie, die sie erst unter Haile Selassie, der eine unflexible Zentralisierung betrieb, verloren. Gerade aber die Gleichschaltung in einem Einheitsstaat gab Impulse für den Widerstand der Oromo, die sich nun ihrer Identität bewusst wurden und sich zu ihrer Verteidigung organisierten. Wie andere Regionen des Reiches (z. B. Eritrea) wendeten sich die Oromo jetzt gegen den Zentralstaat und waren entschlossen, ihre nationale Identität zu verteidigen. Sie gründeten Widerstandsgruppen und politische Oromo-Parteien. Es kam zu Aufständen.

Erst seit kurzer Zeit wird versucht, durch Regionalisierung und Dezentralisierung den unterschiedlichen Kulturen, Sprachen, Interessen und Identitäten Rechnung zu tragen. Seit 2018 ist erstmals ein Oromo, Abiy Ahmad, äthiopischer Ministerpräsident. Oromia mit 35 Millionen Einwohnern wurde einer der neun Regionalstaaten, die heute ein föderatives Äthiopien bilden. Oromia erstreckt sich von der Westgrenze (Südsudan) Äthiopiens bis Hararge im Osten, von der kenianischen Grenze bis zur Grenze von Godscham und Wello. Die Oromo fordern aber weiter mit Nachdruck eine bessere Stellung innerhalb Äthiopiens, wobei zunehmend auch religiöse Spannungen eine Rolle spielen. Die Lage bleibt auch 2020 gespannt: Die Ermordung des populären Oromo-Sängers Hachalu Hundessa, der in seinen Liedern politische Forderungen der Oromo artikuliert hatte, führte im Sommer 2020 zu schweren Unruhen, die ca. 200 Todesopfer forderten. Im Vorfeld seiner Ermordung hatte Hundessa in einem Interview beklagt, Oromos würden immer noch unterdrückt.[142] Teilweise entarten die Oromo-Unruhen zu muslimisch-christlichen Auseinandersetzungen, im Sommer 2020 sollen Hunderte von Christen, auch schwangere Frauen und Kinder, ermordet worden sein.[143]

Erst nach und nach konnten sich die jeweiligen Regierungen in Addis Abeba mit der eigentlich bekannten Tatsache abfinden, dass Äthiopien ein Land der historisch differenzierten Regionen und unterschiedlichen Ethnien ist und deshalb rigider Zentralismus als Regierungsformel ungeeignet. Es dauerte lange Zeit, bis sich die wechselnden Regime in Addis Abeba, auch unter dem Eindruck von militärischen Misserfolgen, zur Erkenntnis durchrangen, dass nicht Unterdrückung, Nivellierung oder Gleichschaltung Äthiopiens Überleben sichern, sondern Autonomie und föderale Strukturen. Problematisch war im äthiopischen Kontext, dass diejenige Region, aus der der jeweilige Kaiser stammte, jeweils die Dominanz im salomonischen Reich und eine Art Führungsrolle übernahm zuungunsten anderer Ethnien. So war z. B. Äthiopien seit Menilek II. von Schewa beherrscht und Amharisch wurde die Staatssprache. Nach der Revolution von 1991 übernahm Tigray die Führungsrolle und die wichtigsten Führungspositionen wurden von Vertretern aus Tigray besetzt. Seit 2018 scheint die Zeit der Oromo anzubrechen, wobei die ausgleichende Politik des neuen Ministerpräsidenten Abiy Ahmed nicht ungeteilte Zustimmung unter den Oromo zu finden scheint oder seine Maßnahmen zu maßvoll und nicht unmittelbar wirkungsvoll empfunden werden.

Die Somalis vor der Kolonialzeit

In Somalia gibt es Belege dafür, dass hier schon seit Tausenden von Jahren Menschen leben, etwa in Form von Felsmalereien (ca. 20 000 Jahre alt) bei Hargeysa und an anderen Orten, und schon früh an der Küste Handel getrieben wurde (▶ Kap. 1). Die Somalis im engeren Sinn sind aus dem Landesinneren zugewandert. Der Turkana-See, der im Wesentlichen in Kenia gelegen ist und dessen äußerste Nordspitze nach Äthiopien hineinreicht, ist wohl die Ursprungsregion der Somalis. Von hier aus führt sie ihre vorgeschichtliche Migration nach Ogaden im Osten des heutigen Äthiopien und bis zur Küste des Indischen Ozeans. Ihr aktuelles Siedlungsgebiet erstreckt sich über mehrere moderne Staaten: Somalia (und dessen Nachfolgestaaten), Dschibuti, Äthiopien und Kenia. Erstmals erscheinen die Somalis in einer Quelle aus dem ersten Drittel des 15. Jahrhunderts.[144] Auch in den Futuh al-Habascha,[145] der arabischen Chronik von Ahmad ibn Ibrahims Eroberungskrieg im 16. Jahrhundert, tauchen Somalis auf, denn sie waren wesentliche Träger dieses islamischen Krieges gegen das christliche Reich. Die Somalis absorbierten andere Ethnien wie Oromos oder Bantus (im südlichen Bereich der heutigen Somaliküste[146]) sowie Zuwanderer aus muslimischen Ländern, die sich in den Küstenorten niedergelassen hatten.[147] Sie waren vorwiegend nomadische Hirten, organisiert in sechs großen Clans,[148] welche sich in Sippen und Familien untergliederten. Diese Clans beriefen sich auf teilweise fiktive Genealogien, die vielfach auf eine Abstammung vom arabischen Stamm der Kuraisch zurückgehen, dem auch der Prophet des Islam entstammte und der deshalb besonders prestigeträchtig ist. Durch diese mythischen Abstammungsüberlieferungen sollte ihre islamische Identität belegt werden. Daneben gab es hierarchische Strukturen – etwa einen ›Adel‹ – aber auch Differenzierung zwischen Berufsgruppen und regionale Identitäten. Im Landesinneren lebten die Somalis im Mittelalter innerhalb der Sultanate von Ifat und Adal. An der Küste bildeten sie Stadtstaaten oder auch zeitweise größere Sultanate – einen eigentlichen somalischen Nationalstaat jedoch gab es nie. Die Staatenbildung blieb zeitlich und geographisch beschränkt – denn oft ging die Organisation der Somali nicht über die Clanebene hinaus.[149] Vielfach bildeten auch religiöse (islamische) Bruderschaften Gemeinschaften abseits genealogischer Linien und traditioneller Solidaritätsgruppen.

Vor über 200 Jahren etablierte sich die Madschertin-Familie aus dem Daarud-Clan in der Gegend um Kap Guardafui, breitete ihre Herrschaft aus und konnte eine regelrechte Dynastie gründen. Es gelang ihnen dabei, ihre Kontrolle auch über die Städte Boosaaso an der Nordküste und Hobyo[150] an der mittleren Somaliküste, im späten 19. Jahrhundert sogar bis auf das südsomalische Kismaayu, nahe der Mündung des Dschuba-Flusses auszudehnen. Dort hatte sich eine deutsche Firma 1889 niedergelassen, es gab Träume von einem ›Deutsch-Somaliland‹. Zu den weidewirtschaftlichen Aktivitäten der Somalis kamen Gewinnung von Akazien-Harzen (Gummi Arabicum), Weihrauch und wildem Honig, aber auch Piraterie und Strandräuberei, da oft Handelsschiffe am Kap Guardafui verunglückten. Im 19. Jahrhundert schloss der Madschertin-Sultan ein Abkommen mit den Briten zum Schutz des Handels (1838), weitete gleichzeitig den somalischen Handel, bis dahin vor allem in der Hand von Indern, deutlich aus und intensivierte die Beziehungen zur Küste der arabischen Halbinsel. In diesem Kontext kam der Madschertin-Staat in den Besitz von Feuerwaffen und konnte seine Machtposition dadurch festigen. Die Dynastie spaltete sich aber in einem heftigen Bürgerkrieg[151] nach 1870 auf – ein Zweig beherrschte die Nordküste, ein anderer machte Hobyo an der mittleren Somaliküste zu seiner Hauptstadt. Er beendete die Herrschaft des dort lange dominierenden Hawiye-Clans, welcher sich wohl bereits im 16. Jahrhundert vom Binnenland an die Küste ausgedehnt und dort auch Städte wie Mogadischu[152] beherrscht hatte, und kontrollierte den südlichen Teil des Madschertin-Territoriums. Italien etablierte sich in dieser Zeit an der gesamten Küste und 1889 schlossen die Madschertin-Regenten Abkommen mit der neuen Macht am Horn. Zu Beginn des 20. Jahrhunderts wurden islamische ›Derwisch-Aufstände‹ gegen Italien intensiver, zunächst unterstützte die Madschertin-Dynastie die Derwische, wendet sich dann aber – zum Erhalt der eigenen Herrschaft – gegen sie. 1925–1927 beendete Italien die Madschertin-Herrschaft endgültig militärisch im Zuge der Vereinheitlichung seines Kolonialterritoriums. Der Einfluss der Familie ist aber nicht gänzlich gebrochen, sondern kommt in späteren Jahrzehnten im unabhängigen Somalia wieder zum Tragen.[153]

Sklaverei

Sklaverei und Sklavenhandel spielen seit jeher eine wichtige Rolle am Horn von Afrika. Wohl schon aus dem Reich Punt gelangten Sklaven ins Pharaonenreich (ca. 1500 v. Chr.) und Plinius berichtet über Sklavenexporte vom Hafen Adulis. Der ›Periplus des erythraeischen Meeres‹[154] erwähnt Sklavenhandel in somalischen Häfen wie Malao (Berbera) oder Opone (Ras Hafun = Xaafuun). Auch Cosmas Indicopleustes weiß von Sklaven, die in den Hafenstädten des Golfs von Aden und des arabischen Meeres als Exportware verkauft werden. Aufgrund des regen Sklavenexports gab es auf der arabischen Halbinsel in vorislamischer Zeit zahreiche Menschen dunkler Hautfarbe.[155] Der Prophet Muhammad, dessen Amme wohl Äthiopierin gewesen ist und vom Propheten freigelassen wurde, ernannte Bilal,[156] den Sohn einer Sklavin vom Horn von Afrika, zum ersten Muezzin der neu gegründeten Religion. Das ganze Mittelalter hindurch wurden Sklaven aus Ostafrika in die arabische Welt verkauft. Die arabischen Autoren der Zeit berichten dies übereinstimmend. Ibn Haukal, al-Makrizi und al-Idrisi (auf dessen Weltkarte »al-Habascha« eingetragen ist) beschreiben Aden und Zayla als Haupthandelsplätze für äthiopische Sklaven. Die auf äthiopische Sklaven zurückgehende Dynastie der Nadschahiden[157] an der jemenitischen Westküste soll auf der gegenüberliegenden afrikanischen Küste als Käufer großer Zahlen an Sklaven aufgetreten sein.

Im zentralen Rechtsbuch des salomonischen Reiches, dem ›Fetha Negest‹,[158] wird die Sklaverei behandelt und im Prinzip akzeptiert, wenn auch mit Einschränkungen. Christen durften nicht als Sklaven an Nichtchristen verkauft werden. Christliche Sklaven durften also von Christen gehalten werden und auch untereinander gehandelt. Nichtchristen werden in dem Werk nicht behandelt, sind also auch nicht geschützt. Faktisch waren Sklavenhändler vor allem Muslime, die naturgemäß die besten Beziehungen zu den Abnehmerländern, welche auch muslimisch waren, unterhielten. Ganz allgemein lag am Horn von Afrika der Handel wie erwähnt vorwiegend in muslimischer Hand.

Sklaven waren oft Kriegsgefangene, andere wurden durch Sklavenjäger in regelrechten Expeditionen gefangen. Kinder von Sklaven waren ihrerseits auch Sklaven. Versklavung war auch eine Form der Bestrafung von Verbrechern. Sklavenhaltung war überall am Horn von Afrika, natürlich auch im salomonischen Reich, üblich. Gängige Praxis war vor allem, Sklaven aus Bevölkerungsgruppen anderen Glaubens und anderer Ethnien zu gewinnen, dabei waren vor allem die Angehörigen von Naturreligionen im Süden betroffen. Sklaven wurden über die bereits erwähnten Handelshäfen in die Länder des Roten Meeres oder des Nahen Ostens oder auch in den Raum des Indischen Ozeans exportiert, auf dem Landweg in Richtung Sudan und weiter nach Norden. Meist wurden sie sofort zum Islam zwangskonvertiert. In Bengalen bilden die Nachfahren äthiopischer Sklaven (»Habschi«) eine spezifische ethnische Gruppe.

Die Kriege des 16. Jahrhunderts am Horn von Afrika, die einen deutlich konfessionellen Charakter trugen, brachten besonders viele Sklaven auf die internationalen Märkte. Im 19. Jahrhundert, als die Zahl europäischer Beobachter stark zunahm, war der Sklavenhandel immer noch sehr lebhaft. Nach Schätzungen wurden dort in einem Jahr 25 000 Sklaven exportiert, wobei Zayla in Somalia und Tadschura im heutigen Dschibuti wichtigste Ausfuhrhäfen waren. Während in anderen Weltregionen (z. B. Nordafrika) der Sklavenhandel damals zurückging bzw. ganz aufhörte, bedeutete das 19. Jahrhundert im Roten Meer eine besondere Blütezeit für den Sklavenhandel,[159] der von der globalen Handelsexpansion profitierte. Schätzungen gehen von 500 000 Sklaven aus, die im gesamten 19. Jahrhundert über das Rote Meer verschifft worden sein sollen. Muhammad Ali (reg. 1805–1848), der Herrscher von Ägypten, unternahm staatliche Sklavenjagden ab 1820, um Arbeitssklaven für seine staatlichen Manufakturen und Militärsklaven für seine Armeen zu rekrutieren. Vor allem der Westen und Südwesten des heutigen Äthiopien war, zusammen mit dem Sudan, ein bevorzugtes Reservoir für Sklavenjäger.[160] Besonders die Region Beni Schangul, im Nordwesten von Wellega, westlich und südwestlich des Abbay, war eine Region dynamischen Austauschs von Gold, Salz und Sklaven mit weiten Teilen Ostafrikas.[161] Die hier dominierende Watawit-Sippe führte umfangreiche Sklavenjagdexpeditionen[162] durch und setzte Sklaven in ihren Goldminen ein. Sie konnte sich lange halten, da sie Tribut in Form von Gold, Sklaven und Elfenbein an die Osmanen und Äthiopier zahlte. Noch 1910 erhoben die Herrscher von Schangul einen Tribut von Nachbarstämmen in Form von Kindern, die ihnen geliefert werden mussten und dann versklavt wurden.

Sklaven wurden oft als Minenarbeiter, Lastenträger, Hauspersonal oder in der Landwirtschaft eingesetzt, Frauen und Mädchen auch als Konkubinen. Im salomonischen Reich hatten Sklaven gewisse, wenn auch beschränkte Rechte (etwa als Zeugen vor Gericht aufzutreten). Gerade in Adelshäusern spielten Sklaven eine wichtige Rolle und konnten dort am Horn von Afrika, wie auch in anderen Kulturen und Gesellschaften, hohe administrative und militärische Ränge erlangen.

Allerdings wurde im Zuge einer gewissen Modernisierung unter europäischem Einfluss die Sklaverei immer mehr zu einem politischen Problem, dessen sich zumindest die salomonischen Kaiser durchaus bewusst waren. Tewodros II. verbot bereits 1854 den Export von Sklaven, während der Sklavenhandel im Inneren erlaubt blieb. Bis zum Ende des 19. Jahrhunderts gehörte die Stellung von Sklaven zu den üblichen Tributleistungen in der Staatenwelt am Horn von Afrika, auch

Menilek II. erhielt Sklaven von abhängigen Fürstentümern.[163] Mit seiner Thronbesteigung verbot er die Sklaverei 1889, mit der Ausnahme von Kriegsgefangenen. Doch Sklaverei gab es weiterhin im Kaiserreich bis weit ins 20. Jahrhundert hinein. Die letzte Sklavenkarawane erreichte Dschibuti 1929.[164] In Eritrea hörte der lukrative Sklavenhandel erst unter italienischer Herrschaft auf. Dass im äthiopischen Reich die Abschaffung der Sklaverei nicht ganz erfolgreich gewesen war, zeigte sich, als Kaiserin Zawditu die entsprechenden Entscheidungen ihres Vaters erneut bekräftigte und Hayle Selassie im März 1924 ein weiteres Gesetz zur Abschaffung der Sklaverei erließ, wobei der Besitz von Sklaven weiterhin erlaubt blieb. Dennoch gab es danach noch Sklavenhandel, in den hochstehende Würdenträger, auch aus der engeren Verwandschaft des Kaisers, involviert waren. Ein Büro für die Abschaffung der Sklaverei wurde 1932 in der Hauptstadt Addis Abeba eingerichtet, das sich u. a. um freigelassene Sklaven kümmerte; eine besondere Schule für ehemalige ›Sklavenkinder‹ wurde geschaffen. Italien nutzte den faktischen Fortbestand der Sklaverei propagandistisch aus, um Äthiopien als noch nicht zivilisiertes Land darzustellen und tatsächlich scheint die internationale Haltung zu Äthiopien von dieser Sachlage beeinflusst worden zu sein. Sklavereiähnliche Abhängigkeitsverhältnisse bestanden freilich fort bis fast in die Gegenwart hinein. Auch heute noch leben und arbeiten Menschen vom Horn von Afrika in Nachbarstaaten unter sklavenähnlichen Bedingungen – ab und zu werden durch Zufall besonders gravierende Fälle bekannt.

Im 18., vor allem aber im 19. Jahrhundert gelangten einige Sklaven vom Horn von Afrika nach Europa.[165] Bekanntester Fall war ein Vorfahre des russischen Dichters Puschkin (▶ Kap. 6).

Auch nach Deutschland gelangten Sklaven. Karl Aman Habasch gehört zu dieser kleinen Gruppe: Der Oromo war um 1836 versklavt worden und nach Khartum gelangt. Dort kaufte ihn 1840 Herzog Paul-Wilhelm von Württemberg (1797–1860) und nahm ihn nach Deutschland mit, wo er evangelisch getauft wurde und den Namen ›Karl Aman Habasch‹ erhielt. Er diente dem Gelehrten Karl Tutschek als Informant für die Oromo/Galla-Sprache und wirkte so an dessen Lexikon und Grammatik mit.

Pauline Johanne Fathme[166] war ein ähnlicher Fall. Auch sie war eine Oromo-Frau, die in die Hände von Sklavenhändlern geriet und schließlich in den Besitz des ägyptischen Regenten Muhammad Ali gelangte, der sie dem deutschen Abenteurer von Müller schenkte. Dieser nahm sie als Hausgehilfin nach Stuttgart mit, wo sie zum Katholizismus konvertiert wurde, sich aber später dem evangelischen Christentum zuwandte und eine Inspirationsquelle für die Oromo-Mission wurde, bevor sie 1855 erst 23-jährig starb.

5 Drei Kaiser schaffen das moderne Äthiopien – das Horn von Afrika zwischen Restauration und Neubeginn

Tewodros II.

Kasa Haylu (1820–1868), Sohn eines kleinen Adeligen aus Kwara (Qwara),[1] einer Gegend südöstlich des Tanasees, führte zunächst ein äußerst bewegtes, unstetes Leben. Als Bandit und Räuberhauptmann (›Schefta‹) gewann er Anhänger und Ansehen. Er entwickelte weitergehenden Ehrgeiz und ergriff in den damaligen Wirren die Gelegenheit, in die Konfliktarena, in der es um die Macht am Horn von Afrika geht, zurückzukehren. Seine gefährlichsten Gegner auf dem Weg zur Macht waren Ali Alula aus der Yedschu-Dynastie (Oromo), und Webe, der Herrscher des Nordens, der sich um Kontakte zu England und Frankreich bemühte.[2] Ali Alulas politischer Ehrgeiz war so weit gegangen, sogar Verträge mit Großbritannien abzuschließen.[3] Er wurde im Frühjahr/Sommer 1853 endgültig von Kasa Haylu geschlagen und mußte sich ins Yedschu-Stammland zurückziehen. Damit war die Periode der Yedschu-Vorherrschaft in Äthiopien endgültig vorüber. Noch bevor er Kaiser wurde, begann Kasa Haylu, religiöse Unstimmigkeiten zu bereinigen. Während der ›Zemene Mesafent‹ waren Politik und Religion unheilvoll verstrickt in Auseinandersetzungen über die theologischen Schulen (vgl. Abschnitt über Yohannes IV. unten). Kasa Haylu rehabilitierte Abuna Selama III. als Metropoliten der ›Staatskirche‹ und bestätigte die von diesem vertretene Karra-Doktrin auf einem von ihm einberufenen Konzil 1854. Im Jahr darauf schlug er seinen Hauptgegner Webe von Tigray in der Schlacht von Deresge[4] in Semen, wo Webe eine Art Hauptstadt eingerichtet hatte.

Daraufhin wurde er von Selama als Tewodros II. zum Kaiser gekrönt (1855). Sein Hauptsitz wurde Debre Tabor, die alte Yedschu-Hauptstadt (100 km südöstlich von Gonder). Seine Regierungsjahre wurden geprägt von ständigen Kleinkriegen mit Provinzfürsten. Nach Jahrzehnten politischer Zersplitterung war es nicht einfach, wieder eine Zentralgewalt am Horn von Afrika durchzusetzen. Die in den Quellen beklagte negative charakterliche Entwicklung des Kaisers mag damit zusammenhängen.

Die brutale und grausame Behandlung von Unterworfenen und Gefangenen kann eventuell auf eine lebenslange Kriegsführung, immer neue Konflikte und ständige Bedrohung durch seine Gegner im Inneren zurückgeführt werden. Ähnlich verhielt es sich mit seinem Verhältnis zu Europa, das mehr und mehr neurotische Züge annahm und schließlich zu Tewodros' Ende führte. Tewodros erkannte klar, dass Europa zahlreiche Inspirationen, Methoden und technische Neuerungen auch seinem Land bieten konnte. Er befürwortete europäische Prä-

Abb. 12: Kaiser Tewodros II.

senz – etwa von Handwerkern – im äthiopischen Reich. Auch hatte er weitgespannte Visionen von großangelegter Kooperation zwischen seinem Land und Mächten des christlichen Europa. Besonders England war sein Wunschpartner. Ihm schien eine Allianz christlicher Mächte gegen die islamische Welt auf der Hand zu liegen. Der komplexe Charakter der ›orientalischen Frage‹ war ihm nicht voll bewusst, die britischen Interessen in ihrer Vielschichtigkeit und die Parameter im System des europäischen ›Konzerts der Mächte‹[5] konnte er nicht vollständig erfassen. Deshalb war es enttäuschend für ihn, zu erleben, dass seine Vorschläge in Europa anscheinend nicht ernst genommen wurden und er keine befriedigende Antwort auf seine Avancen erhielt. Tewodros' Bild von Europa und seine darauf gründenden Pläne waren geprägt von seinen persönlichen Kontakten zu Europäern. Dazu gehörten sowohl offizielle diplomatische und konsularische Vertreter europäischer Mächte, die damals ins Land kamen, als auch Missionare, die sich Mitte des 19. Jahrhunderts wieder zunehmend für das Horn von Afrika interessierten. Er neigte mehr zu evangelischen als zu katholischen Europäern, wohl nicht nur wegen der traditionellen Abneigung, die auf die Erfahrungen des 17. Jahrhunderts zurückgingen, sondern wahrscheinlich auch wegen der guten Beziehungen, die katholische Missionare mit Neguse Welde Mika'el, dem wenig kooperativen Machthaber von Tigray, unterhielten. Der französische Vizekonsul in Massawa, Lejean,[6] der 1862 ein Handelsabkommen zwischen Frankreich und dem salomonischen Reich aushandeln sollte, geriet in Streit mit dem Kaiser und durfte das Land lange nicht verlassen, da Tewodros II. eine Antwort vom französischen Kaiser Napoleon III. erwartete auf ein Schreiben, das Tewodros an ihn gerichtet hatte.

Besser war das Verhältnis zunächst zu den Briten. Der Abenteurer John Bell[7] war der vielleicht erste, der in dieser Phase den Ehrgeiz entwickelte, bilaterale Beziehungen aufzubauen und mitzugestalten. Zunächst arbeitete er mit Ali Alula, einem der Protagonisten aus der ›Zemene Mesafent‹ zusammen. Später suchte er die Nähe von Kaiser Tewodros, mit dem er regelrecht befreundet war. Bell wurde jedoch ermordet, bevor er etwas in den abessinisch-britischen Beziehungen erreichen konnte. Ein ähnlicher Fall war Walter C. Plowden (1820–1860),[8] der sich mit Bell in Suez anfreundete und dann spontan ans Horn von Afrika reiste. Dort kam auch er in Kontakt mit Ali Alula und machte sich dann als dessen Emissär 1846 von Massawa aus auf nach London. 1848 kehrte er in offizieller Mission als britischer Konsul für ›Abessinien‹ nach Afrika zurück und brachte ein Handelsabkommen mit Ali Alula zustande, bevor er sich, wie Bell, dem aufsteigenden Stern am abessinischen Himmel, Kasa Haylu, zuwandte.

Von Bedeutung war seine Amtsperiode als Konsul (1848–1860) vor allem durch seine zahlreichen Berichte, die er nach London schickte, und andere Aufzeichnungen, welche als gute Quellen[9] für Abessinien in der Mitte des 19. Jahrhunderts gelten können. Wie Bell starb auch Plowden eines gewaltsamen Todes.

Als Nachfolger wurde der Offizier Charles Duncan Cameron († 1870) ernannt, der den Auftrag hatte, sich in Massawa niederzulassen, aber Kaiser Tewodros aufzusuchen. Von Tewodros erhielt er einen (weiteren) Brief an Königin Victoria, den Cameron einem Boten anvertraute, um selbst in die Grenzregion zum Sudan zu reisen, wo er sich Aufschlüsse über den grassierenden Sklavenhandel versprach. Wie die vorigen Briefe des Kaisers wurde auch dieser nicht beantwortet. Dies dürfte entscheidend zur weiteren Eintrübung der Beziehungen zwischen England und dem salomonischen Reich beigetragen haben. Diese Entwicklung hätte durch eine freundlich-diplomatisch-unverbindliche Antwort Londons an den Kaiser wohl vermieden werden können. Die dauernde Erfolglosigkeit im Bemühen um konkrete Zusammenarbeit mit den Ländern des christlichen Europa und das Scheitern seiner weitgespannten Pläne für eine Allianz gegen den Islam müssen den Horizont des Kaisers weiter verdüstert und ihn persönlich verletzt haben. Tewodros inhaftierte den britischen Konsul Cameron, da dieser seinen Brief nicht persönlich nach London gebracht hatte. In Haft genommen wurden auch etliche deutsche und schweizerische Missionare. Inzwischen war ein weiterer Kurier der Briten, Hormuzd Rassam,[10] ein nestorianischer Christ aus Mossul, der in britische Dienste getreten war, 1864 nach Massawa gelangt und hatte 1866 den Hof von Tewodros erreicht, dem er endlich einen Brief von Königin Victoria überbrachte. Der Kaiser empfing ihn freundlich und gab ihm sogar die gefangen gehaltenen Europäer mit. Auf dem Rückweg wurde die Gruppe jedoch erneut inhaftiert. Man mag sich ausmalen, wie viel Misstrauen und Enttäuschung, welche Missverständnisse, Illusionen und gegenseitige Fehleinschätzungen hier zusammengekommen sein müssen. Die britische Seite war der Ansicht, nun sei die Zeit reif für energisches Handeln. Tewodros war dem Löwen auf den Schweif getreten, wie Harold G. Marcus treffend formuliert hat.[11]

Die Bemühungen des salomonischen Kaisers um europäische Unterstützung waren durchaus nicht prophylaktisch und als reine Vorsichtsmaßnahme zu verstehen. Mehr und mehr konkretisierte sich eine Bedrohung, die am Horn von Afrika zuvor kaum bestanden hatte. Ägypten entwickelte sich seit dem Anfang des 19. Jahrhunderts von einer osmanischen Provinz zur aufsteigenden neuen regionalen Großmacht in Nahost. Die Ägypter stießen in Richtung Sudan vor und expandierten den Nil entlang südwärts; dabei gerieten sie auch ins sudanesisch-abessinische Grenzland Taka um die Stadt Kassala, wo es erstmals zu militärischen Zusammenstößen kam, die 1837 zu einer ägyptischen Niederlage, 1848 aber zu einem ägyptischen Sieg über Kasa Haylu, den späteren Tewodros II., führten.[12] Dies mag die Bemühungen des Kaisers um westliche Verbündete gegen das expandierende Ägypten erklären. In jedem Fall waren es auch Vorboten für kommende Entwicklungen vor dem Hintergrund ägyptischer Großmachtpolitik am Horn von Afrika.

Die Beziehungen zwischen dem Horn von Afrika und dem christlichen Europa waren nicht auf den diplomatisch-konsularischen Bereich beschränkt, hatten nicht nur politisch-strategische Aspekte. Nach wie vor hatten kirchliche Kreise im ›christlichen Abendland‹ Interesse an der eigentümlichen christlichen Welt im Osten des schwarzen Kontinents.

Zwar war das legendenhafte Bild von einem ›Erzpriester Johannes‹ längst realistischeren Vorstellungen gewichen, seit sich die Kontakte zum Horn von Afrika verdichtet hatten und mehr Augenzeugen oder sogar abessinische Besucher in Europa konkretere Kenntnisse vermittelt hatten, aber einen besonderen Reiz übte ›Abessinien‹ noch immer aus. Es handelte sich dabei nicht nur um Schwärmerei für eine gewisse Exotik, sondern auch um religiöse Absichten und Ziele. Katholische und zunehmend auch evangelische Missionare[13] entwickelten erstmals wieder im 19. Jahrhundert ein intensiveres Interesse an den Christen Abessiniens. Diese standen im Fokus ihrer Bemühungen, nicht etwa die Muslime der Region, die prinzipiell nicht missionierbar waren.

Der junge evangelische Geistliche Samuel Gobat aus der Schweiz, der später Bischof von Jerusalem wurde, gehörte 1830 zu den ersten, die als Missionare ans Horn von Afrika kamen. Begleitet wurde er vom württembergischen Missionar Christian Kugler. Durch ihre respektvolle Haltung gegenüber dem abessinischen Christentum waren sie in einem sonst so misstrauischen Umfeld willkommen, wurden freundlich aufgenommen und konnten amharische Bibeln, die sie mitgebracht hatten, verteilen. Ihnen ging es mehr darum, die Kirche im salomonischen Reich zu reformieren als die dortigen Christen zu konvertieren. Sie bereiteten den Boden für die künftige Arbeit der St. Chrischona Pilgermissionsgesellschaft und für zahlreiche weitere Missionare, die in der Folge nach Ostafrika kamen. Kaiser Tewodros II. wies den europäischen Geistlichen 1860 die kleine Siedlung Gafat[14] nördlich von Debre Tabor zu, wo ein regelrechtes europäisches Dorf entstand, auch mit Häusern europäischen Charakters, einer Schule und Werkstätten. Hier wurden Waffen repariert und neu gebaut. Für den äthiopischen Kaiser das Hauptmotiv, die Niederlassung europäischer Missionare zu fördern, war sein Wunsch, von ihren technisch-handwerklichen Fähigkeiten zu profitieren, von denen er sich Impulse für technischen Fortschritt im eigenen Land versprach. Gafat wurde gleichsam zum Symbol für den Modernisierungseifer von Kaiser Tewodros. Eine wichtige Rolle kam in diesem Kontext Laienmissionaren zu, die keine ausgebildeten Theologen, sondern gelernte Handwerker waren. Einer von ihnen, der Schweizer Theophilus Waldmeier,[15] war Mitbegründer der Europäerkolonie von Gafat. Er förderte den Unterricht für arme Kinder und Kinder von Sklaven und stellte Unterrichtsmaterialien in den Landessprachen her. Durch Heirat trat er in verwandschaftliche Beziehung zu Kaiser Tewodros. Wichtig für den Kaiser war, dass der Schweizer als Geschützgiesser tätig war und Kanonen herstellte. Waldmeiers Autobiographie sowie seine Studien zur Agau-Sprache fanden in Europa besondere Resonanz. Sein Weggefährte und Schwager Saalmüller[16] wirkte mit ihm in Gafat. Während Saalmüller wenig Erwartungen in missionarische Aktivitäten setzte, war er doch aus gutem Grund überzeugt, einen wesentlichen Beitrag zur technischen Entwicklung am Horn von Afrika leisten zu können. Diese Laienmissionare waren ganz im Sinne des äthiopischen Kaisers und auch der Reichsirche. Kirche und Kaiser wollten keine Theologen, die sich ständig in die lokalen Praktiken und Rituale oder Glaubensinhalte einmischten, sondern hatten vor allem Interesse an Praktikern, die handwerkliche Kenntnisse hatten und technisches Wissen vermitteln konnten.

Einige Missionare hatten die ›Beta Israel‹ im Fokus, glaubten sie doch, ›Juden‹ dem Christentum zuführen zu können. Der Deutsch-Brite Henry Arnold Stern (1820–1885), selbst jüdischer Herkunft, wurde von der ›London Society for Promoting Christianity amongst the Jews‹ ans Horn von Afrika entsandt. Die Missionsarbeit unter den Beta Israel[17] wurde erschwert durch die Haltung der äthiopischen Reichskirche, die die Beta Israel für sich beanspruchte und nicht zulassen wollte, dass sie einer evangelischen Gemeinschaft beitraten. Stern gehörte zu denjenigen Europäern, die durch Tewodros inhaftiert wurden. Seine Aufzeichnungen gehören zu den wichtigen Augenzeugenberichten über das Horn von Afrika aus der Mitte des 19. Jahrhunderts.

Evangelische Missionare am Horn von Afrika regten auch die katholische Seite dazu an, sich trotz der schlechten Erfahrungen des 17. Jahrhunderts wieder zu engagieren. Der Lazarist Giustino de Jacobis[18] wurde 1838 zum ersten apostolischen Präfekten für ›Äthiopien und alle benachbarten Gebiete‹ ernannt und reiste nach Abessinien, wo er sich, in der Endphase der ›Zemene Mesafent‹, mit Webe, dem Machthaber des Nordens, anfreundete. Er begleitete eine Delegation Webes nach Europa und brachte ihre Anliegen dem Papst nahe. De Jacobis kehrte wieder ans Horn von Afrika zurück, wo er sich vorwiegend in Eritrea (Keren wurde zu einem Zentrum katholischer Missionsarbeit) und Tigray aufhielt, Einheimische zum Katholizismus bekehrte sowie einheimische katholische Priester weihte. 1849 wurde er in Massawa von Guglielmo Massaia, dem ›Bischof des apostolischen Vikariats der Galla‹ (= Oromo), seinerseits zum Bischof geweiht. Er hielt sich weiterhin im Land auf, obwohl er vorübergehend verhaftet und ausgewiesen worden war – die Katholiken hatten es nie verstanden, im Land so zu agieren, dass sie akzeptiert worden wären, wie es etwa evangelischen Missionaren teilweise gelang, die auf unmittelbare, direkte Missionierung weitgehend verzichteten. De Jacobis Verdienst war es, die äthiopisch-katholische Kirche gegründet zu haben, wodurch er automatisch in Gegensatz zu Kaiser Tewodros und zur Staatskirche geraten musste. Auch hat er die Kenntnis Abessiniens in Europa beträchtlich vertieft.[19]

Der Württemberger Johann Ludwig Krapf (1810–1881)[20] bereiste mehrfach das Horn von Afrika, aber auch die Swahili-Küste (heutiges Kenia, Tansania) und entwickelte das Projekt, die Oromo evangelisch zu missionieren. Auch er suchte den Zugang zu den Menschen über die Kenntnis der Kultur und der Sprachen.

Seine Werke zu Land und Leuten Ostafrikas und zur Oromo-Sprache oder seine Kisuaheli-Grammatik waren Meilensteine der europäischen Erforschung der Region. Krapf war von der Oromo-Frau Pauline Johanne Fathme,[21] die nach Baden-Württemberg gekommen war (siehe oben), nachdrücklich zur Oromo-Mission ermutigt worden. Der ehemalige Oromo-Sklave Ruufoo, den deutsche Missionare 1865 auf einem Sklavenmarkt gekauft und ebenfalls nach Baden-Württemberg gebracht hatten, arbeitete eng mit Krapf zusammen; gemeinsam fertigten sie Übersetzungen religiöser Texte in die Oromo-Sprache an.

Krapf agierte nicht nur in religiös-missionarischem Kontext, sondern war auch in aktuelle politische Ereignisse involviert. Er fungierte beispielsweise als Dolmetscher für die erste britische Abessinien-Expedition von Major William Harris 1841. Krapf war ein Befürworter britischen kolonialen Engagements, da er dies als vorteilhaft für die Missionen bewertete. Erneut leistete er den Briten Dienste anlässlich der Napier-Expedition 1867.

Mit Krapf zusammengearbeitet hat Johannes Martin Flad (1831–1915),[22] der Missionsarbeit unter den Beta Israel betrieb, eine amharische Bibelversion herausgab und für Kaiser Tewodros auch als Techniker arbeitete. Seine Frau Pauline (1826–1909), die bekannt war mit Florence Nightingale, der Pionierin der Krankenpflege, leistete auch ihrerseits Pionierarbeit in der Krankenpflege am Horn von Afrika.

1867 kamen schwedische Missionare[23] ins Land, die unter den Kunama und Oromo tätig wurden und auch bei den ständigen Auseinandersetzungen zwischen Dörfern und Gruppen als Friedensstifter fungierten.

Die ambivalente Beziehung von Kaiser Tewodros II. zu Europa (an der die europäischen Mächte nicht unschuldig waren) führte schließlich zu einer schweren Krise und zu seinem Ende. Tewodros hatte einerseits große Hoffnungen und Erwartungen in Europa gesetzt, war andererseits immer wieder enttäuscht worden in seinen zweifellos übertriebenen Hoffnungen, etwa auf eine erfolgreiche äthiopisch-europäische Allianz gegen die islamische Welt. Missverständnisse und persönliche Divergenzen mögen dieses schwierige Verhältnis weiter belastet haben.[24] Ebenso mögen die ständigen inneren Konflikte dazu beigetragen haben, dass der Kaiser immer misstrauischer wurde.

In den 1860er-Jahren setzte er verschiedene Europäer fest, darunter den britische Konsul Cameron und zahlreiche Missionare. Dies führte zu einer Zuspitzung der Lage. Großbritannien entschloss sich angesichts eines solchen Affronts zu einer militärischen Intervention. 1867 landete eine umfangreiche, sehr gut ausgerüstete und vorbereitete britische Expeditionstruppe unter Sir Robert Napier im Hafen Zula (Annesley Bay) südlich von Massawa und rückte ins Landesinnere vor; dabei wurde die erste Eisenbahnlinie (8 km) im Land gebaut und für die Logistik der Expedition in Betrieb genommen. Der berühmte Afrikareisende Gerhard Rohlfs[25] begleitete die Expedition im Auftrag des Königs von Preußen und verfasste eine bemerkenswerte Gesamtdarstellung seiner Reise mit einer Fülle historischer, naturkundlicher und ethnographischer Details.[26] Tewodros zog sich mit seinen Gefangenen in die Bergfestung Mekdela in Wello zurück, die er 12 Jahre zuvor von den Oromos erobert hatte. Die Briten erhielten einheimische Unterstützung, u. a. auch vom späteren Kaiser Yohannes IV., der Tewodros' Nachfolger wurde,[27] und von der Oromo-Herrscherin Mestawet.[28] Sie entfalteten beträchtlichen logistischen Aufwand und stießen 700 km ins Landesinnere vor, über Addigrat und Mekele in Richtung auf das Hochplateau von Mekdela. Mit großen Summen in Maria-Theresien-Talern – extra für die Expedition geprägt – bezahlten die Briten den ihnen bereitwillig gelieferten Nachschub.

Am Karfreitag 1868 kam es unterhalb von Mekdela zur Entscheidungsschlacht, bei der zahlreiche Tote auf Seiten der kaiserlichen Truppen und kaum Verluste auf der britischen Seite zu beklagen waren.[29] Die folgenden Verhandlungen führten zu keiner Einigung, obwohl Tewodros seine europäischen Gefangenen freiließ, worauf die Festung Mekdela von den Briten gestürmt und geplündert wurde – Tewodros II. beging angesichts der Katastrophe Selbstmord. Zahlreiche Objekte, die damals erbeutet und nach Europa mitgenommen wurden, befinden sich noch heute in britischen Museen und Bibliotheken. Die Briten zogen sich, wie versprochen, zurück und übergaben ihrem Alliierten Kasa, dem späteren Kaiser Yohannes IV., zahlreiche Feuerwaffen. Die Napierexpedition war nicht der Beginn einer dauerhaften kolonialistischen Besitznahme, sondern hatte lediglich zur Befreiung der Europäer aus der Haft geführt. Sie hatte vor allem auch demonstriert, dass Großbritannien derartige Maßnahmen seitens eines afrikanischen Landes nicht akzeptieren würde und zu energischen Gegenaktionen ohne Rücksicht auf Kosten und Aufwand bereit war.

Tewodros II. wurde der ›Vater des modernen Äthiopien‹ genannt.[30]

Seine Rolle bei der Modernisierung Äthiopiens, beim Aufbruch des Horns von Afrika in die Moderne ist jedoch ambivalent. Ganz ohne Zweifel hat Tewodros die Notwendigkeit von Modernisierung gesehen und auch Anstrengungen unternommen, in seinem Land Veränderungen einzuführen. Er war sehr an der Herstellung von Feuerwaffen interessiert, schien ihm doch die Schaffung eines starken, effizienten äthiopischen Zentralstaates wesentlich für eine positive Entwicklung.

Er begann auch, ein Straßennetz anzulegen, Drucktechnik einzuführen, eine systematische Finanzverwaltung mit einer Buchhaltung zu schaffen[31] und eine stehende Armee, die besoldet wurde, einzurichten. Es gab erste Ansätze, die Sklaverei abzuschaffen (was nicht völlig gelang, ▶ Kap. 4) und ein Rechtssystem zu installieren, das Blutrache und Polygamie oder Sippenhaftung einschränkte. Neben einer Armee hielt Tewodros auch eine starke einheitliche Kirche für unabdingbar zur Schaffung eines funktionierenden äthiopischen Staates. Für ihn war Abessinien ganz unbezweifelbar ein christliches Reich, er konnte sich keinen Staat vorstellen, der sowohl Christen als auch Muslimen gleichermaßen Heimat war. Seine Haltung war stark in traditionellen Denkmustern befangen und somit streng antiislamisch. Den Islam betrachtete der Kaiser als Gefahr für das salomonische Reich, das definitiv ein christlicher Staat sein musste. Für ihn war die Kirche eindeutig dem Staat unergeordnet und musste seinen Interessen dienen. Auch in innerkirchlich-theologische Streitigkeiten mischte sich der Kaiser ein und unterstützte nachdrücklich die Karra-Doktrin.

Die historische Rolle Tewodros' war umstritten. Er hat sicher nicht die gesellschaftlichen Konsequenzen der von ihm angestoßenen Veränderungen voll erfasst.

Mit seiner Vereinheitlichung des Reiches hatte er sich viele Feinde gemacht, seine ständigen Auseinandersetzungen mit den Regionalfürsten hatten dazu geführt, dass der Kaiser bei vielen unbeliebt war und dass ständig Krieg im Land herrschte. Klar erkannte Tewodros, dass die Zukunft seines Landes in der einen oder anderen Form an Europa gebunden war. Seine Vorschläge, die er europäischen Herrschern machte, wurden nicht immer ernst genommen; oft passten sie auch nicht in die Konzepte der europäischen Nationen. So fanden seine Ideen in Europa nicht die erhoffte positive Aufnahme. Die Vorstellungen von einer umfassenden Kooperation mit dem christlichen Europa konnten nie zu voller Entfaltung gelangen. Viele europäische Monarchen betrachteten einen afrikanischen Herrscher nicht als ebenbürtigen Partner, auch war die Kommunikation unter damaligen Bedingungen zu mühsam, die Mentalitäten beider Seiten zu unterschiedlich.

Auch wenn seine Modernisierungsbemühungen nicht immer von Erfolg gekrönt waren – Tewodros hat Anregungen und Impulse gegeben und versucht, die Zersplitterung des salomonischen Staates zu überwinden. Mit Tewodros' Regierungszeit war die ›Zemene Mesafent‹ beendet. Kleinstaaterei, permanenter Bürgerkrieg und Chaos schienen langsam ein Ende zu finden. Wir haben ein relativ plastisches, detailreiches Bild dieser Zeit durch die zahlreichen Europäer, die damals am Horn von Afrika reisten und wirkten und über ihre Tätigkeit, aber auch über Land und Leute, schrieben.[32] Eine besondere Rolle kam dabei dem Bericht des Deutschen Rohlfs zu. Der deutsche Kaiser entsandte angesichts der zunehmenden internationalen Bedeutung Äthiopiens Gerhard Rohlfs, der schon mit der Napier-Expedition im Land gewesen war, viele Reiseerfahrungen in weiten Teilen des schwarzen Kontinents gesammelt hatte und sicher einer der Europäer mit der umfassendsten Afrika-Kenntnis seiner Zeit war, 1880/81 zum äthiopischen Kaiser.[33] Der wollte Rohlfs seinerseits mit diplomatischen Missionen im Kontext des Konflikts mit Ägypten betrauen, was Berlin jedoch nicht zuließ, da man die Briten nicht brüskieren wollte.

Im Gegensatz zur arabischen Welt[34] dieser Zeit kamen trotz der engen Europa-Kontakte im salomonischen Kaiserreich jedoch noch keine neuen gesellschaftlichen oder politischen Konzepte auf in Anlehnung an europäisches Denken. Man blieb weiter der Tradition verhaftet und der Wiederherstellung des alten salomonischen Reiches. Noch niemand dachte an umfassende Reformen im eigentlichen Sinn oder an neue, europäisch inspirierte weltanschauliche Konzepte.

In den Jahren von Tewodros Herrschaftszeit waren bereits die neuen aufstrebenden Herrscher des Reiches, Menilek von Schewa und Kasa (Kahsay) aus Temben (Tigray), auf der politischen Bühne. Kasa hatte schon eine wichtige Rolle bei der Napier-Expedition 1867/68 gespielt als Gegenspieler des Kaisers; er kontrollierte faktisch den Norden des Landes, also die Regionen in Eritrea und Tigray, durch die der Weg des britischen Expeditionscorps von Zula nach Mekdela führte. Kasa kooperierte mit den Briten und erleichterte ihren Vorstoß dadurch, dass er ihnen den Kauf von Lebensmitteln und benötigten Materialien ermöglichte und ihnen den Rücken frei hielt. Die Briten erwiesen sich als verlässliche und dankbare Verbündete. Sie zogen sich wie vereinbart nach Einnahme Mekdelas wieder zurück und gaben Kasa zahlreiche moderne Waffen,[35] die ihm auf dem gewaltsamen Weg zur Herrschaft über das Reich sicher zugutekamen.

Nach der kurzen Herrschaft von Kaiser Tekle Giyorgis II.,[36] Schwager von Tewodros II., der nur von 1869 bis 1871 regierte, konnte Kasa sich im Januar 1872 in Aksum als Yohannes IV. (reg. 1872–1889)[37] zum Kaiser krönen lassen.

Yohannes IV.

Yohannes IV. hatte bereits zu Lebzeiten von Kaiser Tewodros II. seine Macht stetig ausgeweitet und seine Übernahme der Kaiserkrone vorbereitet. Konsequent hatte er sich in den 1860er-Jahren eine ›Hausmacht‹ in Tigray und Eritrea geschaffen, das von ihm kontrollierte Territorium stetig ausgeweitet und sogar westlich des Tekkeze-Flusses ausgedehnt, durch Unterstützung der Briten seinen Gegner Tewodros geschwächt und sich dadurch den Weg zur Macht geebnet. Es gab durchaus Konkurrenten um die Kaiserwürde. Kasa Goldscha (Gurdscha)[38] aus einer Linie von Gouverneuren der Region Agame in Tigray trat als Thronprätendent auf und konnte Teile Eritreas (Hamasen, Bogos) sowie die Gegend um Adwa zeitweise kontrollieren. Er errang auch noch – trotz einiger Niederlagen – nach dem Regierungsantritt von Yohannes IV. immer wieder Erfolge und konnte sich noch Jahre im Norden halten.

Nach dem Intermezzo der kurzen Regentschaft von Kaiser Tekle Giyorgis II. konnte Yohannes IV.[39] seine Herrschaft antreten, die von ähnlichen Prioritäten geprägt sein sollte wie die von Tewodros. Die Stabilisierung im Inneren und die Festigung des Reiches gehören dazu ebenso wie die religiöse Vereinheitlichung, eine Offensive gegen den Islam und die Eindämmung politischer Bestrebungen der Missionare aus Europa. Außenpolitik tritt noch mehr in den Vordergrund als unter Tewodros II., hier stellen sich noch größere Herausforderungen. Ägypten und Europa sind noch intensiver involviert am Horn von Afrika.

Yohannes IV. hatte zunächst, wie viele seiner Vorgänger in der Zeit vor dem Gonder-Reich, keine eigentliche Hauptstadt, sondern zog durch sein Reich und ernannte Gouverneure in den einzelnen Provinzen. In Schewa bestätigte er Menilek, der sich dort schon zuvor selbst zum König ernannt hatte, in seinem Amt (1878), obwohl Menilek sich mehrfach gegen ihn gestellt hatte. Ebenso verfuhr er in Godscham, wo er Tekle Haymanot in der Führungsposition bestätigte, die dieser sich zuvor erobert hatte. Beide wurden mit der Niederschlagung von Unruhen beauftragt bzw. zur Eroberung neuer Territorien, gerade auch islamischer Länder, ermuntert. Dies führte allerdings zu unmittelbaren Konflikten zwischen den beiden Regionalfürsten, die vom Kaiser sanktioniert wurden. Weitere Unruhen gab es in Tigray und Eritrea, wo Welde Mika'el Selomon[40] aus einer der führenden Familien von Hamasen (Eritrea) und Kasa Goldscha, der selbst Anspruch auf die Kaiserkrone erhoben hatte, sich weiterhin dem Reich widersetzten. Beide versuchten, sich im äthiopisch-ägyptischen Spannungsfeld einen Freiraum zu schaffen und Vorteile zu sichern. Vielleicht hatte es mit dieser ständigen Bedrohung der Integrität des Reiches aus dem Norden zu tun, dass Yohannes schließlich Mekele in Tigray zu seiner ›Hauptstadt‹ machte. Dort ließ er durch den Italiener Giacomo Naretti (1831–1899),[41] der schon zahlreiche Gebäude erbaut hatte für den Kaiser, mit dem ihn ein Vertrauensverhältnis verband, einen Palast errichten, der heute als Museum dient. Dort ist auch noch ein prunkvoller Thron zu sehen, den ebenfalls Naretti für den Kaiser angefertigt hat.

Welde Mika'el Selomon arbeitete zeitweise mit den Ägyptern, die zunehmend in Eritrea Fuss fassten, zusammen, zeitweise mit Kaiser Yohannes, gegen dessen Vertreter und Truppen er sich allerdings immer wandte, wenn dies erfolgversprechend schien. Teilweise wurde er in die kaiserliche Verwaltung des Mereb Mellasch eingebunden und erhielt den Gouverneursposten – allerdings kam der Verdacht auf, dass er in diesem Kontext die Unabhängigkeit anstrebte, weshalb er heute manchen als eritreischer Nationalheld gilt und als früher Initiator eritreischer Unabhängigkeitsbestrebungen. Seine Konflikte im Kontext von Hamasen bildeten auch eine Episode des alten Familienzwistes zwischen den Bezirken Se'azzega und Hazzega, die lange Leitmotiv der Geschichte von Hamasen,[42] eines Kernlandes von Eritrea, waren.

Auch Kasa Goldscha hatte sein Stammland in Eritrea (Bogos, Mereb-Gebiet) und bereitete, selbst als sein Streben nach der Kaiserkrone gescheitert war, dem neuen Kaiser Yohannes IV. Probleme, verbündete sich mit den Ägyptern oder kooperierte mit Welde Mika'el Selomon. Erst als der Kaiser ihn fing und blenden ließ, hörten seine Störaktionen auf (1876).

Waren es einerseits Revolten und Aufstände, die das äthiopische Reich und seinen Zusammenhalt gefährdeten, so war andererseits auch die religiöse Einheit des abessinischen Christentums in den Augen des Kaisers wesentlich für politische Stabilität, waren doch Kirche und Staat die zwei eng miteinander verflochtenen Hauptbestandteile des Reiches, ergänzten einander und garantierten Einheitlichkeit und Kontinuität. ›Ein Glauben in einem Land‹ hieß die Maxime von Kaiser Yohannes IV.

Dies bezog sich durchaus auch auf die innerchristlichen theologischen Divergenzen. Im Konzil von Boru Meda wurde 1878 endgültig die offizielle theologische Richtung festgelegt. Die Lehre von den ›Drei Geburten‹ (›Sost ledet‹) wurde verurteilt. Sie besagt, dass Christus zum Sohn Gottes durch Gnade (= Adoption) wurde, durch die Jungfrau Maria und durch das Wirken des Heiligen Geistes in deren Mutterleib – also durch eine ›dreifache Geburt‹. Allein gültig blieb die streng monophysitische ›Karra‹-Doktrin, die besagt, Göttliches und Menschliches sei in Jesus von Anfang an untrennbar verbunden. Damit wurde die bereits von Tewodros II. vorgegebene Richtung und Bestätigung der Tewahedo (Einheits)- oder Karra-Lehre[43] nochmals bekräftigt. Ein Schreiben des Patriarchen von Alexandria, dessen koptische Kirche den reinen Monophysitismus vertrat, wurde verlesen. Solche ›christologischen‹ Fragen hatten das gesamte orientalische Christentum seit Jahrhunderten beschäftigt und erschüttert, waren auf mehreren Konzilen thematisiert und formuliert worden und hatten zu seiner Aufspaltung in unterschiedliche, teilweise verfeindete, Kirchen geführt.[44] Sie hatten – auch im abessinischen Christentum – oft politische Implikationen und ihre jeweils spezifischen Verbreitungsgebiete. Unter dem Mantel theologischer Dispute wurden oft machtpolitische Rivalitäten und Konflikte zwischen Regionen und Personen ausgetragen.

Offensiv war auch die Islam-Politik von Yohannes IV.: Gleich nach dem Konzil von Boru-Meda nahm er die Christianisierung des mehrheitlich muslimischen Wello (zwischen dem Tekkeze und dem heutigen Dschibuti, südlich von Tigray) in Angriff. Er ließ einen (muslimischen oromostämmigen) Regionalgouverneur taufen und wollte schließlich per Dekret eine Zwangskonversion aller Muslime einleiten. Als dies jedoch auf ernsthaften Widerstand traf, viele Muslime in islamische Nachbarstaaten abwanderten und damit auch der Handel Schaden nahm, der vor allem in muslimischer Hand lag, wurde der Beschluss widerrufen.

Ambivalent war auch die Haltung des Kaisers zu den Missionen. Mehr und mehr Missionare aus Europa kamen ans Horn von Afrika und waren vor allem im Norden aktiv. Katholische Missionare in Akkele Guzay (Eritrea) gingen so weit, eine Art Kirchensteuer zu erheben, was nach herrschendem Empfinden ein Vorrecht der Reichskirche war.[45] Auch sollen sich Missionare im Vorfeld des Thronantritts von Yohannes IV. in die inneren Rivalitäten des Reiches eingemischt haben und später die von ihnen zum Katholizismus konvertierten Einheimischen aufgefordert haben, Steuerzahlungen zu verweigern und sich französischem Schutz zu unterstellen (wohl Beispiel nehmend an Praktiken wie sie im Nahen Osten im Rahmen der orientalischen Frage üblich geworden waren). Angesichts dieser eklatanten wiederholten Einmischungen entsandte der Kaiser 1878 militärische Einheiten, die katholische Dörfer in Akkele Guzay angriffen, worauf die Missionare sich an die Küste zurückzogen. Evangelische Missionare waren ebenso wenig gern gesehen und beschränkten ihre Tätigkeit auf die Peripherie des Reiches.

Waren bislang Missionare fast die einzigen Europäer, die ans Horn von Afrika kamen, so begann sich das im letzten Viertel des 19. Jahrhunderts zu ändern. Mehr und mehr Europäer entwickelten genuines Interesse am Horn von Afrika.

Einer der ersten, der aus Erkenntnisinteresse aufbrach, um den orbis aethiopicus zu erkunden, war Eduard Rüpell (1794–1884),[46] welcher in den 1830er-Jahren die Region bereiste, sich vor allem für die Tierwelt des Landes interessierte und eine Fülle naturkundlicher, ethnographischer und historisch-philologischer Erkenntnisse erwarb und publizierte. Er brachte viele Manuskripte nach Europa, kopierte als erster aksumitische Inschriften vor Ort und fertigte geographische Karten an.

Der Botaniker Georg August Schweinfurth (1836–1925)[47] kam, nachdem er weite Forschungsreisen in Ost- und Zentralafrika unternommen hatte, in den 1890er-Jahren nach Eritrea, wo er zusammen mit dem Chemiker Max Schoeller (1865–1943)[48] ein antikes Grab in Qohaito (▶ Kap. 2) ausgrub und 30 Schädel dem Anthropologen und Arzt Rudolf Virchow nach Berlin mitbrachte.

Die botanischen und ethnographischen Sammlungen Schweinfurths befinden sich heute im ethnologischen Museum in Berlin. Schweinfurth veröffentlichte mehrere Werke zur Fauna am Horn von Afrika.

Der deutsche Botaniker Georg Wilhelm Heinrich Schimper (1804–1878)[49] verbrachte über 40 Jahre am Horn von Afrika, wo er nicht nur bahnbrechende botanische Forschungen betrieb, die ihn in Europa bekannt machten, sondern auch Gouverneur und Berater des Fürsten von Tigray, Webe, wurde. Einer seiner Söhne, Wilhelm Schimper junior, diente später den einrückenden Italienern als Übersetzer und Dolmetscher. Eine Tochter Schimpers wurde von Kasa Goldscha (siehe oben) entführt und geheiratet. Die Familie war noch lange in Abessinien bekannt. Eine andere Tochter Schimpers, die er mit einer Äthiopierin hatte, heiratete den badischen Missionar (St. Chrischona Pilgermission) Christian Friedrich Bender (1827–1875),[50] der für Kaiser Tewodros II. Straßen und Waffen gebaut hatte.

Mit Schimper zusammengearbeitet hat Eduard Zander,[51] der auch viele Jahre im Land verbrachte, sich an Schimpers Studien beteiligte und mit ihm zusammen die Kirche Deresge Mariam[52] für den Regionalfürsten Webe in Semen baute sowie zahlreiche Zeichnungen von Land und Leuten anfertigte (sein Skizzenbuch ist im Britischen Museum in London erhalten). Er fungierte auch als Berater von Kaiser Tewodros II. Eine seiner Töchter heiratete den italienischen Architekten Naretti, der für Kaiser Yohannes tätig war (vgl. oben).

Besonders interessant ist der Fall von John Charles Kirkham (1830–1876),[53] der als Sergeant mit der Napier-Expedition (1867/68) ins Land kam. Der spätere Yohannes IV., beeindruckt von der militärischen Leistungsfähigkeit der Briten bei ihrer Operation gegen Tewodros II., warb Kirkham, nachdem Napier seine entsprechende offizielle Bitte nicht erfüllt hatte, ab und ernannte ihn zu seinem militärischen Berater. Dabei half dieser Kasa Haylu, auf den Kaiserthron zu gelangen. Yohannes IV. zeigte sich erkenntlich durch Verleihung hoher Würden und eines Lehens. Kirkham erhielt auch die Position eines Gouverneurs. Später wurde er vom Kaiser mit Schreiben an europäische Monarchen nach London geschickt, wo er im Foreign Office und von den Botschaftern Frankreichs und Österreichs empfangen wurde. Wieder zurück am Horn von Afrika, geriet er während des ägyptisch-äthiopischen Krieges in ägyptische Gefangenschaft, wo er starb.

Die Außenpolitik des salomonischen Reiches war in der Epoche von Yohannes IV. geprägt von äußeren Gefahren und Zwängen. Ägypten, das sich durch seinen Regenten Muhammad Ali (reg. 1805–1848) von einer osmanischen Provinz zu einer regionalen Großmacht entwickelt hatte mit Ambitionen in der Levante und im Bereich des Roten Meeres,[54] stieß bereits unter Muhammad Ali, vor allem aber unter seinen Nachfolgern,[55] weiter nach Süden vor. Es besetzte den Sudan und zielte auf Einnahme der Rotmeerküste und der Küstenregion am Golf von Aden ab. 1872 okkupieren die Ägypter Keren (Bogos) in Eritrea, 1873 die Grenz- und (Sklaven-)Handelsstadt Metemma. 1875 landen ägyptische Truppen in Tadschura (im heutigen Dschibuti) am gleichnamigen Golf, wo Frankreich – wenn auch mehr symbolisch – schon seit 1862 präsent war. So will sich Ägypten positionieren angesichts der neuen Bedeutung des Horns von Afrika und seiner wichtigen geopolitischen Rolle, die durch die Eröffnung des Suezkanals 1869 enorm gewachsen war. Plötzlich wurde das Rote Meer eine Wasserstraße von Weltgeltung, die internationales Interesse auf sich zog und auch die Somaliküste rückte in den Fokus der Aufmerksamkeit. Die Ägypter stießen bis ans Kap Guardafui vor. Von Zayla aus drangen sie ins Landesinnere vor und okkupierten 1875 Harar, das jahrelang unter ihrer Kontrolle blieb.

Damals waren ägyptische Interessen immer wieder mit äthiopischen kollidiert, etwa in der Schlacht von Dabarki, in der 1848 Kasa Haylu, der spätere Kaiser Tewodros II., geschlagen worden war. Unter dem Khediven Ismail gewann die ägyptische Offensive neue Intensität und eskalierte zu einem regelrechten ägyptisch-äthiopischen Krieg. Ismail wollte nicht ganz Äthiopien unterwerfen und erobern. Ihm ging es um die Küste und das Hinterland, also um ›Mereb Mellasch‹, das heutige Eritrea. Wichtig war ihm die logistische Verbindungslinie Kassala-Massawa, also vom Sudan ans Rote Meer. Ein afrikanisches Reich schwebte ihm vor, das einerseits ein Nilimperium sein sollte, andererseits auch die Region am Roten Meer umfassen würde, sowie die Verbindung beider Räume.

Den Höhepunkt des ägyptisch-äthiopischen Krieges stellten die beiden Schlachten von Gundet (November 1875)[56] und Gura (März 1876)[57] an der Grenze zwischen Eritrea und Tigray dar, in denen sich Alula Engeda,[58] Oberkommandierender der äthiopischen Streitkräfte, durch zwei Siege als fähigster General von Yohannes IV. profilieren konnte. Nach diesen Entscheidungsschlachten gab es wohl noch Klein- und Abnutzungskriege zwischen den beiden Hauptantagonisten, aber keine großen militärischen Konfrontationen mehr. Äthiopien hatte sich als ernstzunehmende Macht am Horn von Afrika erwiesen, die weitere Expansion Ägyptens auf Äthiopiens Kosten war gestoppt. Aber mehr und mehr zeichnete sich eine separate Entwicklung von Eritrea und Äthiopien ab. Erst als Großbritannien sich immer stärker engagierte und militärisch im Sudan intervenierte, kam es zu einem formellen Abkommen im Frieden von Adwa (›Hewett-Treaty‹) vom 3. Juni 1884 zwischen Äthiopien, Ägypten und – als Protektoratsmacht Ägyptens (seit 1882 war Ägypten britisch besetzt) – Großbritannien (▶ Kap. 7). Großbritannien und Ägypten fanden sich damals in der Defensive gegenüber der islamistisch-fundamentalistischen Bewegung des Mahdi im Sudan. Dies prägte ihre Ziele und Verhandlungsführung. Vorverhandlungen mit Alula Engeda, dem Gouverneur des ›Mereb Mellasch‹ fanden in dessen neuer Hauptstadt Asmara (seit damals Zentrum Eritreas) statt, Äthiopien sollte den vom Mahdi bedrängten Ägyptern helfen und dafür Zugang zum Hafen Massawa erhalten. Massawa jedoch übernahmen kurz darauf mit britischem Einverständnis die Italiener, die es zum Ausgangspunkt für weitere Eroberungen nahmen, wodurch die äthiopische Seite sich gewissermaßen getäuscht sah.

Yohannes IV. hatte nun die Bedrohung durch den Mahdi als einen neuen Schauplatz, auf dem Alula Engeda tätig werden musste, da der Dschihad ein zentrales Thema im islamischen Gottesstaat des Mahdi darstellte. 1885 konnten die Mahdisten geschlagen werden, einen weiteren Sieg errang Tekle Haymanot von Godscham 1887, wurde aber seinerseits 1888 geschlagen – Tausende Äthiopier gerieten dabei in Sklaverei. Die Muslime der Mahdi-Bewegung drangen nach Gonder vor und zerstörten zahlreiche Kirchen. Yohannes IV. zog selbst gegen die Mahdisten zu Felde und fiel 1889 in der Schlacht von Metemma, seinen Kopf nahmen die Mahdi-Krieger als Trophäe mit in ihre Hauptstadt Umm Dhurman (bei Khartum). Sie waren jedoch militärisch nicht in der Lage, weiter nach Äthiopien vorzustoßen. Der Weg war nun frei für Menilek, den Herrscher von Schewa, der lange auf seine Stunde gewartet hatte. Denn Yohannes IV. hatte zwar noch auf dem Totenbett seinen eigenen Sohn Mengescha Yohannes zum

Nachfolger bestimmt, doch im nachfolgenden Bürgerkrieg in Tigray[59] konnte dieser seine Ansprüche nicht durchsetzen.

Menilek II.

Waren Tewodros II. und Yohannes IV. Wegbereiter für die äthiopische Moderne, hat Menilek II. (1844–1913)[60] tatsächlich das moderne Äthiopien geschaffen und gestaltet. Tewodros und Yohannes hatten eine Restauration begonnen, das Reich praktisch erst wiederhergestellt und Bemühungen um Modernisierung in Angriff genommen, Menilek konnte dagegen bereits erste echte Reformen einleiten und ›moderne‹ Institutionen schaffen.

In seinem Stammland Schewa versuchte Menilek schon früh, nachdem er als Kind jahrelang von Tewodros in der Festung Mekdela festgehalten worden war, die Macht zu ergreifen. Er erklärte sich selbst zum König von Schewa, konnte aber lange Zeit seine weitergehenden Ambitionen nicht realisieren. Zu stark war die Position von Yohannes IV. und zu erfolgreich sein Krieg gegen Ägypten, den Menilek vergeblich für seine Ziele auszunutzen versuchte. Yohannes rückte 1878 in Schewa ein, worauf sich Menilek unterwarf, dafür offiziell den Titel ›Negus‹ erhielt und vom Kaiser als König von Schewa anerkannt wurde. Jetzt waren für Menilek die Voraussetzungen gegeben, seine Position auszubauen und seine Macht in Schewa zu konsolidieren, um Vorbereitungen zu treffen für die Realisierung weiterreichender Pläne.

Wesentlich war für Menilek, dem Binnenland Schewa einen Zugang zum Meer zu schaffen. Dazu waren Kontakte zu europäischen Mächten erforderlich, welche in den dafür infrage kommenden Häfen schon präsent waren. Asab war unter italienischer Kontrolle, in Obok am Golf von Tadschura im heutigen Dschibuti richtete Frankreich 1881 eine Handelsniederlassung ein. Schewa schloss 1883 einen Freundschafts- und Handelsvertrag[61] mit Italien, der auch den Handel über Asab betraf, denn wichtig vor allem war für Menilek der Erwerb von Feuerwaffen aus Europa. Gold und Sklaven, zunehmend Kaffee und weiterhin die traditionellen Güter wie tierische Produkte (Moschus, Straußenfedern, Felle und Elfenbein) standen als Export- und Transitwaren im Mittelpunkt. Handel und weitere Eroberungen gingen Hand in Hand. Schewa stieß in die Regionen der Oromo-Staaten vor – nach Arsi südlich des Awash-Flusses und zum Gibe-Flusssystem. In den neu eroberten Gebieten erhielten Adelige aus Schewa Lehen, aber auch ›Wehrdörfer‹ (ketema) wurden angelegt. Lokale Herrscher jedoch, die sich freiwillig unterwarfen, wurden in ihren Funktionen belassen. Nach dem Rückzug Ägyptens aus Harar (1885) und einer kurzen Phase der Unabhängigkeit rückten die Truppen Menileks 1887 in diese wichtige Region vor und okkupierten Ogaden. So war der Boden bereitet für eine wesentliche Expansion des Reichsterritoriums. Die Eroberungspolitik der Provinzfürsten wurde von kaiserlicher Seite ausdrücklich unterstützt. Die Ausweitung seines Stammlandes nach Süden und Osten erlaubte es

Menilek, seine Machtbasis zu erweitern, ohne mit Kaiser Yohannes IV. in Konflikt zu geraten. Eine Verbindung mit dem Kaiser brachte Menilek zustande durch die Ehe seiner sechsjähriger Tochter Zewditu mit dem 13-jährigen Araya, Sohn von Yohannes IV., im Jahr 1882. Es liegt nahe, dass beide Väter mit dieser Kinderehe politische Ziele verfolgten.

Sieben Monate nach dem Tod von Yohannes IV. wurde Menilek II., der sofort Ansprüche angemeldet hatte, im November 1889 in Entotto, nördlich der Hauptstadt Addis Abeba, zum Kaiser gekrönt. Das Reichszentrum lag nun dauerhaft im amharisch geprägten Schewa.[62] Addis Abeba,[63] im geographischen Reichsmittelpunkt gelegen, begann, zur eigentlichen permanenten Hauptstadt Äthiopiens aufzusteigen, nachdem Menilek auf Drängen seiner Frau Taytu bereits 1886 seinen dauerhaften Aufenthalt dorthin verlegt hatte.

Abb. 13: Marienkirche in Entotto bei Addis Abeba.

Ein entscheidendes Ereignis liegt in diesem Zeitraum zwischen dem Tod von Yohannes und der Krönung von Menilek: In Wichale, einem Örtchen in Wello, wurde im Mai 1889 ein italienisch-äthiopisches Abkommen[64] auf Betreiben des offiziellen Vertreters Italiens in Äthiopien, Graf Antonelli, geschlossen.

Antonelli hatte schon zuvor die Entwicklung von guten Beziehungen zu Schewa forciert und war nun bemüht, die Position Italiens weiter auszubauen und zu konsolidieren. Doch ging der Vertrag von Wichale als Instrument des italienischen Imperialismus in die Geschichte ein und als Beginn der Entwicklung hin zum militärischen Konflikt zwischen Italien und Äthiopien. Die italienische Seite legte den Vertrag aus als Zustimmung Äthiopiens zu einem italienischen Protektorat über das Land, was zu einer schweren Belastung wurde.

Die internationalen Beziehungen Äthiopiens rückten unter Menilek in den Fokus und wurden entscheidend für die weitere Entwicklung des Raumes am Horn von Afrika. Wie ein roter Faden durchzog der Konflikt mit Italien die Regierungszeit Menileks. Gleich zu Beginn seiner Herrschaft okkupierte Italien die Rotmeerküste und errichtete die Kolonie Eritrea. Damit war Äthiopien nicht nur vom Zugang zum Meer abgeschnitten, sondern auch direkt von Italien bedroht, das sich dauerhaft in Eritrea etabliert hatte. Die Italiener begnügten sich nicht mit Eritrea, das sie seit ihrer Okkupation Massawas 1885 – trotz einiger Rückschläge wie z. B. die Niederlage gegen Alula Engeda in Dog'ali[65] im Januar 1887 – bis zum Mereb-Fluss erobert hatten (Einnahme Asmaras 1888). Sie versuchten, weiter ins Hinterland vorzudringen. Ihre Politik, Zwietracht im Inneren Äthiopiens zu schüren und gleichzeitig vorteilhafte Verträge mit der Regierung in Addis Abeba zu erreichen, war wenig erfolgreich und führte letztlich zu einer Solidarisierung der Führer von Tigray mit Kaiser Menilek. Einige kleinere Auseinandersetzungen zwischen italienischen und äthiopischen Einheiten führten zur Eskalation, die ihren Höhepunkt am 1. März 1896 in der Schlacht von Adwa[66] in Tigray fand. Sie brachte einen entscheidenden Sieg der (zahlenmäßig weit überlegenen) äthiopischen Seite über die Italiener, in deren Armee viele Eritreer dienten. Menilek und vor allem sein Feldmarschall Alula Engeda hatten Äthiopiens Überleben gesichert und Äthiopien auf Jahrzehnte stabilisiert. Allerdings war Menilek nicht dem Rat Alulas gefolgt, den Sieg auszunutzen, die Italiener zu verfolgen und wenn möglich ganz zu vertreiben – so blieb Äthiopien weiterhin ein Binnenland ohne Hafen. Äthiopien war jedoch von da an der erste afrikanische Staat, der als solcher in Europa als souverän und unabhängig anerkannt wurde. Vor diesem Hintergrund war es Menilek möglich, seine – bereits als Herrscher von Schewa begonnene – Expansionspolitik im Süden fortzusetzen und die Reichsgrenzen beträchtlich auszuweiten. So wurde zwischen 1893 und 1897 Sidamo erobert; dadurch erhielt der Kaffeehandel neue Impulse.

Äthiopien war jetzt umgeben von Kolonial-Territorien europäischer Mächte: Die italienischen Besitzungen Eritrea und Somalia, Französisch-Somaliland, Britisch-Somaliland sowie die britischen Besitzungen Kenia und Sudan, der ebenfalls Teil des britischen Kolonialimperiums geworden war. In bilateralen Verträgen wurden die gegenseitigen Grenzen und Ansprüche festgelegt.

Für die am Horn von Afrika präsenten Kolonialmächte war jetzt prioritär, dass keine andere Macht sich allzu sehr in Äthiopien einmischte oder sich Teile des Landes aneignete – andererseits wollten alle ihre jeweiligen Interessen im salomonischen Reich festschreiben und international anerkannt wissen – eine interessante Parallele zur orientalischen Frage. Dem trug das trilaterale Abkommen von 1906 Rechnung, das in London zwischen Großbritannien, Frankreich und Italien abgeschlossen wurde. Es garantierte den Bestand und die Unverletzlichkeit des äthiopischen Reiches, schrieb den internationalen Charakter der im Bau befindlichen Bahnstrecke von Dschibuti nach Addis Abeba (eine Konvention zwischen Frankreich und Äthiopien über diese Bahn als Lebenslinie Äthiopiens zum Meer war schon 1897 unterzeichnet worden) fest und skizzierte verschiedene ›Einflussbereiche‹. Kaiser Menilek II., der nicht am Abkommen beteiligt worden war, betonte, er werde keine Beeinträchtigung seiner souveränen Rechte akzeptieren.

Im Sudan hatten die Briten die Herrschaft der fundamentalistischen Mahdi-Bewegung[67] definitiv beendet und ein britisch-ägyptisches Kondominium errichtet. Dies bedeutete auch für Äthiopien eine Entlastung. So konnte sich Menilek II. im Inneren neuen Gestaltungsprozessen widmen. Im Mittelpunkt seiner Politik stand die Festigung seiner Herrschaft und damit eine Zentralisierung des Landes, indem er einerseits kooperationsbereite Machthaber in neu eingenommenen Gebieten (vor allem im Süden) bestätigte und einband, andererseits dort, wo Widerstand geleistet worden war, Vertraute aus Schewa als Gouverneure einsetzte. Der Zentralisierung diente auch die Schaffung der festen Hauptstadt Addis Abeba – was es seit der Gonder-Epoche nicht mehr wirklich gegeben hatte. Davor waren Ankobar und Entotto Hauptorte in Schewa gewesen.

Auch richtete Menilek erstmals in der Geschichte des Landes regelrechte Institutionen ein. Die erste Straße, die für Autos befahrbar war, wurde von Addis Abeba in das 40 km entfernte Addis Alem gebaut. Eine höhere Schule nach europäischem Vorbild, die den Namen des Kaisers trug, wurde in der Hauptstadt gegründet. Ministerien, eine Staatsbank und ein Postdienst wurden ins Leben gerufen. Dazu kam das bereits erwähnte Eisenbahnprojekt. Die Modernisierungsbemühungen des Kaisers waren jedoch rein ›technisch‹; er strebte keine wirklichen Reformen an, sondern hatte ganz traditionelle Vorstellungen, folgte den überlieferten Regierungsprinzipien, kümmerte sich persönlich um Details, entwickelte dabei aber keine neuen politischen Ideen, etwa unter westlichem Einfluss. An technischen Neuerungen der westlichen Welt allerdings war er sehr interessiert. Dabei spielte der Schweizer Ingenieur Alfred Ilg (1854–1916)[68] eine wichtige Rolle. Er kam 1878 ins Land und war Menilek bald unentbehrlich. Ilg entfaltete im kaiserlichen Auftrag rege Bautätigkeit und errichtete u. a. einen Palast für den Kaiser, den er mit Wasserleitungen und Telefon ausstattete. Der Schweizer holte Experten ins Land, die Telegraphen- und Telefonverbindungen zwischen Addis Abeba und wichtigen Orten im Land und in Nachbarstaaten einrichteten. Auch schuf er Anfänge einer Rüstungsindustrie und hatte so Anteil am äthiopischen Sieg über Italien in Adwa 1896. Mehr und mehr wurde er auch zum Berater des Kaisers auf verschiedenen Gebieten, übersetzte und dolmetschte für ihn und inspirierte seine Außenpolitik. Im Auftrag des Kaisers führte Ilg auch diplomatische Missionen in Europa durch und betrieb dort Öffentlichkeitsarbeit für das Land, das noch keine offiziellen Botschaften im Ausland unterhielt. Ebenso war er an der Planung der Bahnlinie[69] von Addis Abeba nach Dschibuti beteiligt. Als Ilg schließlich endgültig in die Schweiz zurückkehrte, brachte er zahlreiche kulturell wertvolle Objekte und Papiere (vielfach eigene Aufzeichnungen) mit, die wesentlich zur Kenntnis Äthiopiens in Europa beitrugen.

Die letzten Jahre seines Lebens war Menilek II. schwer krank, Rivalitäten um die Macht im Reich und um seine Nachfolge begannen bereits vor seinem Tod im Dezember 1913. Die Eröffnung der Bahnlinie von Dschibuti nach Addis, die erst 1917 erfolgte, erlebte er nicht mehr.

Die Regierungszeit Menileks war geprägt von der zunehmenden Intensität der Interventionen imperialistischer Mächte Europas. Der global denkende Kolonialismus kam in der zweiten Hälfte des 19. Jahrhunderts mit voller Wucht am Horn von Afrika an. Einserseits fielen Regionen, die auch Äthiopien wichtig waren – allen voran Eritrea – in europäische Hand, andererseits konnte sich Äthiopien behaupten und als ebenbürtiger Gegner und Partner profilieren sowie sein Territorium sogar noch ausweiten und arrondieren.

In dieser Epoche der Herrschaft Menileks erst wurden Regionen ins Reich eingefügt, die heute die südliche Grenze des äthiopischen Staates definieren. Sie diversifizierten die bunte ethnische und kulturelle Vielfalt des Vielvölkerstaates weiter. Schon in der Zeit, als Menilek erst Herrscher von Schewa war, erfolgte 1882/83 die Eroberung von Illubabor, einem von Oromos dominierten Land zwischen Wellega und Kefa an der sudanesischen Grenze gelegen. Hier wanderten am Ende des 19. Jahrhunderts Siedler aus Gonder zu. Gamo-Gofa, südlich von Schewa zwischen Kefa im Westen und Sidamo im Osten an der Grenze zu Kenia gelegen, wurde 1894/95 dem äthiopischen Reich eingegliedert. Hier leben unterschiedliche Ethnien auf relativ engem Raum zusammen – das zu den omotischen Sprachen[70] gehörige Gamo ist nur die Hauptsprache, nicht das einzige Idiom des Landes. Auch das Nachbarland Sidamo an der Grenze zu Kenia ist ein multiethnisches Gebilde, Sidaama ist als kuschitische Sprache mit dem Somali verwandt.

Im Nordwesten der späteren Provinz Sidamo lag das Königreich Wolaytta,[71] das vom 13. Jahrhundert an (Kontrolle des Eisenhandels!) bis 1894 das wichtigste staatliche Gebilde unter den omotisch-sprachigen Ethnien der Region darstellte. Sidamo wurde zwischen 1893 und 1897 von Äthiopien erobert.

Das letzte der südlichen Reiche, das unter Menileks Herrschaft kam, war Kefa,[72] das sich 1890 und 1893 noch erfolgreich gegen äthiopische Eroberer zur Wehr gesetzt hatte und erst 1897 eingenommen werden konnte. Kefa war im späten 14. Jahrhundert als größtes der omotisch-sprachigen Gonga-Reiche im Südwesten von Schewa entstanden und hatte sich auf der Grundlage des Fernhandels mit dem Norden (Sklaven und Häute, Gold und Elfenbein) lange als Regionalmacht gehalten. Äthiopien war nach der Eingliederung Kefas ganz von europäisch kontrollierten Territorien umgeben, mit den europäischen Mächten wurden Abkommen über die Grenzziehung[73] geschlossen.

Obwohl ihr Staats- und Selbstverständnis tief traditionell bleibt, können die salomonische Dynastie und das ›alte Äthiopien‹ mit seiner archaischen Legitimationslegende aufgrund des Imports europäischen Fachwissens und westlicher Technik überleben und werden von innen her noch nicht wirklich in Frage gestellt. Europa ist zwar physisch am Horn von Afrika präsent, noch nicht jedoch in den Köpfen und Seelen der Menschen angekommen.

Menilek veranlasste in seinen letzten Lebensjahren, in denen er schwer leidend war, Schritte zur Sicherung der Reichskontinuität. Ein Kabinett unter einem Premierminister wurde erstmals eingerichtet und die bisher archaische Justiz wurde modernisiert. Privatbesitz wurde von nun an geschützt, auch vor willkürlicher Beschlagnahmung durch den Staat, und ein moderneres Erbrecht eingeführt. Der Kaiser etablierte einen Kronrat, dem Adlige, hohe Kleriker und Mitglieder der Regierung (des Kabinetts) angehörten.

Dieser Kronrat übernahm die Regierungsgeschäfte, nachdem der Kaiser 1908 einen Schlaganfall erlitten hatte.

6 Der Imperialismus am Horn von Afrika im 19. und 20. Jahrhundert

Im 19. Jahrhundert nahm die Zahl der Europäer, die in offizieller Mission ans Horn von Afrika reisten, in gleichem Maße zu wie die europäischen Staaten ein wachsendes Interesse an der Region entwickelten und die Länder am Horn von Afrika Interesse an Europa. Negus Sahle Sellasi (1795–1847) von Schewa bat die britische Ostindien-Gesellschaft um Unterstützung bei der Modernisierung seines Landes und gab so den Anstoß zur Entsendung einer Mission nach Schewa. William Cornwallis Harris (1807–1848)[1] wurde als offizieller Gesandter an der Spitze einer über 30-köpfigen Delegation nach Schewa geschickt. Er hatte den Auftrag, das Land zu explorieren, das Handelspotenzial zu erkunden und einen für England günstigen Vertrag abzuschließen. Im November 1841 erfolgte die Unterzeichnung eines Abkommens, das den Briten weitgehende Handelsprivilegien gewährte. Es war der erste Vertrag seiner Art, praktische Auswirkungen entfaltete er allerdings kaum. Doch verfasste Harris ein dreibändiges Werk über Äthiopien, ein wichtiger Beitrag zu dieser Zeit.

Der Deutsche Johann Bernatz,[2] der auch an der Mission beteiligt war, gab einen Band mit Illustrationen heraus. Weitere Publikationen bildlicher Darstellungen folgten, die im Europa des 19. Jahrhunderts großen Erfolg hatten und das Bild von Äthiopien prägten. Auch Ali Alula (vgl. oben), der Zentraläthiopien um die Jahrhundertmitte zeitweise regierte, schloss mit den Briten ein Freundschaftsabkommen (1849).

In dieser Epoche kamen auch Menschen vom Horn von Afrika häufiger nach Europa. Besonders interessant ist der Fall des russischen Nationaldichters Alexander Puschkin (1799–1837), dessen Urgroßvater Abraham Ganibal (Hannibal)[3] im frühen 18. Jahrhundert aus Afrika als Sklave von osmanischem Militär nach Istanbul gebracht worden und dann nach Russland gekommen sein soll. Die Familientradition beruft sich auf »abessynische« Abstammung. In einem Schriftstück gibt er seinen Geburtsort als Lago oder Logon an. Richard Pankhurst[4] hat diesen Ort auf der Grundlage einer Karte von Henry Salt (Anfang des 19. Jahrhunderts) mit der Gegend von Logo Tschewa (Tschoa) in Seraye (Eritrea) identifiziert. Eine andere Möglichkeit ist das weiter östlich gelegene Loggo Serda. In beiden Regionen kann es zu Zusammenstößen lokaler Einheiten mit osmanischen Truppen gekommen sein (wie es die Familientradition will), die Gefangene als Sklaven verschifft haben könnten. Dies ist nicht die einzige, wenn auch die plausibelste These zur Herkunft der Familie Puschkins. Sowohl Eritrea als auch Äthiopien beanspruchen ihn für sich, in beiden Hauptstädten dokumentieren diesen Anspruch Puschkin-Statuen. Dies ist auch Ausdruck der Rivalität zwischen der äthiopischen Region Tigray und Eritrea.

Eine Rolle in den internationalen Beziehungen der Region spielte der Geistliche Emnete Maryam Gebretu (um 1815–nach 1870), der zum Katholizismus konvertierte, eng mit führenden Persönlichkeiten von Tigray verbunden war, mit Europäern gute Beziehungen unterhielt und so bald zu ›diplomatischen‹ Missionen herangezogen wurde, um etwa eine Kooperation zwischen Tigray und Frankreich herzustellen. Als Leiter einer Delegation wurde er von Napoleon III. empfangen und es kam zum Abschluss eines Abkommens mit Frankreich im Dezember 1859. Weitere Absprachen mit Frankreich über französische Rechte an der eritreischen Küste folgten. Leider geriet Emnetu immer tiefer in einen Sumpf krichlicher und politischer Intrigen, etwa um die versuchte Ermordung des späteren ägyptischen Gouverneurs Munzinger.

Wichtig wurden damals in Äthiopien auch Menschen, die bereits eine europäische Ausbildung genossen hatten. Berru Petros (geb. ca. 1830)[5] etwa kam mit seinem Onkel nach Jesrusalem (1848), wo dieser Grundstücksangelegenheiten der äthiopischen Kirche regeln sollte. Dort lernte er Bischof Samuel Gobat kennen, der ihm eine Ausbildung am Church Missionary College in Malta ermöglichte. Petros trat nach seiner Rückkehr in die Heimat als Dolmetscher und Übersetzer in die Dienste von Kaiser Tewodros, später unterstützte er Kaiser Yohannes in Handelsfragen und beriet ihn in außenpolitischen Angelegenheiten. Viele Ausländer in Äthiopien wurden von ihm betreut. Mit ihm zusammen besuchte das College in Malta Machdere Kal Tewelde Medhin (ca. 1815–ca. 1891),[6] ein Waisenkind, das der französische Forschungsreisende Lefebvre nach Frankreich mitnahm, wo er eine schulische Ausbildung erhielt. Auf dem Rückweg traf er in Kairo mit evangelischen Missionaren zusammen, die ihm zu einem Studium an dem College in Malta verhalfen, an dem auch Berru Petros Student war. 1854 kehrte er mit den evangelischen Missionaren Krapf und Flad nach Äthiopien zurück und trat in kaiserliche Dienste als Dolmetscher und Übersetzer. Bis zur italienischen Kolonialepoche waren solche Menschen, die am Horn von Afrika und gleichermaßen in Europa kulturell und sprachlich verwurzelt waren und somit für Mittlerdienste infrage kamen, sehr selten.

Mehr und mehr erwachte auch geistig-kulturelles europäisches Interesse[7] am Horn von Afrika und konnte sich dank verbesserter Kommunikations- und Verkehrswege und trotz schwierigster Hindernisse besser entfalten. Eine wachsende Zahl von Forschungsreisenden und Expeditionen kamen ins Land, teilweise verfolgten sie sowohl wissenschaftliche als auch ›imperialistische‹ Ziele gleichzeitig oder wurden von religiösen Motiven getrieben, die auch politische Dimensionen entfalten konnten.

Die Expeditionen des Deutschen Wansleben im 17. und des Schotten Bruce im 18. Jahrhundert waren zwar von ihren Ergebnissen her fruchtbar, aber doch eher Einzelfälle.[8] Erst im 19. Jahrhundert kamen ›Entdecker‹ und Forschungsreisende in größerer Zahl ans Horn von Afrika. Der französische Baske Antoine d'Abbadie hielt sich mit seinem jüngeren Bruder 1837–1848 in verschiedenen Regionen des Horns von Afrika auf und leistete geographisch-kartographische Pionierarbeit, publizierte aber auch linguistische und ethnographische Arbeiten, die das damalige europäische Wissen von der Region bereicherten. Die Deutschen Rüppell und Schimper befassten sich mehr mit der naturwissenschaftlichen Erschließung des Landes, bei Johann Ludwig Krapf standen missionarische Bestrebungen im Vordergrund (vgl. Unterkapitel ›Tewodros II.‹ oben). Richard Francis Burton[9] gelang es 1855 als erstem Europäer, die Stadt Harar zu besuchen und auch vom Emir empfangen zu werden. Er hinterließ nicht nur eine Schilderung dieses Besuchs, sondern auch eines der ersten ethnographischen Werke über Somalia. Ornithologische Publikationen waren ein wichtiges Ergebnis der Reisen von Theodor von Heuglin.[10] Ihn hatte der berühmte Geograph August Petermann aus dem Wissenschaftlerkreis von Gotha ausgesucht. Dort interessierte man sich schon lange für das Horn von Afrika, was auch durch die Fürstenfamilie gefördert wurde. 1860 wurde Heuglin zum Leiter einer Expedition ernannt, die ins Innere des schwarzen Kontinents vordringen sollte. Er bereiste weite Teile des Horns von Afrika und trat auch in Kontakt mit Kaiser Tewodros II.

Ernst II. (1818–1893), Herzog von Sachsen-Coburg und Gotha, dessen Vorfahren bereits Hiob Ludolf, den Vater der deutschen Äthiopistik, gefördert hatten, bereiste selbst 1862 den orbis aethiopicus und hinterließ einen viel beachteten Reisebericht über seine Abenteuerreise.[11] Unter seinen Begleitern war Alfred Brehm, der ›Tiervater Brehm‹, der zoologische Arbeiten über Ostafrika verfasste[12] sowie der berühmte Arzt Bilharz (dem die Krankheit Bilharziose ihren Namen verdankt).

In Italien rückte das Horn von Afrika im letzten Viertel des 19. Jahrhunderts zunehmend in den Fokus. Die Società Geografica Italiana entsandte eine Expedition unter dem Naturwissenschaftler Orazio Antinori 1876 ans Horn von Afrika mit dem Auftrag, eine Niederlassung in Schewa zu gründen, die als Ausgangspunkt für weitere Erkundungen im Süden dienen sollte mit dem Ziel, zur Region der afrikanischen ›Großen Seen‹ vorzustoßen (die sich in einem Halbmond von Malawi bis in den äußersten Süden des heutigen Äthiopien erstrecken und von denen nur der Turkana-See mit seiner Nordspitze Äthiopien berührt). Die Interessen der Expedition und Menileks, damals König von Schewa, konvergierten. Menilek hatte Interesse an Beziehungen zu europäischen Mächten und hoffte auf europäische Waffen. Die Italiener brauchten einen Alliierten, der ihnen die Eröffnung einer ›Station‹ ermöglichte, wofür Antinori die Lieferung von Waffen in Aussicht stellte. Von den ehrgeizigen Absichten her gesehen war die Expedition eigentlich ein Fehlschlag – der Vorstoß in den Süden endete in Kefa und erreichte das eigentliche Ziel, den Victoria-See, nie. Wichtigstes Ergebnis der Expedition war das Buch[13] des Kapitäns Antonio Cecchi,[14] der in drei Bänden seine Erfahrungen und Beobachtungen niederschrieb und damit eine Fülle geographisch-ethnographischer Informationen nach Europa brachte.

Immer wieder scheiterten Expeditionen und endeten mit dem Tod von Teilnehmern. Schon die Antinori-Expedition haben nicht alle Teilnehmer überlebt. Giovanni Chiarini[15] überstand im Gegensatz zu Antonio Cecchi die Gefangenschaft bei einer muslimischen Herrscherin im Oromo-Staat Geeraa, Genne Gummiti,[16] welche die beiden Italiener für Agenten der Expansionspolitik von König Menilek von Schewa hielt, nicht. Auch Cecchi wurde 1896 im Zuge einer Somalia-Expedition ermordet. Weitere Expeditionen im Zusammenhang mit Italiens Absicht, sich am Horn von Afrika als Kolonialmacht zu etablieren, endeten tragisch – so die Expedition des Grafen Porro, die 1886 durch Truppen des Emirs von Harar, Abdullahi ben Muhammad – Vertreter eines rigiden, xenophoben Islam – ausgelöscht wurde. Giuseppe Maria Giulietti und seine Begleiter wurden bei der Erkundung möglicher Verbindungswege von der Küste nach Schewa von Afars 1881 ermordet. Gustavo Bianchi, der die Freilassung von Antonio Cecchi aus der Gefangenschaft in Geeraa (siehe oben) 1881 hatte erreichen können, wurde 1884 ebenfalls im Afar-Gebiet ermordet. Diese tragischen Fehlschläge entmutigten Italien keineswegs, sondern schufen die Stimmung, in der dann 1885 die Okkupation Massawas und in der Folge die Kolonisierung der Küstenländer am Roten Meer durch Italien erfolgte.

Weniger gefährdet und erfolgreicher waren oft Expeditionen mit rein wissenschaftlicher Zielsetzung. Der Österreicher Philipp Victor Paulitschke (1854–1899)[17] stieß von Zayla aus in die Afar-, Somali- und Oromo-Länder vor (1884–1885) und wurde zum Pionier der Erforschung ihrer damals noch wenig bekannten Sprachen, Kulturen und Gesellschaften. Seine Arbeiten sind bis heute Standardwerke und ethnographische Schätze. Noch bevor er seinen Plan, ein ethnologisches Institut in Wien einzurichten, verwirklichen konnte, starb er.

Ein Reisender sui generis war der exzentrische französische Schriftsteller Arthur Rimbaud (1854–1891),[18] der als Kaufmann über Aden in den 1880er-Jahren ans Horn von Afrika kam und dort ein abenteuerliches Händlerleben führte, aber nie sein lebhaftes Interesse an Land und Leuten, Sprachen und Kultur aufgab. Er unterhielt gute Beziehungen mit einheimischen Fürsten und Häuptlingen und war befreundet mit dem Schweizer Alfred Ilg, der am äthiopischen Kaiserhof großen Einfluss hatte. In Harar und Schewa führte Rimbaud ein extravagantes Leben, vermittelte Waffengeschäfte und engagierte sich im Kaffee-Export. Seine Texte, gerade auch über das wenig bekannte Ogaden, seine Zeichnungen und Fotografien sind eine Fundgrube an Informationen, haben vielen als Inspiration gedient, wurden mehrfach herausgegeben und übersetzt. Sein Haus in Harar[19] existiert noch heute.

Das fühe 20. Jahrhundert brachte wissenschaftliche Unternehmungen größeren Stils. Im Herbst/Winter 1905 führte der deutsche Orientalist Enno Littmann (1875–1958) eine Expedition für die Princeton-Universität[20] durch, die er mit den italienischen Gelehrten Guidi und Conti-Rossini, die zu den führenden Fachwissenschaftlern zählten, vorbereitete. Wichtig war die Feldarbeit der Expedition, deren Ergebnis die Sammlung zahlreicher Erzählungen und Lieder sowie Fotoaufnahmen in den Dörfern darstellten. Auch wurden ca. 130 Manuskripte erworben, die heute zu den Beständen der Universitätsbibliothek Princeton gehören.

Ein Unternehmen von besonderer Dimension und Tragweite war die ›Deutsche Aksum-Expedition‹[21] von 1906, deren Leitung Enno Littmann in direktem Übergang von der Princeton-Expedition übernahm. Den Weg bereitet für dieses epochale Unternehmen hatte der Diplomat Friedrich Rosen (1856–1935), der zu Beginn des Jahres 1905 die Aufnahme diplomatischer Beziehungen zwischen dem salomonischen Reich und dem Deutschen Reich vorbereiten sollte.[22] Rosen gelang es, Menilek II. in diesem Kontext von der Sinnhaftigkeit der wissenschaftlichen Erschließung der frühen Geschichte des Horns von Afrika zu überzeugen, dessen glänzende Vergangenheit auch seinem Ansehen in der Gegenwart dienen könne. Die Deutsche Aksum-Expedition erhielt folglich die offizielle Unterstützung der örtlichen Behörden und konnte dadurch erstmals eine umfassende wissenschaftliche Aufnahme und Erschließung der Altertümer von Aksum und anderer historischer Orte in Tigray und Eritrea durchführen. Dies stellte einen Meilenstein dar. Bis heute bauen historische Forschungen auf den wichtigen Vorarbeiten der Deutschen Aksum-Expedition auf, welche einen wesentlichen Teil des modernen Wissens über das Reich von Aksum und ältere Perioden erarbeitet und aufbereitet hat.[23] Die Resultate sind in einem vierbändigen Werk zusammengefasst, das 1913 in Berlin erschien und besonders bedeutsam ist aufgrund der in Band IV publizierten frühen schriftlichen Quellen.

1869 war ein Schicksalsjahr für das Rote Meer und das Horn von Afrika.

Durch die Eröffnung des Suezkanals wurde das Rote Meer zur internationalen Wasserstraße, zu einem interkontinentalen Verkehrsweg. Das Bab al-Mandeb, der Zugang zum Roten Meer, die Meerenge, die das Tor zum Indischen Ozean bildete, rückte ins grelle Licht der Großmachtinteressen. Eine schnellere Verbindung zwischen dem Mittelmeer und Europa einerseits sowie Afrika und Asien andererseits war entstanden, die Wege zu den Kolonialimperien waren so kürzer geworden. Dadurch gewannen die Küstenregionen am Horn von Afrika plötzlich an Bedeutung, nicht nur für die europäischen Nationen, sondern auch für Ägypten, durch dessen Territorium an der Scheide zwischen Afrika und Asien der Suez-Kanal verlief. Ägyptens afrikanische Großmachtpolitik, die sich zunächst aufs Niltal konzentrierte – 1821 wurde der Sudan ägyptisch – richtete ihre Aufmerksamkeit seit der Eröffnung des Suezkanals auch auf die südliche Rotmeerküste.[24] Eine Landverbindung zwischen dem Roten Meer und dem Sudan sowie eine weitgehende Kontrolle der Küste des Horns von Afrika waren schon länger Kairos ehrgeizige Ziele. Bereits 1837 und 1848 hatte es militärische Konfrontationen gegeben zwischen Äthiopien und Ägypten, wobei die erste mit einem äthiopischen Sieg, die zweite mit einer äthiopischen Niederlage endete. Damals entstand im eritreischen Hergigo auch die erste ägyptische Niederlassung an der Rotmeerküste. Aber energischer wurde das ägyptische Engagement erst in den 1870er-Jahren. Ägypten vereinnahmte die gesamte Küste bis zum Kap Guardafui, dem eigentlichen Horn von Afrika. Von Massawa aus stießen die Ägypter ins Landesinnere vor. Der französische Vizekonsul in Massawa, Munzinger,[25] wurde ägyptischer Gouverneur in der Hafenstadt, dann einer größeren Provinz ›Ostsudan und Rotmeerküste‹. Als solcher wurde er, nachdem er 1872 Keren für Ägypten gewonnen hatte, beauftragt mit weiteren Missionen im Landesinneren zu Menilek, wobei er 1875 getötet wurde. Im selben Jahr stießen die Ägypter weiter vor bis Harar, das islamische Zentrum im Osten, das jahrelang in ihrer Hand blieb. Weniger erfolgreich waren die Operationen im Hinterland von Massawa, wo zumindest die Eroberung von ›Eritrea‹ intendiert war.

Lokale und regionale Machthaber lavierten zwischen Äthiopiern und Ägyptern.[26] Welde Mika'el Salomon[27] aus der eritreischen Provinz Akkele Guzay und verwandt mit Machthabern aus Hamasen, unterstützte einmal die ägyptische, einmal die kaiserlich-äthiopische Seite, von der er auch Gouverneursämter erhielt. Da er dabei öfter erfolgreich seine eigene Unabhängigkeit im ›Mereb Mellasch‹ verteidigte, gilt er manchen heute als ein früher Protagonist eritreischer Selbständigkeit. Ganz anders Alula Engeda[28] aus Temben in Tigray, der sich zum Heerführer von Yohannes IV. hocharbeitete. Ihm vor allem waren die äthiopischen Siege über Ägypten zu verdanken (siehe oben). Auch Siege über die Mahdisten aus dem Sudan und über die Italiener in Dog'ali 1887 waren sein Verdienst ebenso wie inneräthiopische Erfolge des Kaisers.

Die Expansion Ägyptens ins Hochland führt zum äthiopisch-ägyptischen Krieg, denn Yohannes IV. konnte die Gefährdung seines Stammlandes Tigray, zu dem das eritreische Hochland Vorfeld war, nicht tatenlos hinnehmen. So kam es zu zwei entscheidenden Schlachten in Gundet (November 1875) und Gura (März 1876),[29] die beide in einer Katastrophe für die ägyptische Seite endeten.[30] Auch wenn eine Art Frieden erst 1884 in Form des Hewett-Abkommens (siehe oben) geschlossen wurde, war der Krieg praktisch mit diesen einschneidenden Ereignissen entschieden: Ägypten konnte nie mehr einen Angriff auf Äthiopien als solches wagen, sondern beschränkte sich auf die bisherigen Positionen und Besitzungen. Äthiopien hatte demonstriert, dass es sich gegen die Aggression einer auswärtigen Macht behaupten konnte. Zwischen 1876 und dem Hewett-Abkommen (1884) zog sich ein Abnutzungskrieg hin, Alula Engeda konnte in diesem Kontext noch erfolgreiche Vorstöße gegen ägyptische Positionen durchführen. Als Großbritannien 1882 das bankrotte Ägypten übernahm, wollte es dessen aufwendiges Engagement am Horn von Afrika beenden, um nicht zusätzliche Ressourcen einsetzen zu müssen. So brachte der britische Konteradmiral Hewett ein Abkommen zustande, das allen Seiten dienen sollte, faktisch aber Äthiopien schadete. Die Äthiopier sollten den von den fundamentalistisch-islamischen Mahdisten bedrängten Ägyptern im Sudan helfen, erhielten dafür Keren und Umgebung (Bogos). Weder konnte Äthiopien seine Position im Sudan ausbauen und sich gegen die Mahdisten schützen, noch den erhofften und versprochenen Zugang zu Massawa nutzen, da der Hafen – mit britischem Einverständnis – schon bald von Italien übernommen wurde.

England und Frankreich, Herren über den Suezkanal, aber auch Italien, strebten jetzt weitere Besitzungen an der strategisch wichtig gewordenen Meerenge des Bab al-Mandeb an. Frankreich[31] hatte schon seit den 1840er-Jahren semi-offizielle Beziehungen zu Schewa geknüpft und auch einen Vizekonsul in Massawa installiert. Regionale Machthaber, etwa die jeweiligen Fürsten von Tigray, suchten eine Kooperation mit Frankreich, von dem sie die Lieferung von Feuerwaffen erhofften, die für alle Machthaber der Region von wachsender Bedeutung wurden. Regionalfürst Webe von Tigray richtete in diesem Sinne Schreiben an britische und französische Herrscher.[32] Eine Insel in der Bucht von Zula sowie die Hafenstadt Zula selbst sollen zur Zeit von Neguse Welde Mika'el[33] von Tigray Frankreich zur Verfügung gestellt worden sein, da er hoffte, mit französischer Hilfe Kaiser Tewodros abzulösen. Frankreich hat aber nie faktisch Besitz davon ergriffen, sondern sein Potenzial am Bab al-Mandeb konzentriert, denn Großbritannien war bereits seit 1838 in Aden, auf der arabischen Seite der Meerenge, präsent. 1862 schloss Frankreich Freundschaftsverträge mit den Afar-Sultanen von Rahayta, Tadschura und Gobaad, durch die Obock und Tadschura im Norden des Golfs von Tadschura und ein Küstenstreifen unter französische Oberhoheit kamen. Doch blieb die Inbesitznahme vorerst nur symbolisch. Erst in den 1880er-Jahren wurde Obock faktisch ein französischer Hafen und Flottenstützpunkt, darüber hinaus für einige Jahre Hauptstadt der entstehenden Kolonie, die später ›französisch Somaliland‹ wurde. Das Bab al-Mandeb wurde für Frankreich auch wegen seines China- und Madagascar-Engagements immer wichtiger.

1880 wurde die ›Compagnie franco-éthiopienne‹ als Handelsgesellschaft gegründet, in Obock entwickelten sich lebhafte Handelsaktivitäten. Erst 1888 wurde dann in Abstimmung mit Menilek von Schewa und somalischen Issa-Clans die Hauptstadt der expandierenden französischen Kolonie nach Dschibuti, eine Neugründung, verlegt – der Schwerpunkt der französischen Besitzung verlagerte sich so vom Afar- in den Somali-Teil im Osten. In einem britisch-französischen Abkommen von 1888 wurde das Issa-Territorium aufgeteilt zwischen Briten, die bereits Zayla und Berbera kontrollierten, und Franzosen. Britisch-Somaliland entstand östlich von Französisch-Somaliland, seit 1896 ›Côte française des Somalis et dépendances‹. Seit damals sind Rivalitäten[34] zwischen Afars und Somalis Charakteristikum des Landes, das sie als Kolonialhypothek mit in die Unabhängigkeit nahm.

An der nördlichen Somaliküste weiteten die Briten, seit Jahrzehnten im Besitz von Aden an der Südküste der arabischen Halbinsel, ihre Präsenz 1884 durch Errichtung des Protektorats Britisch-Somaliland aus – sie waren damit auf beiden Seiten der Meerenge des Bab al-Mandeb verankert. Schon Jahrzehnte vorher hatten sie Kontakte zu somalischen Clans aufgenommen und immer wieder Vertreter in die nordsomalischen Städte Berbera und Zayla geschickt. Mit zunehmender internationaler Rivalität im Umfeld der interkontinentalen Wasserstraße war jetzt für Großbritannien eine regelrechte Besitznahme auch auf der afrikanischen Seite wichtig. Doch bereits Anfang des 20. Jahrhunderts regte sich hier Widerstand im Zeichen des Islam gegen die britische Okkupation.

Auch das als Nationalstaat neu gegründete Italien, seit dem Mittelalter durch zahlreiche Vertreter mit den verschiedensten Motiven und Absichten in der Region präsent, entwickelte im 19. Jahrhundert koloniale Ambitionen[35] in Afrika. Der Lazaristenmissionar Giuseppe Sapeto (1811–1895) bereiste das Land und versuchte zunächst den französischen Kaiser Napoleon III. dazu zu veranlassen, sich am Horn von Afrika einzumischen. Später gab er sein Priesteramt auf, nicht aber sein Engagement für eine aktive europäische Politik am Horn. So veranlasste er den Kauf des Hafens Asab durch die italienische Schiffahrtsgesellschaft Rubattino (1869/70),[36] der ausgebaut und über den in der Folge der Handel von Harar und der Oromo-Länder abgewickelt werden sollte. 1882 übernahm das aufstrebende junge Italien Asab als ›Colonia di Asab‹[37] trotz ägyptischer Proteste, da Ägypten die gesamte Küste noch für sich beanspruchte, an der sich nun nach und nach Italien ausbreitete. 1890 ging die Colonia di Asab in der nun offiziell konstituierten Kolonie Eritrea auf.

Zur gleichen Zeit erfolgte der italienische Griff nach der Somali-Küste: 1889 wurden Vereinbarungen Italiens mit den Sultanen der Madschertin-Sippe und von Obbia geschlossen, 1892 konnten Konzessionen des Sultans von Sansibar, der die nominelle Oberhoheit über die Somaliküste beanspruchte, erlangt werden und seit 1905 übte Italien direkte Kontrolle über Benadir (Region von Mogadischu) aus. 1908 wurde die Kolonie Somaliland durch einen konstitutiven Akt gegründet. Territorial war nun Italien diejenige ausländische Macht, die über die umfangreichsten Besitzungen am Horn von Afrika verfügte.[38] Ganz Eritrea (praktisch in seinen heutigen Grenzen) und der größte Teil der von Somalis bewohnten Gebiete waren italienische Kolonien. Nur die nordsomalische Küste am Golf von Aden wurde britisch. Die Region um den Golf von Tadschura, wo der somalische mit dem Afar-Siedlungsraum zusammenstösst, war französisch geworden. Die französische Kolonie grenzte am Bab al-Mandeb an Italienisch-Eritrea. Nur die somalischen Gebiete weiter im Landesinneren gerieten unter äthiopische Kontrolle. Die gesamte Küste des Horns von Afrika war nun unter europäischer Herrschaft.

Obwohl deutsche Firmen Gebiete an der Somaliküste erworben hatten, konnten diese nicht zur Keimzelle deutschen Kolonialbesitzes in der Region werden, da Deutschland im Sansibar-Abkommen sich entsprechend gegenüber Großbritannien festgelegt hatte, in diesem Raum keinen Kolonialbesitz anzustreben.

Während Frankreich und Großbritannien am Horn von Afrika in erster Linie die Sicherung der Seewege in ihre Kolonialreiche in Afrika und vor allem Asien anstrebten und die Kontrolle der in diesem Zusammenhang wichtigen Route zum Suezkanal, verfolgte Italien weitergehende Ziele.[39]

Diese betrafen vor allem Äthiopien. Bezüglich Massawa erlebte das salomonische Reich eine herbe Enttäuschung:

Die Briten überließen die Stadt, zu der sie der äthiopischen Seite freien Zugang zugesichert hatten (Hewett-Abkommen), den Italienern, die dort 1885 die Herrschaft übernahmen und von da aus ihre Eroberung ganz Eritreas begannen. Trotz ihrer Niederlage von Dog'ali (1887),[40] nur ca. 25 km von Massawa entfernt, konnten die Italiener das gesamte ›Mereb Mellasch‹, also das Land nördlich des Flusses Mereb, okkupieren. 1888 gelang es den Italienern, sich bei Sehati nahe Dog'ali dank des klugen Verhaltens von General San Marzano[41] zu behaupten und Asmara sowie die Küste bis in die Region von Asab zu besetzen, das bereits in italienischer Hand war. 1889 schlossen sie mit Menilek, der damals noch nicht zum Kaiser gekrönt war, den Vertrag von Wichale, grundlegend zur Regelung der italienisch-äthiopischen Beziehungen:

Kerngebiete Eritreas (Hamasen, Akkele Guzay und Bogos) sollten italienisch bleiben gegen Geldzahlungen und Waffenlieferungen.

Ein Konflikt entbrannte bald über die Bedeutung des Artikels 17. Während die italienische Seite die dort vereinbarte Regelung der äthiopischen Außenbeziehungen durch Italien als Beginn eines Protektorats verstand, sah die äthiopische Seite darin die Möglichkeit, die guten Dienste Italiens in außenpolitischen Fragen zu nutzen. Unterschiedliche Formulierungen in der amharischen und italienischen Version des Vertrags waren wohl Absicht.

Äthiopien kündigte 1893 einseitig den Vertrag von Wichale, aber auch an anderen Fronten stieg die Spannung: Wegen der italienischen Landenteignungsstrategie und des brutalen Vorgehens[42] gegen die eritreische Elite wandte sich 1894 der lokale Anführer Bahta Hagos,[43] bisher immer auf italienischer Seite, gegen Italien und entfachte einen Aufstand. Dieser wurde zwar bald niedergeschlagen, hatte jedoch die Bereitschaft zum Widerstand im Land gezeigt und den Italienern einen Vorgeschmack gegeben auf das, was sie erwartete, wenn sie ihre exzessiv harte Besatzungspolitik fortsetzten.

Die Lage wurde zunehmend konfliktträchtig,[44] da Italien nach Gründung seiner Kolonie weiter versuchte, auf und in Äthiopien Wirkung zu entfalten – durch diplomatische Mittel, aber auch durch Subversion im grenznahen Tigray. Gerade die italienischen Bemühungen, Zwietracht zu säen, hatten einen entgegengesetzten Effekt und einigten Äthiopien gegen den gemeinsamen Gegner, führten zu einem Schulterschluss zwischen den Führern von Tigray und Kaiser Menilek. Ende 1895 und Anfang 1896 kam es immer wieder zu militärischen Auseinandersetzungen im Grenzbereich. Am 1. März 1896 fand die historische Entscheidungsschlacht von Adwa[45] statt, die mit einem entscheidenden Sieg der zahlenmäßig weit überlegenen äthiopischen Armee endete, die auch strategisch überlegen geführt[46] wurde. Mindestens die Hälfte der italienischen Truppen waren Eritreer, die im Falle der Gefangennahme als ›Verräter‹ verstümmelt wurden.

Mit der Niederlage von Adwa war der imperialistische Traum Italiens von einem umfassenden äthiopischen Kolonialreich in Ostafrika für fast vier Jahrzehnte ausgeträumt, nur die Küstenländer bleiben italienisch. Äthiopien hatte sich mit diesem neuen Erfolg endgültig als regionale Großmacht behauptet[47] und sich als ebenbürtiger Gegner einer ›entwickelten‹ europäischen Macht gezeigt. Erst jetzt wurde es als regelrechter Staat international anerkannt und behandelt, da in der Epoche des Imperialismus die Existenz ›gleichwertiger‹ Staaten in Afrika, mit denen man völkerrechtliche und diplomatische Beziehungen auf Augenhöhe unterhielt, keine gängige Vorstellung war. Zwar hatte Kaiser Menilek mit Hilfe fähiger Heerführer das unabhängige Äthiopien bewahrt, aber darauf verzichtet, den Sieg auszunutzen – ein Vorstoß nach Eritrea erfolgte nicht und ein Versuch, die italienische Kolonie zurückzuerobern, unterblieb.

So war Äthiopien auch weiterhin ohne Zugang zum Meer, die Kolonie Eritrea blieb vollkommen in italienischer Hand. Italienische Versuche, das salomonische Reich in sein Kolonialimperium zu integrieren, waren lediglich aufgeschoben.

Es kam um die Jahrhundertwende aber zu verschiedenen internationalen Abkommen und Vereinbarungen: So sagte Äthiopien 1897 den Briten zu, keine Waffen in den Sudan zu liefern und erhielt im Gegenzug Zollfreiheit für Güter, die über den Hafen Zayla (in Britisch-Somaliland) importiert wurden. 1906 schlossen Briten, Franzosen und Italiener in London ein trilaterales Abkommen,[48] in welchem zwar die Unabhängigkeit und territoriale Integrität Äthiopiens bekräftigt, aber auch die Interessen der beteiligten Mächte abgesteckt wurden. Frankreich sah seine Eisenbahnpläne und die Bahnlinie von Dschibuti nach Addis Abeba als seine Einflusszone bestätigt, Großbritannien seine Nil-Interessen. Äthiopien verwies darauf, dass es eine Beeinträchtigung seiner Souveränität nicht akzeptieren werde. Weiter kam es zu Freundschaftsverträgen Äthiopiens mit Deutschland, Österreich und den USA (1903, aufgesetzt von Enno Littmann, damals Professor in Princeton).

Französisch-Dschibuti

Aus verschiedenen Territorien um den Golf von Tadschura, die aufgrund von unterschiedlichen Abkommen – z. B. mit dem Sultan von Tadschura – in Abhängigkeit von Frankreich gerieten, aber noch getrennte Verwaltungseinheiten waren, entstand 1896 die einheitliche ›Côte française des Somalis et dépendances‹.[49] Diese Abkommen mit Afar-Herrschern waren von Anfang an durch kulturell bedingte Missverständnisse belastet. Die vertraglich vereinbarte Gebietsabtretung ist kein den Afar bekanntes Konzept, da die Afar Land als Gemeingut betrachten und deshalb von einer ›Gebietsnutzung‹ als Vertragsgegenstand ausgingen. Schon 1888 hatten sich Franzosen und Briten über die Grenzziehung zwischen Britisch-Somaliland und der französischen Somaliküste geeinigt. Russische Versuche, sich am Golf von Tadschura niederzulassen, waren vereitelt worden.

Abb. 14: Der Sultan von Tadschura und Afar-Häuptlinge ca. 1885–1889.

Hauptstadt wurde das von Gouverneur Léonce Lagarde 1888 neugegründete Dschibuti,[50] das diese Rolle bis heute hat. Im Westen grenzte die französische Besitzung an die italienische Kolonie Eritrea, in die 1890 die Kolonie Asab eingegliedert worden war. Belastend waren die Spannungen zwischen den Afar im Westen des Landes und dem somalischen Issa-Clan im Osten, die sich auch gewaltsam entluden. 1896 schloss Frankreich ein Abkommen mit Menilek, welches Äthiopien das Recht gewährte, seinen Außenhandel über Dschibuti abzuwickeln; Frankreich verzichtete auf weitere Ausdehnung seiner Kolonie auf Äthiopiens Kosten. Schon seit 1894 jedoch gab es Pläne für den Bau einer Eisenbahnlinie[51] von der neuen Hauptstadt Addis Abeba zum französischen Hafen Dschibuti, mit deren Bau aber erst 1897 begonnen wurde. Damit sollten andere Verkehrswege zur Küste ihre Bedeutung verlieren, insbesondere war die Handelsverbindung Dschibuti-Addis Abeba ›politisch‹ eher opportun als traditionelle Wege zu Häfen, die jetzt unter italienischer Kontrolle standen. Der Schweizer Alfred Ilg, Berater des salomonischen Herrschers, war einer der Väter des Projekts und maßgeblich an der Gründung einer entsprechenden Gesellschaft beteiligt. Die Bauarbeiten an der 780 km langen Bahnstrecke zogen sich lange hin, auch aufgrund von politischen und Rechtsstreitigkeiten sowie Finanzierungsproblemen. Erst 1917 wurde Addis erreicht und die Linie konnte feierlich eröffnet werden, nachdem bereits 1901 der Betrieb zwischen Dschibuti und Dire Dawa,[52] nordwestlich von Harar (das, obwohl Zentrum des äthiopischen Ostens, nicht von der Bahnlinie berührt wird), aufgenommen worden war. Das Binnenland Äthiopien hatte einen vertraglich gesicherten Zugang zum Meer, ohne auf die Kolonialmacht Italien, zu der das Verhältnis angespannt blieb, angewiesen zu sein. Die Eisenbahnlinie war lange Zeit eine Lebensader Dschibutis, denn sie intensivierte die wirtschaftliche Entwicklung des Hafens und damit der gesamten Kolonie. Eine besondere Bedeutung kam der französischen Kolonie während des italienischen Kolonialabenteuers in Ostafrika zu. Zur Zeit der italienischen Eroberung Äthiopiens besetzte Frankreich den Bahnhof von Dire Dawa und evakuierte per Bahn Kaiser Haile Selassie, der auf der Flucht vor den Italienern war. Von Dschibuti aus verließ er im Frühsommer 1936 auf einem britischen Kriegsschiff Afrika und begab sich – nach einem Zwischenstopp in Jerusalem – ins britische Exil. Frankreich unterstützte, zunächst auch von Dschibuti aus, den äthiopischen Widerstand gegen Italien. Allerdings wurde Dschibuti im französisch-italienischen Waffenstillstand von 1940 demilitarisiert. Das unter der französischen (Vichy-)Regierung stehende Dschibuti wurde ebenso wie ›Africa Orientale Italiana‹ durch eine britische Seeblockade von der Verbindung nach außen abgeschnitten. Im Dezember 1942 ergab sich Französisch-Somaliland britischen und freien französischen Truppen. Der Status von Dschibuti wurde nach dem II. Weltkrieg aufgewertet: 1946 wurde es ein ›Territoire français d'outremer‹, die Einwohner damit französische Bürger. Dschibuti geriet in den Sog somalischer Nationalisten, es kam zu teilweise gewalttätigen Demonstrationen – etwa beim Besuch des französischen Präsidenten de Gaulle 1966. In der Folge wurde ein Referendum über die Unabhängigkeit des Landes durchgeführt, doch sprach sich eine Mehrheit, wie beim ersten Referendum 1958, zunächst für einen Verbleib bei Frankreich aus. Die somalischen Rufe nach Unabhängigkeit verstummten jedoch nicht. Es kam 1977 zu einem weiteren Referendum – diesmal votierte eine überwältigende Mehrheit für die Unabhängigkeit.[53]

Britisch-Somaliland

In der Moderne waren die Briten die ersten Europäer, die sich in der Region ein Standbein geschaffen hatten durch die Einnahme des Hafens Aden an der Südküste der arabischen Halbinsel 1839. Erst viel später, als die Bedeutung der Wasserstraßen um das Horn von Afrika und durch das Bab al-Mandeb durch die Eröffnung des Suez-Kanals stark zugenommen hatte, begann Großbritannien, sich auch an der afrikanischen Küste stärker zu engagieren. Zur besseren Sicherung des Indien- und Afrikaseewegs hatten die Briten zunächst, wie auch die anderen Kolonialmächte, Vereinbarungen mit lokalen Machthabern geschlossen. 1887 wurde das Protektorat ›British Somaliland‹ an der somalischen Nordküste geschaffen. Es lag unmittelbar östlich der französischen Kolonie Dschibuti und weit westlich von Kap Guardafui, Hauptstadt wurde Berbera am Golf von Aden. Die Somalis, die in dieser Region Herden hatten, profitierten von der britischen Präsenz, wurden sie doch zu wichtigen Fleischlieferanten für Aden. Der Export von Vieh wurde im 20. Jahrhundert zum wichtigsten Wirtschaftszweig von Britisch-Somaliland. Doch britische Einmischung in somalische Angelegenheiten führte zu islamisch motiviertem Widerstand. Muhammad Abdallah Hasan (1856–1920)[54] trat im Zeichen eines vom sudanesischen Mahdi aber auch vom Sufiorden der Salihiya beeinflussten Islam als nationalistischer Widerstandsführer, als religiöse Leitfigur und als somalischer Dichter gegen die britische, italienische und äthiopische Herrschaft an. In einem Guerrillakrieg schuf er mit seinen ›Derwischen‹ einen regelrechten Staat auf dem Territorium, das Äthiopier, Briten und Italiener beanspruchten mit einer Festung in Taleh (Taleex) im Osten von Britisch-Somaliland. Seinen Anhängern erschien ›der irre Derwisch‹ als charismatische Gestalt, einem sufischen Ordensgründer ähnlich, der Züge eines islamischen ›Heiligen‹ trug. Seit den letzten Jahren des 19. Jahrhunderts gelang es ihm über zwei Jahrzehnte, den ›Ungläubigen‹ zu widerstehen. Erst als er aus der Luft bekämpft werden konnte, war sein Buschkrieg nicht mehr erfolgreich, er starb in Ogaden an Grippe. Bis heute wird die Derwisch-Bewegung und ihr Führer von manchen als Vorläufer des modernen somalischen Nationalismus[55] betrachtet. Nach einer Konsolidierungsphase wurde Somalia in die Wirren des italienischen Eroberungskriegs gegen Äthiopien und des II. Weltkriegs hineingezogen. Die Italiener okkupierten Britisch-Somaliland 1940, konnten es aber nur einige Monate halten, bis die Briten 1941 das gesamte Africa Orientale Italiana eroberten. In Britisch-Somaliland begann sich politisches Bewusstsein zu artikulieren – 1946 wurde als erste politische Partei die ›Somali National League‹ gegründet, wenn es auch noch bis 1957 dauerte, bis eine Art ›Parlament‹ ins Leben gerufen wurde, zu dem dann die ersten freien Wahlen, schon im Vorfeld einer möglichen Unabhängigkeit, 1959 stattfanden. Die Unabhängigkeit, gefolgt von der Vereinigung mit der ehemaligen italienischen Kolonie Somalia, kam im Sommer 1960.

Italienisch Somalia

Seit den 1880er-Jahren begann Italien, Protektoratsverträge mit einzelnen somalischen Machthabern zu schließen bis hinunter an die Benadir-Küste (um Mogadischu) im Süden, als die Briten sich fast zeitgleich an der Nordküste etablierten. Dabei waren Sultane aus der Madschertin-Sippe ebenso Italiens Partner wie der Sultan von Sansibar, dessen Machtbereich bis an die südsomalische Küste reichte. Eine einheitliche Kontrolle Italiens über Somalia[56] gab es lange nicht, noch Jahrzehnte bestanden die traditionellen Sultanate. Die Lage wurde weiter verkompliziert durch die Derwisch-Bewegung von Muhammad Abdallah Hasan, der, somalische Clan-Grenzen überschreitend, Anfang des 20. Jahrhunderts auch gegen Italien einen Guerrilla-Krieg führte.[57] 1925 überließ Großbritannien ›Oltregiuba‹, das an Kenya grenzende Land südlich des Dschuba-Flusses mit der an der Dschuba-Mündung gelegenen Stadt Kismaayu, den Italienern. Dort hatten zur Zeit des Khediven Ismail (1875/76) kurzzeitig die Ägypter geherrscht und später hatte es deutsche Interessen dort gegeben. Die relative Autonomie wurde in allen Landesteilen erst unter der faschistischen italienischen Regierung (seit 1922 war Mussolini Ministerpräsident) teilweise mit gewaltsamen Methoden beendet.

Eine hierarchisierte Verwaltungs- und Gesellschaftsordnung wurde eingeführt, wobei Clanchefs eingebunden waren, Somalis aber als ›sudditi‹ (Untertanen) behandelt wurden im Gegensatz zu Italienern, die als ›cittadini‹ (Bürger) betrachtet wurden. Italienische Kolonialbeamte waren jedoch bemüht, somalisches Gewohnheitsrecht zu bewahren.

Straßen wurden gebaut und landwirtschaftliche Großprojekte, z.B. Bananen- und Baumwollanbau zwischen den großen Flüssen Wabi Schebelle und Dschuba begonnen, allerdings im Rahmen eines staatlichen Monopolsystems. Dabei kam es zu rücksichtsloser Landumverteilung und brutaler Ausbeutung.

Für die Entwicklung der Bevölkerung, etwa durch Bemühungen im Schulbereich, wurde nichts getan. Eine demonstrative Geste des italienischen Königs Vittorio Emanuele III. (1869–1947),[58] welche den italienischen Besitz Somalias bekräftigte, war sein Besuch in Somalia 1934. Im selben Jahr lieferte ein eher unbedeutender Grenzzwischenfall mit Äthiopien den Anlass oder den Vorwand für den Angriff Italiens auf das äthiopische Reich, das 1935 erobert und mit Eritrea und Somalia zur Kolonie ›Africa Orientale Italiana‹ zusammengefasst wurde. In diesem Rahmen wurde Ogaden von Äthiopien losgelöst und dem ›Governo di Somalia‹ zugeordnet. Für Italien stand im Mittelpunkt die Beeinträchtigung des Zusammenhalts innerhalb Äthiopiens und als Funktion davon die Stärkung von Regionalismen und zentrifugalen Kräften, die ja im heterogenen salomonischen Reich offen und latent vorhanden waren. Dabei war die Absicht der Italiener keineswegs die Ermutigung eines somalischen Nationalismus, sondern lediglich die Schwächung des äthiopischen Staates und der Loyalität zum Kaiserhaus.

Im Zuge des II. Weltkriegs besetzte Italien 1940 kurzzeitig auch Britisch-Somaliland. Doch nach wenigen Monaten kam der völlige Zusammenbruch von Italiens Ostafrika-Imperium. Großbritannien übernahm zunächst die Länder am Horn von Afrika.

Traditionell gab es unter Somalis keine politischen Vorstellungen, die über den Rahmen des Clans oder eines Clan-Bündnisses hinausgingen. Auch die Sultanate, die sich im somalischen Raum bildeten, wurden perzipiert über die Clans, die sie beherrschten. Während der Kolonialzeit und besonders infolge des II. Weltkriegs hatte sich eine somalische Elite gebildet, die jedoch sehr klein blieb, da Schulbesuch von Somalis durch die Italiener eher behindert als gefördert wurde. Diese Elite hatte ein politisches Bewusstsein entwickelt und im Rahmen dieses Prozesses eine Art somalischen Nationalismus,[59] aus dem ein somalischer Irredentismus (bezüglich Ogaden) entstand angesichts der geographischen Neugliederung des Großraums.[60] Diskussionen um die Zukunft Somalias entstanden und arteten in Gewalt (auch gegen Italiener, die im Land lebten)[61] aus. Damals wurden Keime gesetzt für künftige Konflikte. Die Vereinten Nationen übertrugen 1949 Somalia als Treuhandgebiet an die frühere, jetzt demokratische, Kolonialmacht Italien. Das Land wurde zur Unabhängigkeit geführt. Allerdings zogen die Briten die Grenzen neu – Ogaden wurde, trotz einer somalischen Bevölkerungsmehrheit, an Äthiopien angegliedert, nachdem es zunächst zusammen mit Somalia von den Briten verwaltet worden war und die Briten kurzzeitig einen Anschluss von Ogaden an Somalia erwogen hatten. Im Süden wurde die Grenze zu Kenya verbindlich festgelegt, obwohl sich eine Mehrheit der kenyanischen Somalis gegen einen Verbleib bei Kenya aussprach.

Auf der politischen Bühne Somalias wurde die ›Somali Youth League‹, deren Vorläufer schon 1943 zur britischen Zeit entstanden war, zur dominierenden Kraft. Sie bemühte sich einerseits um Überwindung von Tribalismus und Clanherrschaft, hatte aber andererseits auch Mitglieder aus traditionalistischen Kreisen. 1960 wurde das ehemals italienische Somalia, fast zeitgleich mit Britisch-Somaliland, in die Unabhängigkeit entlassen.

Die italienische Kolonie Eritrea

Fünf Jahre nach der Besetzung Massawas erklärten die Italiener ihre Besitzung am Roten Meer 1890 unter Verwendung des antiken griechischen Namens zur Kolonie Eritrea.[62] Zügig errichtete Italien eine repressive Kolonialbürokratie und begann eine Herrschaft, die mehr auf Unterdrückung und Kontrolle als auf Einbindung der Eritreer setzte. Der Versuch, Land in großem Stil an italienische Kolonisten zu verteilen, scheiterte am entschlossenen Widerstand der Eritreer gegen die Enteignungspolitik. Auch gab es weniger Italiener, die an einer Niederlassung in Ostafrka interessiert waren, als erhofft. Ein Volksaufstand unter dem anfangs mit Italien kooperierenden Bahta Hagos,[63] bis heute als eritreischer Freiheitsheld gefeiert, verschärfte 1894 die Situation und löste italienische Übergriffe auf Tigray aus. Der daraus entstehende Krieg mit Äthiopien führte zunächst zur ersten italienischen Niederlage von Ambalage (Dezember 1895) in Südtigray und in der Folge zum epochalen äthiopischen Sieg von Adwa im März 1896. Seither unterblieben italienische Angriffe auf Äthiopien und die Kolonialmacht beschränkte sich auf die Kolonie Eritrea, die im Wesentlichen das heutige Staatsgebiet Eritreas umfasste. Nach langen Verhandlungen wurde im Jahre 1900 eine verbindliche eritreisch-äthiopische Grenze[64] festgelegt, die im Prinzip immer noch Gültigkeit hat. 1902 wurden Korrekturen vorgenommen, wodurch praktisch das gesamte Kunama[65]-Gebiet (mit dem Tekkeze als Grenzfluss zu Äthiopien) zu Eritrea kam. 1908 erst kam es zur Festlegung der Grenze im Osten zwischen dem eritreischen (also damals italienischen) Afarland und dem äthiopischen Afar-Gebiet (Grenzverlauf parallel zur Rotmeerküste).

Mit der Katastrophe von Adwa war ein Wendepunkt der italienischen Ostafrikapolitik gekommen. Ernüchterung folgte der Großmachthybris, das italienische Interesse an Ostafrika ging zurück, Äthiopien und auch die Kolonie Eritrea, bis 1896 Gegenstand kühner Phantasien, verblasste auch in der breiteren Öffentlichkeit. 1897 wurde als Zivilgouverneur Ferdinando Martini[66] in Eritrea eingesetzt, der eine weniger harte Linie verfolgte und geduldig versuchte, Eritrea wieder ins Bewusstsein der Menschen im Mutterland zu rücken. Martinis Aufzeichnungen haben viel über die Schrecken der italienischen Gewaltherrschaft festgehalten.[67] Eine Verwaltungsgliederung der Kolonie wurde eingeführt, die versuchte, der ethnischen Struktur des Landes Rechnung zu tragen. 1898 wurde Massawa durch Asmara im Hochland als Hauptstadt abgelöst. Gegenüber der Bevölkerung verfolgte man jetzt eine konziliantere Politik. Verwaltungsfunktionen übertrugen die Italiener an Einheimische, die auch Richter auf unterer Ebene waren, welche nach islamischem oder seit langem gepflegtem Gewohnheitsrecht[68] urteilten. Höhere Instanzen blieben Privileg der italienischen Justiz.

Die Einbindung lokaler Eliten und die Aufstellung örtlicher Verbände führte zu einem signifikanten Rückgang des Widerstands gegen die italienische Herrschaft.[69] Die innere Sicherheit verbesserte sich und die Minderheiten wurden weniger als in der vorkolonialen Zeit Opfer von Überfällen aus dem Hochland. Die italienische Kolonialmacht schwächte auch die orthodoxe Kirche, die eine ›gesamtäthiopische‹ Einrichtung, eine ›Reichsinstitution‹ par excellence war und ein starkes Bindeglied darstellte zwischen Eritrea und Äthiopien. Sie konfiszierte kirchliches Land, stärkte katholische Missionare[70] (wobei die allzu frankophilen Lazaristen durch italienische Kapuziner abgelöst wurden) und unterstützte den Islam, der grundsätzlich in Gegensatz zum äthiopischen Reich stand. Moscheen erhielten Subventionen, ein ›Rat der religiösen Stiftungen‹ wurde eingerichtet und der Sufi-Orden der Chatimiya (nach dem Gründer auch Mirghaniya genannt), wurde gefördert und verlegte seinen Hauptsitz vom sudanesischen Kassala ins eritreische Keren. Die katholische Missionsarbeit war allerdings weniger erfolgreich als erhofft. Die Verflechtung der tigrinyasprachigen Regionen Nordäthiopiens (Tigray) mit (dem vorwiegend tigrinyasprachigen) Eritrea löste sich nicht ohne weiteres, die Bindungen der christlichen Eritreer an die äthiopische Orthodoxie waren nicht so leicht zu trennen. Weiterhin blieb den Eritreern der Zugang zum modernen Schulsystem verwehrt, sah man doch in der Erweiterung geistiger Horizonte eine Gefahr für die italienische Herrschaft. Missionare, sowohl katholischer als auch evangelischer Institutionen, waren die Träger der Bildungsarbeit unter den Einheimischen. Bildungseliten aber, dessen war sich die Kolonialmacht bewusst, standen oft an der Spitze nationaler Unabhängigkeitsbewegungen. Zum staatlichen Schulsystem wurden Eritreer deshalb erst 1911 begrenzt zugelassen, um sie für die unteren Ränge der Kolonialverwaltung auszubilden. Während katholische Missionsschulen italienische Kultur verbreiteten und damit als Stütze der Kolonialherrschaft betrachtet werden konnten, bemühten sich evangelische Missionen, vor allem Schweden, darum, Unterricht in den Landessprachen zu erteilen und so die kulturelle Identität der Schülerschaft zu respektieren und zu schützen. Aus diesem Grund wurden die schwedischen Missionare 1932 des Landes verwiesen, da die italienische Kolonialverwaltung ihre Aktivität als gegen das italienisch dominierte katholische Schulwesen gerichtet betrachtete. Insgesamt hatte nur ein kleiner Anteil der Eritreer Zugang zu Bildung – die Entstehung einer aufgeklärten Elite, die für die Kolonialmacht problematisch werden konnte, wurde weitgehend verhindert.

In den ersten Jahrzehnten der italienischen Kolonie Eritrea blieb der italienische Bevölkerungsanteil sehr gering. Erst in den 1930er-Jahren wuchs die italienische Bevölkerung deutlich an, Siedlungsschwerpunkte waren die wichtigen Städte Asmara und Massawa. Asmara wurde im modernistischen Stil der Zeit von Eduardo Cavagnari und Guido Ferrazza für Italiener gebaut.

Einheimische hatten abseits in eigenen Vierteln zu leben. Im faschistischen Eritrea wurde die später für Südafrika typische Apartheid praktisch vorweggenommen.

Eritreer waren, besonders auch in der Zeit des Faschismus, keineswegs den Italienern gleichberechtigte ›Bürger‹, sondern unterlagen zahlreichen Restriktionen. Segregation in den Wohngebieten und ›apartheidähnliche‹ Vorschriften gehörten dazu ebenso wie Beschränkung auf untergeordnete Tätigkeiten und das Verbot politischer Artikulation. Eritreer und ›meticci‹, Kinder aus ›gemischten‹ Verbindungen (Ehen waren ohnehin nicht erlaubt), hatten als ›Untertanen‹ keine Bürgerrechte.

Wirtschaftlich erhielt Eritrea in der Kolonialphase Impulse:[71] Zahlreiche Bedürfnisse waren zu befriedigen, eine rege Bautätigkeit setzte ein, der Transportsektor florierte und viele Italiener gründeten Firmen im Land. Investitionen wurden staatlich gefördert. Eritreer fanden, wenn zunächst auch oft bescheidene, Arbeitsmöglichkeiten in der produzierenden Industrie, in der Kolonialverwaltung oder als Hausangestellte, vor allem aber als einfache Soldaten in der Kolonialarmee. So wirkten Eritreer zu einem nicht unbeträchtlichen Teil an der italienischen Eroberung Äthiopiens mit, wofür sie dann auch mit bescheidenen Führungspositionen und wirtschaftlichen Vorteilen belohnt wurden. Zwischen 1885 und 1941 haben wohl mindestens 130 000 Eritreer als ›ascari‹ (italienisierter arab. Begriff) Waffendienst für Italien geleistet.

Abb. 15: Fiat Tagliero-Gebäude (1938) in Asmara.

Erstmals gab es Ansätze zu modernen Kommunikationsmitteln am Horn von Afrika mit Beginn der italienischen Herrschaft:

Bereits 1891 erschien die erste Zeitung des Landes unter italienischer Ägide, das Wochenblatt ›Il Corriere Eritreo‹, dem bald andere folgten. Die Tageszeitung ›Quotidiano Eritreo‹ enthielt bereits Beiträge in einheimischen Sprachen. Die erste Tigrinya-Zeitung wurde von den schwedischen Missionaren (Evangelika Fosterlands Stiftelsen) von 1909 bis 1915 herausgegeben.

Eine gewisse Stabilisierung (auch durch mehr innere Sicherheit), verbesserte soziale und gesundheitliche Verhältnisse und günstigere materielle Bedingungen trotz Diskriminierung und Rassismus führten zu einer dynamischen demographischen Entwicklung. Von nur 275 000 Einwohnern im Jahr 1905 wuchs die Bevölkerung auf über 600 000 im Jahr 1935. Auch ein spezifisch eritreisches Selbstbewusstsein entstand, das sogar zu einem Überlegenheitsgefühl gegenüber dem teilweise noch archaischen Äthiopien wurde. Dies wurde gerade durch zahlreiche Eritreer in italienischen Diensten verstärkt. Man fühlte sich anders, sogar besser, entwickelte einen spezifisch eritreischen Nationalismus,[72] der wenig mit Loyalität zu Italien zu tun hatte. Die Menschen in Eritrea und Äthiopien lebten sich auseinander, gehörten unterschiedlichen Gesellschaftsformen an, wurden aber auch bewusst gegeneinander in Stellung gebracht.

Durch den II. Weltkrieg ging die italienische Kolonialphase in Eritrea zuende. Die Briten beendeten die italienische Herrschaft 1941, Wendepunkt war die

Schlacht von Keren (Februar/März).⁷³ Das italienische Ostafrika⁷⁴ wurde von der britischen Militärverwaltung übernommen, welche die verschiedenen regionalen Komponenten unterschiedlich behandelte und die Weichen stellte für das weitere Schicksal Eritreas⁷⁵ in Richtung auf jahrzehntelange Konflikte am Horn von Afrika.

Deutschland am Horn von Afrika?

Schon seit dem Mittelalter hatten Deutsche immer wieder Interesse am orbis aethiopicus entwickelt und auch frühe Beiträge zur Erforschung⁷⁶ des Horns von Afrika geleistet. Als im 19. Jahrhundert immer mehr Europäer als Missionare, Abenteurer und Forscher in die Region kamen, waren unter ihnen zunehmend auch Deutsche. Allerdings gab es vor der Neugründung des Deutschen Reiches 1871 aus naheliegenden Gründen keine deutschen imperialistischen Bemühungen um eine Position am Horn. Um die Mitte des 19. Jahrhunderts kam der deutsche Kapitän Hans-Albert Rodatz⁷⁷ nach Massawa, von wo er ins Landesinnere nach Tigray weiterreiste. Dort wollte er für die Hamburger Firma Oswald Handelsbeziehungen anbahnen und eine Handelsniederlassung am Roten Meer einrichten. Solinger Klingen, Glas und Textilien sollten gegen Elfenbein, Perlmutter, Kaffee und andere lokale Waren eingetauscht werden.

Während sich deutsche Kolonialbestrebungen weiter südlich im heutigen Tansania konkretisierten und verstetigten und sich vorübergehend ein deutsches Engagement im Sultanat Witu im heutigen Kenia abzuzeichnen schien, waren deutsche Interessen weiter nördlich eher beschränkt: Die deutsch-ostafrikanische Gesellschaft schloss Mitte der 1880er-Jahre Verträge mit Herrschern an der Somaliküste, wo man von einer Verbindung mit Deutschland die Möglichkeit erhoffte, den Ansprüchen und dem Zugriff des Sultanats Sansibar zu begegnen. Carl Peters, der als Gründer der Kolonie ›Deutsch-Ostafrika‹ gilt, ebenso wie Gerhard Rohlfs, seit 1885 deutscher Konsul in Sansibar, befürworteten zeitweise eine Ausdehnung des deutschen Einflussbereichs auf die Somaliküste, wo es bereits zu mehreren Absprachen und Aktionen deutscher Kaufleute gekommen war. Ein deutsches Kanonenboot erschien vor der Somaliküste, in Buur Gaabo ganz im Süden Somalias unweit der kenyanischen Grenze wurde die Flagge der deutsch-ostafrikanischen Gesellschaft gehisst und der Ort – allerdings ohne den offiziellen Segen dafür erhalten zu haben – ›Hohenzollernhafen‹ genannt.⁷⁸ Doch Berlin war zu einem direkten Kolonialengagement nicht bereit, vor dem Bismarck warnte. Ein solches hätte Vereinbarungen mit den Briten widersprochen und zu Spannungen mit Italien geführt. Die zu erwartenden wirtschaftlichen Vorteile, das sah Bismarck sehr klar, standen in keinem Verhältnis zu Aufwand und Risiken eines Kolonialabenteurs in Somalia. Das Unternehmen stand unter keinem günstigen Stern: Karl Ludwig Jühlke, der Beauftragte der Deutsch-ostafrikanischen Gesellschaft, wurde 1886 ermordet. Die von ihm für

Deutschland beanspruchten Gebiete fielen 1890 im Helgoland-Sansibar-Vertrag definitiv an die britische Seite.

Erst relativ spät entschloss sich Deutschland, offizielle diplomatische Beziehungen zu Äthiopien aufzunehmen.[79] Wilhelm II. ernannte den ihm persönlich bekannten Friedrich Rosen[80] zum Leiter einer Delegation an den Hof von Kaiser Menilek II., welche im Dezember 1904 aufbrach.

Damit erfolgte eine späte Reaktion auf mehrere Briefe, die der salomonische Herrscher an den deutschen Kaiser gerichtet hatte, um ein Gegengewicht zu schaffen gegen die drei Kolonialmächte Großbritannien, Frankreich und Italien, von denen sich Äthiopien nicht zu unrecht bedrängt fühlte und die das äthiopische Reich mit ihren Kolonialgebieten eingekreist hatten. Auch erhoffte Menilek deutsche Unterstützung bei der Modernisierung seines Reiches. Der im März 1905 abgeschlossene Freundschafts- und Handelsvertrag war ein Ergebnis des Besuchs, ebenso die Aufnahme diplomatischer Beziehungen zwischen beiden Ländern auf dieser Grundlage. Zwar blieben die wirtschaftlichen Vorteile bescheiden, aber die Mission Rosens wurde ein wissenschaftlicher Erfolg, ermöglichte sie doch die Deutsche Aksum-Expedition, die einen entscheidenden Fortschritt in der wissenschaftlichen Erschließung des Reiches von Aksum brachte und damit auch einen Beitrag zur äthiopischen Identität leistete.

7 Äthiopien unter Hayle Selassie – das Ende des salomonischen Reiches

Kaiserinnen am Horn von Afrika?

Menilek verhalf in seinen letzten Lebensjahren, als er schwer von Krankheit gezeichnet war und die Regierungsgeschäfte nicht mehr allein führen konnte, seiner Frau Taytu[1] zu einer herausragenden Position. Taytu Betul war zwei Tage nach Menilek im Oktober 1889 zur ›Etege‹,[2] wie der offizielle Titel der Gattin eines salomonischen Kaisers lautete, gekrönt worden. Menilek hatte seine Frau ständig gefördert, ihr Ländereien, sogar eigene Truppen übertragen, die bei der Schlacht von Adwa zum Einsatz kamen, und auf ihren Rat gehört. Bei der Schlacht von Adwa leistete sie selbst mit einer Gruppe Frauen den Verwundeten erste Hilfe.

Ihre Regentschaft im Namen Menileks 1909 war nur vorübergehend.

Taytu geriet in Verdacht, den von Menilek selbst zum Thronfolger ernannten Iyasu Mikael, einen Enkel des Kaisers, ausschalten zu wollen zugunsten von Menileks Tochter Zawditu und ihrer Familie. Taytu wurde deshalb 1910 aus der Politik verdrängt und auf die Pflege des sterbenden Kaisers beschränkt. Iyasu übernahm dann als Jugendlicher faktisch die Regentschaft, führte rechtliche und fiskale Reformen durch, ohne jedoch darauf zu verzichten, die Reformen auch zu seinen persönlichen Zwecken zu manipulieren. 1912 unternahm er eine Expedition in die Gimira-Region im Südwesten des Landes an der sudanesischen Grenze, in deren Verlauf Zehntausende versklavt und deportiert wurden. Iyasu versuchte seine Macht zu festigen, indem er seinen Vater zum König von Wello und Tigray krönte und, wie es seit jeher üblich gewesen war, Vertraute in wichtige Positionen brachte. Damit irritierte er viele im Land, vor allem den Adel in Schewa, der die unter Menilek ausgebaute Rolle der Region gefährdet sah durch diese Machtkonzentration im Norden. Auch aus dem Ausland blickte man mit zunehmendem Misstrauen auf den jungen Regenten, beobachtete man doch seinen vertrauten Umgang mit osmanischen Diplomaten, verdächtigte ihn gewisser Sympathien für die Mittelmächte und sah mit Missfallen, dass er somalische Aufständische unterstützte. Dies schien Iyasus Nähe zum Islam zu belegen, welche auch die äthiopische Kirche argwöhnisch betrachtete. Er wurde anlässlich einer Reise nach Harar im September 1916 wegen Apostasie, Missachtung von Menileks Erbe und Provokation der europäischen Großmächte gestürzt,[3] wobei Großbritannien nicht unbeteiligt war. Zawditu, Menileks jüngste Tochter, sollte zur Kaiserin gekrönt und Teferi Mekonnen als Thronfolger aufgebaut werden.

Zawditu (1876–1930), durch eine enge Beziehung zu ihrer Stiefmutter Taytu geprägt, war seit Menileks Tod unter Hausarrest gestanden, denn sie wurde offenbar persönlicher Ambitionen verdächtigt und somit als Gefahr für den jugendlichen Thronfolger Iyasu betrachtet. Mit dessen Sturz kam ihre Stunde. Hatte Taytu es vor allem dem Vertrauen ihres Ehemannes zu verdanken, dass sie vorübergehend Einfluss und einen Sitz im Kronrat bekam, wurde Zawditu am 11. Februar 1917 offiziell zur Kaiserin – Negeste Negestat – gekrönt, nachdem sie bereits seit Herbst 1916 die Funktion der Herrscherin ausgeübt hatte.

Abb. 16: Kaiserin Zawditu.

Dass eine Frau auf den salomonischen Thron gelangte, war kein Zeichen einer spektakulären gesellschaftlichen Entwicklung, kein Symptom eines aufsehenerregenden Emanzipationsprozesses am erzkonservativen Horn von Afrika. Die Adeligen von Schewa fanden keinen geeigneten und von allen akzeptablen Kandidaten – Zawditu hingegen war nicht nur Enkelin Menileks und verwandschaftlich verbunden mit Yohannes IV., sie war auch gut vernetzt mit den Adeligen des Nordens. Zawditu war gerade nicht von politischem Ehrgeiz getrieben, hatte im Gegenteil nie entsprechende Ambitionen gezeigt, was ihr vielleicht ebenfalls zugute gekommen sein mag, musste sie von ehrgeizigen Thronprätendenten wie etwa Teferi Mekonnen, nicht gefürchtet werden. So war eine Frau auf dem Kaiserthron wohl vor allem ein Ergebnis der Umstände. Erstmals nahmen 1917 offizielle Vertreter europäischer Staaten an einer äthiopischen Kaiserkrönung teil.

Geführt wurde das Reich allerdings von einem ›Dreigestirn‹ – Zawditu wurde flankiert von Teferi Mekonnen (1892–1975), Cousin von Menilek II. und wie sein Vater lange Zeit Gouverneur von Harar, der selbst Ambitionen auf den Thron hegte, sowie Habte Giyorgis (1854–1926), der als Jugendlicher bei einer der Militärexpeditionen, die von Schewa aus ins Gurageland unternommen wurden, gefangen genommen worden war. Er war unter die persönliche Obhut von Menilek gekommen und in seinen Diensten bis zum General aufgestiegen. Als Menilek begann, seine Regierung nach moderneren Prinzipien zu organisieren und ein erstes äthiopisches Kabinett einrichtete, wurde Habte Giyorgis zum Kriegsminister ernannt. Nachdem schließlich der Kaiser aufgrund mehrerer Schlaganfälle nicht mehr in der Lage war, das Reich zu führen, avancierte Habte Giyorgis, der schon lange im Süden eine bedeutende Rolle gespielt hatte, zu einem wichtigen Strippenzieher[4] und übernahm eine der führenden politischen Rollen im Reich. Er agierte dabei oft aus dem Hintergrund, war 1910 an der Kaltstellung der ›gefährlichen‹, weil ehrgeizigen und aktiven Gattin und Witwe Menileks beteiligt. Auch in die Absetzung von Thronfolger Iyasu war er involviert, ebenso spielte er eine führende Rolle in den darauffolgenden militärischen Auseinandersetzungen mit Iyasus Vater und der Behauptung der Dominanz von Schewa im äthiopischen Reich. In der Folge gelang es dem neuen Thronfolger Teferi Mekonnen, seine Macht, auch auf Kosten der offiziellen Kaiserin, auszubauen. Er wurde eine Art faktischer Regent. Teferi Mekonnen und Habte Giyorgis standen in einem Spannungsverhältnis, respektierten sich aber offensichtlich. Jedenfalls kam es, trotz bestehender Divergenzen, nicht zu einem offenen Konflikt. Als 1918 vor dem Hintergrund wachsender öffentlicher Unzufriedenheit mit Misswirtschaft, Korruption und Nepotismus (die möglicherweise von Teferi geschürt worden war) fast das gesamte Kabinett ausgetauscht wurde, war Habte Giyorgis der einzige Minister, der sein Amt behielt.

Zawditu und Habte Giyorgis standen zusammen mit Abuna Matewos, dem Oberhaupt der orthodoxen äthiopischen Kirche, auf der eher konservativen Seite, während Teferi als Reformator und Modernisierer galt. Es gelang Teferi Mekonnen, noch während der Zeit der Herrschaft Zawditus, sich die Zustimmung der Kaiserin für seine ›progressiv‹ erscheinenden politischen Aktionen zu sichern. Dazu gehörte beispielsweise der Beitritt Äthiopiens zum Völkerbund ebenso wie ihre Zustimmung im Jahr 1924 zu einer Europareise Teferis und zum Verbot des Sklavenhandels.

Nach dem Tod von Habte Giyorgis im Jahr 1926, in dem auch Abuna Matewos, der andere Protagonist der konservativen Seite, starb, eskalierten die Spannungen zwischen der Kaiserin und dem jungen Regenten – es kam zu militärischen Konfrontationen. Jetzt fühlte sich Teferi Mekonnen in der Lage, den Griff nach der Macht zu wagen, nachdem Zawditu zwei wichtige Alliierte verloren hatte. Teferi setzte sich mit seinen relativ modern ausgerüsteten Kräften militärisch durch, Zawditu verlor ihre politische Macht, wenn sie auch weiterhin der Form halber dem Kronrat vorsaß. Im April 1930 verstarb die Kaiserin. Sie wurde neben ihrer Stiefmutter Taytu und ihrem Vater Menilek beigesetzt. Ihre 14-jährige Regierungszeit wurde im Wesentlichen geprägt von der Politik des Regenten Teferi Mekonnen und von Auseinandersetzungen, die anfangs hinter den Kulissen stattfanden, später offen und gewaltsam ausgetragen wurden. Zawditus Rolle blieb eher blass, ihre Jahre als Kaiserin ein Interregnum.

Auf dem Weg zur Macht – Teferi Mekonnens Regentschaft

Teferi Mekonnen, ein Cousin von Kaiser Menilek II., war bereits 1910 als 17-jähriger Gouverneur von Harar geworden. Er hatte dabei politische Erfahrung sammeln und einen Instinkt für Machtfragen entwickeln können. Am Sturz Iyasus 1916 war er wohl beteiligt, seither war er einer der Mitglieder der Führungsgruppe, die Äthiopiens Schicksal steuerte.

Dabei konnte er seine Rolle als Regent und designierter Thronfolger nutzen und seine Position mehr und mehr festigen. Bei der Rivalität zwischen Teferi, Habte Giyorgis[5] und Kaiserin Zawditu ging es nicht allein um machtpolitische Ambitionen, es wurden auch gegensätzliche politische Positionen deutlich. Teferi profilierte sich dabei als eher fortschrittlich – so bescheiden diese ›Fortschrittlichkeit‹ im erzkonservativen äthiopischen Kontext auch gewesen sein mag – gegenüber der Kaiserin und dem Vertreter der ›alten Ordnung‹, Habte Giyorgis. Es gelang dem jungen Regenten, deutliche politische Akzente zu setzen, die ihm im In- und Ausland zu Ansehen verhalfen, obwohl gerade die ersten Jahre aufgrund der wirtschaftlich schwierigen Lage, die der I. Weltkrieg geschaffen hatte, nicht einfach waren und Unzufriedenheit generiert hatten. Die Folge war die Entlassung des gesamten Kabinetts, wobei Teferi sich im Hintergrund hielt. Ergebnis war eine Stärkung des Dreigestirns. Teferi sah, anders als Habte Giyorgis, die besondere Bedeutung internationaler Beziehungen und übernahm selbst eine Art Außenministerfunktion. Seine Rechnung, Äthiopien den Siegermächten des I. Weltkriegs als Alliierten anzuschließen gegen eine Aufhebung des bestehenden Waffenembargos, ging nicht auf. Aber es gelang, ein Verbot des Sklavenhandels im Reich einzuführen, indem Zawditu entsprechende Ansätze ihres Vaters erneuerte und bekräftigte. Dieser Schritt, teilweise unpopulär in Äthiopien selbst, wo Sklaven seit der Antike ein wesentlicher Bestandteil des Gesellschafts- und vor allem Wirtschaftslebens gewesen waren, sollte das Wohlwollen der USA und der wichtigen europäischen Mächte gewinnen, die Vorbehalte gegen ein Land hatten, in dem noch offiziell die Sklaverei herrschte. Die Maßnahmen gegen den Sklavenhandel dienten auch dazu, die Zentralgewalt gegenüber der traditionellen Autonomie der Provinzgouverneure zu stärken, vielleicht auch der ökonomischen Schwächung der muslimischen Händlerklasse.

Erfolgreich war Teferis Bemühen um einen Beitritt Äthiopiens zum Völkerbund,[6] durch den das salomonische Reich aufgewertet wurde und sich als erster afrikanischer Staat auf einer Ebene mit den international anerkannten Staaten der Welt fühlen konnte. Teferi hatte dies nicht nur gegen das Misstrauen der ›zivilisierten‹ Welt, sondern auch gegen innere Widerstände derjenigen konservativen Kreise im Inneren durchsetzen müssen, die allen internationalen Verflechtungen misstrauisch gegenüberstanden. Die Aufnahme in den Völkerbund[7] erfolgte unter der Bedingung, bestehende internationale Konventionen gegen die Sklaverei strikt anzuwenden.

Auf äthiopischer Seite versprach man sich auch von einer Mitgliedschaft im Völkerbund einen besseren Schutz gegen Ambitionen der Kolonialmächte, von denen das Land umgeben war. In der Tat wehrte sich Äthiopien 1926 im Völkerbundskontext erfolgreich gegen britische und italienische Versuche, dem Land die Konkretisierung der Aufteilung des salomonischen Reiches in Wirtschaftseinflusszonen, wie sie im trilateralen Abkommen von 1906 von den Kolonialmächten vereinbart worden war, aufzuzwingen.

Der Regent unternahm auch Auslandsreisen, um seine Person und die Bedeutung seines Reiches im internationalen Rahmen besser zur Geltung zu bringen. Zunächst führten ihn Reisen ins regionale Umfeld, 1922 ins französische Dschibuti, das für Äthiopiens Außenhandel von herausragender Bedeutung war, sowie ins britische Aden.

1924 erfolgte dann eine große Europareise, die den Thronprätendenten u. a. nach England, Frankreich, Deutschland und Italien führte. Auf dieser viel beachteten Reise wurde er auch vom Papst empfangen – es war der Beginn einer Intensivierung der äthiopischen Beziehung zur Katholischen Kirche, die zunehmend Aktivitäten am Horn von Afrika entfaltete und dabei auf Ordensarbeit des 19. Jahrhunderts aufbauen konnte. Zwar wurde das Ziel, Äthiopien einen Zugang zum Meer zu verschaffen, auch auf dieser Reise nicht erreicht. Aber Äthiopien und sein künftiger Kaiser rückten zunehmend in den Fokus der Weltöffentlichkeit, gewannen Verständnis und Sympathien. Das Projekt, Äthiopien in Einflussbereiche auswärtiger Mächte aufzuteilen, trat in den Hintergrund. 1928 kam es im August sogar zu einem regelrechten Abkommen zwischen Äthiopien und Italien. Italien verstand es als einen weiteren Schritt zur ökonomischen Durchdringung Äthiopiens, vereinbarte eine Straße von Eritrea nach Äthiopien. Äthiopien erhielt eine Freihandelszone am eritreischen Hafen Asab. Divergenzen zwischen den beiden Partnern sollten im Rahmen des Völkerbundes beigelegt werden. Doch waren die Interessengegensätze so stark, dass das Abkommen kaum positive Wirkung entfaltete, sondern eher Irritationen erzeugte, wie sie im italienisch-äthiopischen Verhältnis in der damaligen Situation unvermeidbar waren.

Der Tod von Habte Giyorgis 1926 stärkte die Position von Teferi Mekonnen, der nun einen mächtigen Konkurrenten – zwar nicht um den Thron, aber um die Macht im Reich – weniger hatte. So erhielt er im Jahr 1928 die Würde eine ›Negus‹ und konnte 1930 auch den ehemaligen Ehemann der Kaiserin, Gugsa Wele,[8] der ein Neffe von Menileks Gattin Taytu war, ausschalten.[9] In dieser zweifelhaften Militäroperation, in der Gugsa Wele mehr Opfer als Gegner war, wurde erstmals in Äthiopien ein Flugzeug eingesetzt. Kaiserin Zawditu starb bald darauf.

Der Weg zum Thron war für Teferi Mekonnen jetzt frei.

Der letzte Kaiser (I) – bis zur italienischen Okkupation

Am 2. November 1930 wurde Teferi Mekonnen als Hayle Selassie I. zum Kaiser gekrönt im Beisein internationaler Würdenträger. Am Tag nach der Beerdigung Zawditus war er bereits zum Neguse Negest proklamiert und inthronisiert worden (3. April 1930). Schon im Jahr darauf wurde die erste Verfassung[10] des salomonischen Kaiserreichs promulgiert, die im Grunde sehr konservativ war und besonders das Gottesgnadentum bezüglich des Herrschers festschrieb, nach außen aber als fortschrittliches Symbol eines ›modernen‹ Äthiopien dargestellt wurde. Ihr japanophiler Verfasser ließ sich von der japanischen Verfassung der reformorientierten Meiji-Periode inspirieren, da auch Japan[11] Reform und Moderne vereinte mit sakrosanktem Kaisertum. Diese geistig-politische Bindung erhielt ihren wirtschaftlichen Unterbau durch umfangreiche japanische Exporte (besonders Textilien) nach Äthiopien.

Zwar sah die Verfassung ein Zweikammerparlament vor, das aber westlich-demokratischen Ansprüchen kaum genügte, weil es nur beschränkte Befugnisse hatte. Das dynastische Prinzip wurde auf direkte Nachfahren des Kaisers eingeengt, während in der bisherigen Geschichte der Dynastie die Gesamtfamilie für die Kaiserwürde infrage gekommen war, was jedoch einen destabilisierenden Effekt gehabt und immer wieder zu Unruhe und zu Konflikten geführt hatte. Insgesamt wurde die Position des Kaisers gefestigt, die Rolle der Dynastie bestätigt. Direkte Wahlen waren noch nicht vorgesehen.

Die international viel beachtete prunkvolle Krönung von Ras (so sein offizieller Titel vor der Ernennung zum Negus) Teferi sowie seine wenige Jahre zuvor erfolgte aufsehenerregende Europareise gab den Anstoß zur Entstehung der Rastafari (Ras Tafari)-Bewegung in Jamaika.[12] Die Krönung wurde als Erfüllung einer biblischen Prophezeiung betrachtet und der angehende Kaiser als Verkörperung des Göttlichen. Aus jamaicanischer Volksfrömmigkeit, Anti-Sklaverei-Bewegung, schwarzem Nationalismus, einer Äthiopien-Ideologie und eigenwilligen Bibel-Interpretationen entstanden eine diffuse Ideologie, Lebensart und Kultur, die sich in zahlreichen Nuancen und Variationen ohne festgefügte Systematik, zentrale Führung, Autorität oder Einheitlichkeit äußerten und eine starke Anziehungskraft entwickelten, auch außerhalb Jamaicas. Charakteristisch wurde eine gewisse Haartracht, die international vor allem durch den Reggae-Sänger Bob Marley Bekanntheit erlangte. In Schaschemene im Oromogebiet Zentraläthiopiens, 250 km südlich der Hauptstadt Addis Abeba, hat sich ein Rastafari-Zentrum internationaler Prägung gebildet. Die große Mehrheit der Rastafari-Bewegung jedoch kam nicht aus Äthiopien und Äthiopien hatte mit der Bewegung im Grunde wenig zu tun.

Innerhalb des Reiches setzt in der frühen Regierungszeit Hayle Selassies, bereits in der Periode vor seiner Erhebung zum Kaiser, eine deutliche Europäisierung ein. Sein Straßenbauprogramm, das nicht auf die Hauptstadt beschränkt blieb, sondern auch Überlandstraßen umfasste, führte dazu, dass eine wachsende Zahl Kraftfahrzeuge ins Land kam. Elektrifizierung und Telefonleitungen verbesserten die Kommunikation und den, wenn auch bescheidenen, Wirtschafts- und Handelsaufschwung.

Schulen und öffentliche Gebäude wurden in den wichtigeren Städten im Land gebaut. Bis in die zweite Hälfte des 19. Jahrhunderts hatte es kaum eine nach systematischen und organisatorischen Grundsätzen strukturierte Verwaltung gegeben. Die dann entstandenen Ansätze wurden jetzt energisch weiterentwickelt. Die Finanzverwaltung wurde ausgeweitet, besser ausgestaltet und auf die

Provinzen ausgedehnt, die in engere Abhängigkeit zur Zentralregierung gebracht wurden. Bei all diesen Modernisierungsvorhaben spielten private Investitionen eine wachsende Rolle. Hayle Selassie gründete die ›Bank of Ethiopia‹, deren Vorgängerin zu sehr unter europäischer Kontrolle gestanden war. Die Abhängigkeit des Landes vom internationalen Silbermarkt (Maria-Theresien-Taler) wurde reduziert, Papiergeld wurde eingeführt. Man warb europäische Fachleute an – Experten, nicht westliche Regierungsvertreter – und platzierte sie in vielen Institutionen, um die neu entstehenden Einrichtungen des Reiches nach europäischem Vorbild effizienter zu organisieren.

Die Wirtschaft des Reiches war ebenfalls einem fundamentalen Wandel unterworfen. Bislang hatte es vor allem lokale und regionale Märkte gegeben, einige Karawanenstraßen verbanden das Landesinnere mit der Küste. Der Handelsumfang blieb jedoch verhältnismäßig gering und die Vielfalt der Handelswaren, die so den Anschluss an den Fernhandel fanden, blieb beschränkt. Jetzt wurde die Wirtschaft zunehmend exportorientiert. Von 1928 bis 1932 verdreifachte sich das Volumen des Kaffeehandels in Addis Abeba,[13] der Anbau wurde als wichtige Geldquelle intensiviert. Der Süden als Hauptkaffeeanbaugebiet gewann an Bedeutung und Anschluss an die Weltwirtschaft, brachte der Regierung auch höhere Einkünfte. Der Sklavenhandel[14] allerdings ging, nicht zuletzt aufgrund internationalen Drucks, zurück. Er wurde unter dem an internationaler Anerkennung interessierten Kaiser[15] erneut verboten (1924/31),[16] dennoch ging der Handel mit Menschen, in den auch Vertreter des Establishments involviert waren, noch Jahre weiter.

Europäer spielten besonders im militärischen Bereich eine wichtige Rolle: Im Dezember 1934 wurde mit schwedischer Hilfe eine Militärakademie eröffnet. Schon zuvor hatte Belgien äthiopische Einheiten ausgebildet, doch waren es nicht mehr als ca. 3000 Mann, die militärisch nach europäischen Maßstäben trainiert waren. Auch die Frage von Waffenkäufen durch Äthiopien blieb ein international diskutiertes Thema. In Europa ließen die Vorbehalte gegen Waffenkäufe durch Addis Abeba nach. Man gelangte zur Überzeugung, dass die äthiopische Regierung Waffen zur Aufrechterhaltung der inneren Sicherheit benötigte und Waffenlieferungen in beschränktem Umfang keine Gefahr für die Präsenz der europäischen Mächte darstellte, sondern einen Beitrag zur Stabilisierung am Horn von Afrika leisteten. Die Italiener mussten angesichts des britisch-französischen Einverständnisses ihre Bedenken zurückstellen und es kam am 21. August 1930 zur Unterzeichnung eines trilateralen Abkommens über Waffenhandel mit dem salomonischen Reich.

Italien bemühte sich seit den 1920er-Jahren darum, eine Situation zu schaffen, in der es Äthiopien seinem Italienisch-Ostafrika, das bis dahin nur aus Somalia und Eritrea bestand, einverleiben könnte. Dabei kam der italienischen Großmachtpolitik entgegen, dass Frankreich immer weniger Interessen an der Region hatte, die über Dschibuti und die Bahnlinie von dort nach Äthiopien hinausgingen – von dieser Seite war also kaum Widerstand zu erwarten. Frankreich war viel mehr daran interessiert, dass Italien sich von Tunesien fernhielt, wo es zeitweise stark engagiert war. Auch Großbritannien hatte keine unmittelbaren Interessen in Äthiopien zu verteidigen, abgesehen von der ungehinderten Nilwasserzufuhr für den Sudan und Ägypten. Somit richtete sich der britische Blick vor allem auf den Abbay (den blauen Nil)[17] und den Tana-See, wo Äthiopien schon seit Anfang des 20. Jahrhunderts den Briten den Bau eines Dammes verwehrte.

So war es nur noch eine Frage der Zeit, bis das faschistische Italien zu einem offenen Angriffskrieg gegen Äthiopien bereit sein würde. Anlass wurde ein Zwischenfall in Ogaden, der Region im Osten Äthiopiens an der somalischen Grenze, die größtenteils von Somalis bewohnt war, in welche die Italiener immer wieder eindrangen, Unzufriedenheit schürten und Äthiopien sich somit provoziert fühlte.

Der Welwel-Zwischenfall[18] von November/Dezember 1934 bot dem faschistischen Italien endlich die erwartete Gelegenheit, die Situation eskalierte, Ende September 1935 begann die italienische Invasion Äthiopiens von Eritrea aus, ohne dass England und Frankreich reagiert hätten. Die Lage wurde für Hayle Selassie militärisch immer unhaltbarer und am 2. Mai 1936 erfolgte die Ausreise des salomonischen Kaisers mit der Eisenbahn nach Dschibuti. Äthiopien wurde zur italienischen Kolonie, auch wenn der Völkerbund Italien als Agressor bezeichnete und – relativ milde – Sanktionen verhängte. Hayle Selassie aber war in der Weltöffentlichkeit präsent und wurde im Schicksalsjahr 1936 von der Zeitschrift ›Time‹ demonstrativ zum ›Mann des Jahres‹ gekürt.[19]

Ca Custa Lon Ca Custa – um jeden Preis:[20] Africa Orientale Italiana

Der Adwa-Komplex, unter dem Italien seit 1896 gelitten hatte und der den Faschisten[21] mehr zusetzte als allen anderen Italienern, war einer der Gründe für die Eroberung ganz Äthiopiens durch Italien. Benito Mussolini (1883–1945), seit 1922 Premierminister und seit 1925 Diktator Italiens, hatte deshalb die Eroberung Äthiopiens[22] zu seinem persönlichen Anliegen gemacht und verdeutlicht, dass er für dieses Ziel jede Summe ausgeben und soviel Mittel einzetzen werde wie auch immer nötig. Eritrea wurde zum Aufmarschgebiet für die Invasion, die in den 1930er-Jahren nur noch eine Frage der Zeit war.

Ein italienisch-äthiopisches Zusammentreffen in Welwel (Ogaden)[23] führte im Dezember 1934 zu einer kleineren militärischen Auseinandersetzung, die – guten Willen beider Seiten vorausgesetzt – leicht hätte beigelegt werden können. Da auf italienischer Seite der Wille zu gütlicher Einigung gänzlich fehlte, konnte auch eine Befassung des Völkerbundes keine Lösung des Konfliktes bringen. Italien fühlte sich durch ein Abkommen mit Frankreich vom Januar 1935 gestärkt, das bestätigte, Frankreich habe keine Interessen in Äthiopien im Austausch gegen Italiens Verzicht auf Rechtshoheit über seine Staatsbürger in Tunesien.

Die internationale Gemeinschaft war vor dem Hintergrund der deutsch-italienischen Achse nicht bereit, die äthiopische Position mehr als symbolisch zu unterstützen oder gar Italien energisch in die Schranken zu weisen. Äthiopien bereitete sich nur zögerlich auf einen Krieg vor, der es völlig überfordern musste, da es logistisch und waffentechnisch für den Konflikt mit einer europäischen Macht nicht gerüstet war – Gegner war nicht mehr das Italien von 1896. Es war abzusehen, dass niemand bereit war, Äthiopien wirklich beizustehen.[24] Italien verlegte starke Truppenverbände ans Horn von Afrika, doch in Addis Abeba hoffte man immer noch auf eine diplomatische Lösung. Erst als Anfang Oktober 1935 die Italiener die Grenze zu Äthiopien überschritten hatten, erfolgte die äthiopische Generalmobilmachung.

Auf breiter Front rückten die Italiener am 3. Oktober mit über 100 000 Mann unter General Emilio de Bono[25] von Norderitrea aus über den Mereb nach Äthiopien vor, eine Kriegserklärung war nicht erfolgt. Der äthiopische Widerstand war schwach und brach schnell zusammen. Ein zweiter Vorstoß folgte vom Süden Eritreas aus und aus Somalia rückte General Graziani (1882–1955), seit Februar 1935 Gouverneur von Somalia, nach Norden vor und erreichte die Hauptstadt Addis Abeba 1936. Als überzeugter Faschist profilierte sich Graziani auch hier als Kriegsverbrecher, Rassist und Unterdrücker, der keine Hemmungen hatte, Rot-Kreuz-Krankenhäuser zu bombardieren. Trotzdem oder gerade deswegen wurde er zunächst zum ›Marschall von Italien‹, im Juni 1936 dann zum Viceré (Vizekönig) von Äthiopien ernannt. Ein englisch-französischer Versuch, den Krieg zu beenden, der Hoare-Laval-Plan,[26] kam nie zur Anwendung, da er weltweit auf Ablehnung stieß wegen seiner Bevorzugung Italiens. Bis März/April 1936 hatten die Italiener die Eroberung[27] des Landes, auch unter Einsatz von Giftgas und mit Hilfe von Massenhinrichtungen, so weit vorangebracht, dass dem äthiopischen Kaiser nur die Wahl blieb, sich den Italienern zu ergeben oder zu fliehen. In dieser Lage fielen einige Oromo-Gruppen mit von Italien gelieferten Waffen den Äthiopiern und dem sich weiter zurückziehenden Kaiser in den Rücken. Es gab Oromo-Kreise, die hofften, im Zuge der Entwicklung im Westen Äthiopiens einen Staat[28] gründen zu können, was von britischer Seite in der Hoffnung, so den britischen Einfluss festigen zu können, freundlich begleitet wurde. Der schnelle italienische Vorstoß machte solche Pläne freilich zunichte. Der Kronrat beschloss Anfang Mai, dass der Kaiser das Land verlassen solle, um damit zum Ausdruck zu bringen, dass Äthiopien sich nicht ergebe. Ein Verbleiben im Land, wie manche es forderten, hätte zweifellos zu seiner Gefangennahme durch die Italiener geführt.

Am 2. Mai 1936 verließ Kaiser Hayle Selassie in einem Sonderzug seine Hauptstadt und erreichte am folgenden Tag Dschibuti. Nur Tage später, in denen in Addis die öffentliche Ordnung zusammengebrochen war und Plünderungen stattgefunden hatten, marschierten die Italiener in Addis Abeba ein. Am 9. Mai wurde die Annexion Äthiopiens in Rom bekannt gegeben, Italiens König Vittorio Emmanuele III. wurde zum äthiopischen Kaiser proklamiert, der Mussolini als ›militärisches Genie‹[29] rühmte, ein Epithet, mit dem sich alle Faschistenführer lobten oder von ihren Wasserträgern auszeichnen ließen.

Hohe technische Überlegenheit der italienischen Truppen, ihr Einsatz von Giftgas und die organisatorischen sowie strategisch-taktischen Fehler der äthiopischen Seite hatten den Ausgang des Krieges[30] bestimmt.

Freilich war mit dem militärischen Erfolg der Italiener keine vollständige Kontrolle des riesigen Territoriums des salomonischen Reiches verbunden. Eine provisorische äthiopische Regierung war weiterhin im Land und Widerstand formierte sich. Emmeru, der von Hayle Selassie eingesetzte Regent, ergab sich zwar Ende 1936 den Italienern. Aber einen äthiopischen Widerstand gab es weiterhin. Abiturienten, Schüler der Militärakademie und eritreische Deserteure bildeten eine Gruppierung, in deren Führung aber auch Persönlichkeiten des (früheren) Establishments vertreten waren und die auch intellektuelle Ansprüche erhob (etwa in Form einer ›fortschrittlichen‹ Verfassung).[31] Die ›Tekur Anbesa‹, die ›schwarzen Löwen‹ waren bis Ende 1936 aktiv, konnten sogar erfolgreiche Aktionen durchführen,[32] gaben dann jedoch auf wegen der italienischen Repressalien gegen die Zivilbevölkerung. Viele von ihnen wurden im Graziani-Massaker 1937 ermordet.

Verschiedene Widerstandsgruppen bildeten sich aber in mehreren Regionen und unternahmen immer wieder Attacken auf italienische Ziele im Land, auch wenn sie verstreut und ohne einheitliche Führung agierten.

Am 1. Juni 1936 wurden die Territorien von Äthiopien, Eritrea und Somalia zu einer einheitlichen Kolonie unter der übergreifenden Bezeichnung ›Africa Orientale Italiana‹ (AIC) zusammengefasst. Jetzt wurde begonnen, traditionelle Strukturen aufzubrechen, historische Bindungen und Loyalitäten zu lösen und Zusammengehörigkeitsgefühl zu zersetzen.

Ethnische Partikularismen wurden gefördert und neue Verwaltungseinheiten nach ethnischen Gesichtspunkten gebildet. Muslime wurden bevorzugt, da die größte und leistungsfähigste Solidar- und Loyalitätsgemeinschaft in AIC das christlich dominierte und definierte salomonische Reich war, dessen (christliche) Identität und Kohärenz es zu zerstören galt. Aus demselben Grund wurde die äthiopische Reichskirche benachteiligt.

Der Staat, den Menilek und Hayle Selassie aufgebaut hatten und der eine Widerstandsstruktur gegen die italienische Herrschaft bilden konnte, musste demontiert werden, seine Funktionsfähigkeit vernichtet.

Deshalb war die italienische Herrschaft[33] nicht nur militärisch zu festigen, nicht nur Heer und Machtelite Äthiopiens mussten ausgeschaltet werden – es ging darum, ethnische und religiöse Gegensätze zu schüren und im Sinne der Kolonialherren zu nutzen. So wurden neue Provinzen geschaffen bzw. Regionalgrenzen verändert. Auf diese Weise kamen Teile Tigrays zur Provinz Eritrea, die bereits über 40 Jahre italienisch war. Ogaden mit seiner überwiegend somalischen Bevölkerung kam zu Somalia, das auch schon Jahrzehnte Besitz Italiens war. Italien gewährte im Zuge seiner Politik des ›divide et impera‹ den Oromo eine Vorzugsbehandlung, um in ihnen ein Gegengewicht gegen die (im Sinne des salomonischen Reiches) ›staatstragenden‹ Amharen zu haben. Die Kooperationbereitschaft der Oromo mit der neuen Kolonialmacht hatte sich bereits während der Eroberung gezeigt. Die Regionalsprachen wurden bewusst gefördert und erhielten neben dem Italienischen in den jeweiligen Provinzen offiziellen Status. ›Bürger‹ im eigentlichen Sinne waren aber nur Italiener (und sonstige Ausländer aus ›entwickelten‹ Staaten), die Einheimischen waren Untertanen (sudditi) – eine Unterscheidung, mit der die Italiener schon in Eritrea Erfahrungen gemacht hatten. Die Einwohner des Landes hatten zwar kulturelle und auch rechtliche Autonomie sowie Religionsfreiheit, wurden andererseits jedoch auch diskriminiert, etwa durch weitgehenden Ausschluss von höherer Bildung und Beschränkung auf subalterne Posten in der Verwaltung. Die Bestimmungen im Personenstands- und Familienrecht waren offen rassistisch. Nichtitalienische Missionare wurden ausgewiesen.

Lokale Führungsschichten versuchten die Italiener in beschränktem Rahmen einzubinden und für sich zu gewinnen, an sie wurden Aufgaben und Verantwortung delegiert. Diese ›politica dei capi‹[34] bemühte sich, bestehende Ressentiments gegen die (frühere) äthiopische Regierung zu nutzen, lokale Identitäten zu stärken und war vor allem da erfolgreich, wo sich ohnehin Vorbehalte gegen die Herrschaft des salomonischen Reiches gebildet oder gehalten hatten.

Insgesamt war jedoch die italienische Herrschaft unbeliebt und forderte durch ihre Härte und Kompromisslosigkeit zu Widerstand heraus. Nur in den größeren Orten konnten sich die Italiener einigermaßen sicher fühlen, überall sonst bestand für sie die Gefahr von Attacken des äthiopischen Widerstands, so wenig koordiniert er auch gewesen sein mag. Allein schon von der Größe des Landes her war es für die Italiener ein nahezu unmögliches Unterfangen, überall effiziente, umfassende Kontrolle auszuüben. Gerade Konvois über die weiten Strecken durch das Land waren verwundbar und riskant.

Aufsehenerregendster Anschlag war das Attentat[35] auf Vizekönig Graziani im Februar 1937 anlässlich einer öffentlichen Zeremonie. Zwei Eritreer,[36] Abraha Debotsch und Moges Asgedom, warfen Handgranaten, durch die es einige Tote und zahlreiche Verletzte gab, darunter Graziani selbst, der sich auf einem für die Attentäter ungünstigen Platz während des Anschlags befunden hatte und somit überlebte. Das Attentat bot den Italienern Anlass und Vorwand für umfangreiche Repressalien und Vergeltungsmaßnahmen, die als ›Graziani-Massaker‹[37] in die Geschichte eingegangen sind. In tagelangen Gewaltaktionen wurden mehrere Tausend Menschen, vielfach auf grausame Weise, ermordet, darunter vor allem auch Angehörige der äthiopischen Elite, deren Ausschaltung und Dezimierung eine willkommene Gelegenheit für die Faschisten war. Insgesamt sollen 10 000 Menschen[38] im Zuge des italienischen Gewaltausbruchs getötet worden sein (andere Schätzungen liegen wesentlich höher). Die Italiener waren überzeugt, auch klerikale Kreise seien in das Komplott verwickelt. Insbesondere das Kloster Debre Libanos[39] in Schewa geriet unter Verdacht, da einer der Attentäter dorthin Kontakte gehabt hatte. Das altehrwürdige Kloster wurde geplündert, teilweise zerstört und 1400 bis 2000 Geistliche (die Schätzungen variieren) wurden getötet. Erbeutete Wertgegenstände sollen die Faschisten nach Italien verbracht haben.

Im Oktober 1937 wurde Graziani abberufen und hoch dekoriert, im Dezember dann durch den etwas zivilisierteren Amedeo di Savoia,[40] Herzog von Aosta, einen Cousin des italienischen Königs, ersetzt.

Graziani wurde zwar nach dem Zusammenbruch des faschistischen Regimes in Italien zu einer Haftstrafe verurteilt, jedoch nach kurzer Zeit entlassen. Später engagierte er sich in einer neofaschistischen Partei.

Der neue Vizekönig zeichnete sich durch eine weniger brutale und repressive Beherrschung von Italienisch-Ostafrika aus und setzte auf einen konzilianteren Regierungsstil. Er schaffte die berüchtigten Militärgerichte ab, entließ viele Gefangene aus der Haft und nahm Äthiopier zumindest in bescheidene Positionen der Kolonialverwaltung auf. Dies entspannte zwar die Lage, führte aber nicht zu einem Ende des Widerstands der ›Patrioten‹. Durch den Ausbruch des II. Weltkriegs 1939 fühlten sie sich ermutigt. Der ehemalige Polizeichef von Addis Abeba, Abebe Aregai, übernahm die Führung des Widerstands. In Godscham galten bald weite Landstriche als ›befreit‹.

Italien erklärte den Alliierten im Juni 1940 den Krieg.

Im Zuge des Krieges wurde zunächst Britisch-Somaliland 1940 von Italien okkupiert, aber nur Monate später stießen im Januar 1941 alliierte Kräfte unter Beteiligung äthiopischer Einheiten aus dem Sudan und Kenia vor, unterstützt durch eine von Aden aus durchgeführte Landung in Berbera. Im Sudan hatten die Briten Ende 1940 unter dem Namen ›Gideon Force‹[41] eine Truppe aus Äthiopiern und europäischen Abenteurern gebildet, mit der dann der Kaiser wieder in Addis Abeba einziehen konnte. Der Zusammenbruch von Africa Orientale Italiana kam schnell – der Herzog von Aosta kapitulierte im April 1941 und verstarb im Jahr darauf in einem britischen Kriegsgefangenenlager in Kenia.

Das düstere Kolonialintermezzo des italienischen Faschismus in Äthiopien hatte keine sechs Jahre gedauert. Das ehemalige italienische Ostafrika kam nun vorübergehend unter britische Militärverwaltung.

Der letzte Kaiser (II) – Vom Neubeginn bis zum Ende des salomonischen Reiches

Nachdem der Kaiser Äthiopien verlassen hatte, reiste er von Dschibuti aus, mit einem Abstecher nach Jerusalem, ins britische Exil. Von dort aus begab er sich nach Genf, um am 30. Juni 1936 eine eindringliche Rede vor der 16. Vollversammlung des Völkerbunds[42] zu halten. Diese Rede, in der er Gerechtigkeit für sein Land und Maßnahmen gegen den Aggressor Italien forderte, hinterließ einen so starken Eindruck, dass von da an Äthiopien, sein Schicksal und sein Kaiser im Bewusstsein der Weltöffentlichkeit verankert waren und auf der Weltbühne präsent.

Wirksame Aktionen der internationalen Gemeinschaft gegen die italienische Eroberung Äthiopiens konnte die Rede freilich nicht bewirken.

Die Jahre der italienischen Kolonialherrschaft über Äthiopien verbrachte Hayle Selassie im englischen Bath, von wo aus er lose Verbindung zum Widerstand in seinem Land hielt. Die Briten tolerierten ihn, unterstützten ihn jedoch nicht, da sie dem italienischen Faschismus durchaus nicht von Anfang an feindlich gegenüber standen. Als Italien aber an Deutschlands Seite in den II. Weltkrieg eingetreten war und Großbritannien folglich energische Schritte gegen die italienische Kolonialpräsenz in Ostafrika einleitete, wurde der Kaiser in den Sudan gebracht, um von dort aus dem Widerstand in Äthiopien neue Impulse zu verleihen zur Unterstützung der britischen Militäroffensive. Anfang 1941 konnte er nach Godscham mit eigenen Kräften, die unter Auslandsäthiopiern rekrutiert worden waren, vorrücken und die Briten, die sie militärisch organisierten (Gideon Force), bei der Beendigung der italienischen Herrschaft unterstützen. Im Mai 1941 zog er nach fünfjährigem Exil wieder in Addis Abeba ein. Während die Briten prinzipiell der Errichtung eines unabhängigen Äthiopien unter seinem Kaiser zustimmten, war es ihnen zunächst unter Weltkriegsbedingungen noch wichtig, Kontrolle über die ehemals italienischen Kolonialgebiete zu behalten. Vereinbarungen zwischen Großbritannien und Äthiopien, wie der anglo-äthiopische Vertrag vom 31. Januar 1942, bestätigten zwar gewisse Rechte der Briten im Land, etwa auch deren Militärpräsenz in Ogaden und an der Grenze zu Britisch-Somaliland, doch bemühte sich die äthiopische Führung, sich von britischer Bevormundung zu emanzipieren, indem sie sich den USA zuwandte, in denen Hayle Selassie die aufsteigende Führungsmacht erkannt hatte. Dennoch versuchte Großbritannien, Eisenbahn-, Rundfunk- und Telegraphensystem Äthiopiens weiter zu kontrollieren sowie Sonderrechte im Land zu bewahren gegen Zahlungen an die Regierung des Landes. Addis Abeba bestand jedoch darauf, als Alliierter behandelt zu werden und erklärte als solcher in der Spätphase des II. Weltkriegs Deutschland noch den Krieg.

Zwar scheiterte der britische Versuch, Ogaden mit Britisch- und dem ehemaligen Italienisch-Somalia zu einem Groß-Somalia zusammenzuschließen, aber britische Truppen blieben noch Jahre nach Ende des Weltkriegs in Äthiopien. Auf der anderen Seite war die britische Präsenz auch hilfreich für die Zentralregierung, etwa bei der Niederschlagung des ›Weyane‹ (= Aufstands) 1943 in Tigray. Soziale Spannungen,[43] Gegensätze zwischen lokalen und nationalen Interessen, ethnische Rivalitäten, Schwierigkeiten beim Übergang von der italienischen Kolonial- zur kaiserlichen Administration und Defizite in der Verwaltung fielen zusammen mit den traditionellen Autonomiebestrebungen in den Regionen, besonders in Tigray, und führten zu einem Aufstand, der nicht ungefährlich war für die kaiserliche Regierung und leicht zu einer Abspaltung von Tigray hätte führen können. Die Revolte wurde mit Hilfe der britischen Luftwaffe niedergeschlagen. Sie war Vorbote für spätere Entwicklungen.

Hayle Selassie sah das Heilmittel für die aufkeimenden Probleme, die in der Aufstandsbewegung in Tigray nur einen ersten Höhepunkt gefunden hatten, in einer zentralistischen Politik, die er nun konsequent durchsetzte. Er war darauf bedacht, überall Vertrauensleute in wichtige Positionen zu bringen und zog, wie dies vielfach in verunsicherten vormodernen Machtsystemen der Fall ist, Entscheidungen auch in Detailfragen an sich. Der Kaiser verließ sich dabei weniger auf Familienmitglieder, mit denen die salomonischen Herrscher oft weniger gute Erfahrungen gemacht hatten, sondern stützte sich auf Mitarbeiter, die auf ihn angewiesen waren und nur durch ihn Einfluss gewonnen hatten und gerade deshalb an einem Fortbestehen der herrschenden Verhältnisse Interesse haben mussten.

Zentralisierung war auch Element einer offiziell geforderten Modernisierung, die zum Legitimationsnarrativ des äthiopischen Staates gehörte. Ebenso war eine konsequente Entwicklung des Erziehungswesens Komponente der äthiopischen Politik. Nicht jedoch eine Liberalisierung, Demokratisierung oder Einbindung

Abb. 17: Kaiser Hayle Selassie

weiterer gesellschaftlicher Kreise in die Entscheidungsfindung im Staat, ein öffentlicher Diskurs entstand nicht.

Für Hayle Selassie war die Rückgewinnung des fünf Jahrzehnte italienisch beherrschten Eritrea[44] ein sehr wichtiger Punkt, besonders wegen des Zugangs zum Meer. Dass er dabei seinem Land ein Problem schuf, das letztlich mit zum Sturz seiner Dynastie führte sowie eine politische und soziale Belastung auf Jahrzehnte bedeutete, war ihm nicht bewusst. Sein Weitblick blieb beschränkt, aber er war diplomatisch geschickt genug, die USA davon zu überzeugen, dass ein Anschluss Eritreas an Äthiopien auch ihren Interessen diente, gewährte er doch den Amerikanern eine Basis in Asmara und konnte sich als christlicher prowestlicher Herrscher in einem zunehmend für den Westen problematischen muslimischen Umfeld empfehlen. Die Wünsche und Bestrebungen der Eritreer ernst zu nehmen und in sein Denken und Handeln einzubeziehen, blieb außerhalb seines Horizonts. Dass auch traditionalistische Entwicklungsländer auf Einflüsse der modernen Realität eingehen mussten, wurde vielen am Horn von Afrika erst nach und nach verständlich. In Eritrea selbst gab es unterschiedliche Bestrebungen, die teilweise einen Anschluss an den Sudan (vorwiegend unter Muslimen), teilweise einen Anschluss an Äthiopien (mehrheitlich von Christen), teilweise aber auch schon völlige Unabhängigkeit favorisierten. Internationale Beobachter stellten darüber hinaus die Frage, ob Äthiopien – angesichts desolater Zustände im Land – überhaupt in der Lage sein würde, Eritrea zu regieren und zu verwalten.[45]

Mehr und mehr ergänzten sich äthiopische und amerikanische Interessen. Noch während des II. Weltkriegs hatten die USA 1941 beschlossen, dass Äthiopien in den Genuss des amerikanischen ›lend-lease‹-Programms kommen sollte.

Die USA sahen gegen Ende des II. Weltkriegs im Kontext der an Bedeutung gewinnenden Rivalität mit der Sowjetunion die Notwendigkeit, gerade auch in Afrika ihre Position auszubauen und Bündnisse mit konservativen Mächten zu schaffen, die als Alliierte gegen den wachsenden Sowjeteinfluss und von ihm geförderte sozialrevolutionäre Tendenzen fungieren konnten. Das einerseits aufstrebende und an (technischer) Modernisierung interessierte Kaiserregime, das andererseits allen gesellschaftlichen Veränderungen, die etwa nach links gehen würden oder auch nur in Richtung einer breiteren Partizipation und deshalb sowjetischen Interessen dienen würden, ablehnend gegenüberstand, schien hier ein Vorzugspartner. Äthiopien sah in den USA einen mächtigen, kolonial in Afrika nicht vorbelasteten Partner, der sowohl politischen Bestrebungen Äthiopiens zum Erfolg verhelfen als auch wirtschaftliche Impulse geben konnte und in der Lage war, Entwicklungsbemühungen zu unterstützen. Die USA halfen somit, eine Lösung im äthiopischen Sinn für die Eritrea-Frage zu finden. Hier hatten die USA schon 1943 seit der Übernahme des italienischen ›Radio Marina‹ den amerikanischen Horch- und Spionageposten Kagnew-Station[46] unterhalten, der für die nachrichtendienstliche Erfassung und Kontrolle der Region und weit darüber hinaus von Bedeutung war und dort bis 1977 bestand. Die USA halfen, eine äthiopisch-eritreische Föderation auf den Weg zu bringen, die ihren und den äthiopischen Interessen am ehesten zu entsprechen schien und den Eritreern als akzeptable Lösung ›verkauft‹ werden konnte.

Äthiopien erhoffte, erbat und erhielt starke amerikanische Militärhilfe und wirtschaftliche Unterstützung. Mehr als die Hälfte der US-Hilfe für Afrika ging nach Äthiopien. Äthiopien begann den Aufbau einer, wenn zunächst auch bescheidenen, Industrie.[47] Fleischverarbeitungsbetriebe und Gerbereien sowie Textilindustriebetriebe entstanden, ebenso lederverarbeitende und chemische Betriebe, Schuhfabriken, Speiseöl- und Zuckerraffinerien – begleitet von Straßen- und Schulbauprojekten. Die Industrieproduktion verdoppelte sich zwischen 1953 und 1957, die Zahl der in der Industrie Beschäftigten wuchs um fast die Hälfte.[48] Sowohl Exporte als auch Importe wuchsen um über 8 % pro Jahr. Das Bruttosozialprodukt nahm jedes Jahr um 5 % zu (bei einem Bevölkerungswachstum von damals erst 1,5 %). Kommunikationstechnik und die erfolgreiche Fluglinie des Landes machten die Verbindungen schneller und leichter, der Staatshaushalt wuchs, die medizinische Versorgung verbesserte sich. Weitgehend traditionell blieb die Landwirtschaft, die keine Priorität bei den Modernisierungsbemühungen genoss. Doch waren es vielfach landwirtschaftliche Produkte, die den Export belebten – wie z. B. Kaffee – oder die verarbeitet wurden. Auch das Schulwesen entwickelte sich. In Addis wurde 1943 das Hayle-Selassie-Gymnasium eröffnet, 1944 entstand die erste Lehrerbildungsanstalt im Land. Schulen in ausländischer Trägerschaft wurden ins Leben gerufen. Der Einsatz von Mitteln für den Erziehungsbereich war beträchtlich, 30 % der Grundsteuer wurden für das Schulwesen aufgewendet. 1952 besuchten 60 000 Schüler 400 Grund- und 11 Oberschulen[49] (1971 hatte sich diese Zahl bereits verzehnfacht). Diese Zahlen bedeuteten jedoch für ein Land von den Dimensionen und der Altersstruktur Äthiopiens noch keine flächendeckende schulische Versorgung. Weiterhin besuchten viele Kinder keine Schule, bildeten Analphabeten die Mehrheit der Landbevölkerung.

Allzuviel Aufklärung und ideologische Modernisierung war nicht im Sinn der Führung, auch war die Errichtung eines umfassenden Schulsystems mehr, als ein Land wie Äthiopien damals leisten konnte.

Das Selbstverständnis des Kaisers und das Bild, das er von ›seinem‹ Staat hatte, wird deutlich in der Verfassungsreform, die als Kernstück einer Rechtsreform 1955 stattfand und an der auch amerikanische Experten maßgeblich beteiligt waren.[50] Die neue Verfassung,[51] in der verschiedene westliche und japanische Einflüsse spürbar wurden, hatte einerseits Komponenten, die für Äthiopien neu waren und modern wirken mussten, wie Menschenrechte, die Errichtung einer Universität, die Einrichtung eines obersten Gerichtshofs zur Kontrolle der nachgeordneten Gerichte und die Einführung des allgemeinen Wahlrechts (für eine Kammer des Parlaments, die andere setzte sich aus vom Kaiser ernannten Vertretern zusammen), doch gewählt konnte nur werden, wer Vermögen besaß.[52] Andererseits brachte die Verfassung weiterhin die Dominanz des Kaisers zum Ausdruck, der auch die einflussreiche Kirche kontrollierte und die Ernennung von Bischöfen in der Hand behielt. Italien hatte die äthiopisch-orthodoxe Kirche von der koptischen Kirche, von der sie seit ihrer Gründung abhängig gewesen war, getrennt. Dies entsprach zwar der Neigung in Äthiopien, sich endlich aus der ägyptischen Bevormundung zu befreien, doch wollte man dies nicht als Ergebnis der verhassten italienischen Herrschaft. Deshalb begannen Verhandlungen zwischen den Kirchen, die letztendlich auch ein Politikum zwischen den Staaten Ägypten und Äthiopien wurden. Im Jahr 1958 endlich wurde die Trennung vereinbart. Im Juni 1959 ernannte der koptische Patriarch Kyrill VI. den Äthiopier Baselyos zum ersten äthiopischen Patriarchen in Anwesenheit des ägyptischen Präsidenten Nasser und des äthiopischen Kaisers Hayle Selassie. Eine siebenhundertjährige Tradition fand ihr Ende.[53]

Exekutive, Legislative und Judikative blieben in letzter Konsequenz auch in der neuen Verfassung Prärogativ des Kaisers. Der Kaiser wurde gegenüber der früheren Autonomie der Regionalfürsten ausdrücklich als die oberste Entscheidungsinstanz und Quelle der Legalität gestärkt. Explizit wurde der Gründungsmythos der salomonischen Dynastie, die fiktive alttestamentarische Genealogie, die auf König Salomon und die Königin von Saba zurückgeht, in die Verfassung aufgenommen und bekräftigt.

So stellt sich Äthiopien noch in der Mitte des 20. Jahrhunderts bewusst in die siebenhundertjährige Kontinuität der salomonischen Dynastie und der äthiopischen Kirche. Der Kaiser sieht sich als unhinterfragter Träger der politischen Macht und auch des religiös begründeten Selbstverständnisses. Er ist es, nicht irgendwelche übergeordneten Rechte, nicht die Nation, nicht eine demokratisch gewählte Mehrheit, der Äthiopien repräsentiert und verkörpert. Die Einführung des allgemeinen Wahlrechts, die zu einer Parlamentswahl 1957 führte, stellte hierzu keinen Gegensatz dar, denn das Parlament verfügte nur über eingeschränkte Rechte und der Vorrang des Kaisers stand nicht zur Debatte. Freilich konnte ein solches Staats- und Gesellschaftskonzept im 20. Jahrhundert selbst in einem so konservativen und großenteils auch noch rückständigen Land wie Äthiopien auf die Dauer nicht ohne Widerspruch bleiben. Zwar hatte Äthiopien nicht, wie etwa die islamische Welt, im 19. und im beginnenden 20. Jahrhundert eine echte Auseinandersetzung⁵⁴ mit westlichen Werten, Konzepten und Prinzipien erlebt und infolgedessen eine Reformphase mitgemacht. Aber die schwierige Lage der in Armut lebenden Bauern, die immer noch die Mehrzahl der Bevölkerung bildeten, Korruption und Nepotismus sowie die vielfach beklagte Ineffizienz der Behörden schuf auch am Horn von Afrika, an das langsam Gedanken aus anderen Entwicklungsländern gelangten, eine Stimmung wachsender Unzufriedenheit. Die Rahmenbedingungen entwickelten sich zudem nachteilig: Der Weltmarkt für Kaffee hatte in Südamerika neue Lieferanten gewonnen und so geriet äthiopischer Kaffee unter Druck, die krisenhafte Entwicklung in Nahost und die zeitweise Schließung des Suezkanals belasteten die äthiopische Wirtschaft. In Eritrea wuchs die Unzufriedenheit aufgrund der Unterdrückung und 1958 kam es in Asmara zu einem Generalstreik. Eine Dürre in weiten Teilen des Nordens verdüsterte die Lage zusätzlich. Die Abwesenheit des Kaisers, der sich auf einer Auslandsreise nach Südamerika befand, nutzten ein Provinzgouverneur, der Kommandant der kaiserlichen Leibwache⁵⁵ und höhere Offiziere anderer Einheiten im Dezember 1960 zu einem Staatsstreich,⁵⁶ den sie mit einem nationalistisch-sozialistisch angehauchten 11 Punkte-Programm begründeten. Dieser Coup wurde zwar von loyalen Kräften schnell niedergeschlagen, hatte aber die Probleme der Gesellschaft und die Unzufriedenheit, die in manchen Kreisen herrschte, sichtbar gemacht. Zwar hatte es in der Geschichte des Reiches immer wieder Umstürze gegeben, diese waren jedoch vor allem machtpolitisch motiviert gewesen. Diesmal ging es um inhaltliche Fragen, um eine Reform des archaischen, fast noch mittelalterlich anmutenden Kaiserreiches, das auch durch die neue Verfassung nicht den Charakter eines wirklich modernen Staates erlangt hatte. Doch der Kaiser hatte nichts aus dem Staatsstreich gelernt, zog keine Konsequenzen.

Auch kamen in der Zeit nach dem fehlgeschlagenen Staatsstreich neue Herausforderungen auf – insbesondere in Eritrea und in Ogaden. Beide Regionen entwickelten sich zu gefährlichen Krisenherden, welche von einer internationalen Großwetterlage, die sich nicht zu Äthiopiens Gunsten entwickelte, neue Impulse erhielten.

Die Krise in Eritrea verschärfte sich, weil die Zentralregierung mehr und mehr den Föderationscharakter aushöhlte, Eritrea wie eine subalterne Provinz behandelte, die eritreische Flagge verbot und dabei die Autonomierechte abbaute.

1960 wurde im ägyptischen Exil eine erste eritreische Widerstandsorganisation gegründet, inspiriert vom Geist nasseristischer Revolution, der dort herrschte. Auch für die Verhältnisse in der Ogaden-Provinz mit einer ethnischen Somali-Mehrheit war 1960 ein wichtiges Jahr: Somalia wurde in die Unabhängigkeit entlassen und damit zu einem Bezugspunkt für somalische Nationalisten in Ogaden. Zwar hatte der Kaiser im Vorfeld (1956) die Region besucht und damit versucht, ihre Zugehörigkeit zu Äthiopien zu stärken, einige Somalis in Verwaltungspositionen berufen und 1957 Millionenbeträge in die Entwicklung der Ostregion des Reiches investiert. Dies reichte aber offensichtlich nicht aus, die großsomalischen Bestrebungen einzudämmen. Sowohl in Ogaden als auch Eritrea gab es die ersten Anschläge, der Widerstand gegen die äthiopische Repression begann.

1963 wurde ein Militärabkommen zwischen Somalia und der Sowjetunion geschlossen – ein Konflikt zwischen dem Verbündeten der USA, Äthiopien, und dem neuen Alliierten der UdSSR, Somalia, schien eine neue gefährliche Möglichkeit.[57] Äthiopische Angriffe auf somalische Grenzposten schienen in diese Richtung zu weisen,[58] der kurze Konflikt endete jedoch mit einem Waffenstillstand am 6. März 1964.

In Eritrea war die offizielle Beendigung der Föderation, die diesen Namen von Anfang an nicht verdient hatte, im Jahr 1963 eine weitere Ermutigung des Widerstands, den Syrien unterstützte, z. B. durch militärische Ausbildung. 1966 sollen bereits ca. 1000 Widerstandskämpfer in Eritrea aktiv gewesen sein. Sie waren zu Beginn panislamisch inspiriert, doch später stießen mehr und mehr Christen zum Widerstand.

Aber auch im Kernland begann es zu gären. In den Bereichen der höheren Bildung, etwa auch an der Universität Addis Abeba, verbreiteten sich links-progressive Gedanken. Deren Träger wandten sich gegen den Imperialismus und die Oligarchie, die vor allem von den wirtschaftlichen Veränderungen profitierte. Studenten[59] bildeten die wichtigste Oppositionsgruppe gegen Hayle Selassies Regime, hatten internationale Verbindungen, waren jetzt auch von europäischen Ideen inspiriert, publizierten Zeitschriften und organisierten Demonstrationen. Sie leisteten einen wesentlichen Beitrag zur Entwicklung, die dann in die Revolution von 1974 mündete.

Somalia bekam mehr und mehr sowjetische Waffenhilfe und auch der eritreische Widerstand erhielt, etwa über den Südjemen, zunehmend Waffenlieferungen, da in der Perspektive der linken arabischen Regime und Bewegungen das christliche Äthiopien vor allem ein Vorposten des Westens in Afrika war. Der eritreische Widerstand hingegen hatte aufgrund des hohen Anteils an Muslimen anfangs eine arabisch-islamische Tendenz. Addis setzte aufgrund des zunehmenden Widerstands in Asmara einen Militärgouverneur ein. Doch Widerstand regte sich auch in anderen Regionen: Im Süden erhoben sich, bedrängt durch Steuern auf Land und Vieh, an der Seite von Somalis nun auch Oromos (1963–1969). Die Unruhen nahmen auch dort eine islamische Färbung an. Die Unzufriedenheit nahm geographisch und gesellschaftlich an Breite zu, wurde noch weiter verschärft durch den Nahostkrieg von 1967 und die Sperrung des Suezkanals, der Äthiopien wirtschaftlich belastete. Die schwere Dürre- und Hungerkatastrophe[60] der frühen 1970er-Jahre kam als zusätzlicher Faktor, der die Spannungen erhöhte, vor allem da die Regierung versuchte, sie zu vertuschen (1973). Auch der arabisch-israelische Krieg von 1973 war eine erneute Belastung für die äthiopischen Ex- und Importe, führte zu Preissteigerungen und Inflation – die Folge war eine weitere Zunahme der Unzufriedenheit im Land, die in Streiks, etwa von Lehrern oder Taxifahrern, und Studentenunruhen zum Ausdruck kam. Beamte, Arbeiter und Geistliche schlossen sich an. Nicht nur in der Zivilbevölkerung gärte es, auch das Militär wurde nun unruhig, das sich unter dem Einfluss kommunistischer Ideen politisiert hatte. Der Kaiser versuchte, die breite Front der Aufrührer zu beruhigen durch Versprechen von Reformen und Bekämpfung der Korruption. Ein ›Koordinierungs-Komitee‹ – amharisch ›Derg‹, von da an die Bezeichnung für die äthiopische Militärregierung – trat in der Armee in den Vordergrund, Major Mengistu Hayle Mariam übernahm die Hauptrolle. Im Sommer 1974 wurden führende Repräsentanten der Regierung verhaftet, am 12. September wurde Kaiser Hayle Selassie, der Letzte aus der salomonischen Dynastie, vom Derg abgesetzt, 1975 insgeheim ermordet. Nach 700 Jahren endete sang- und klanglos eine Dynastie,[61] die Äthiopiens Kontinuität und Legitimität, Nationalbewusstsein und religiöse Identität seit dem Mittelalter bis in die Gegenwart verkörpert und garantiert hatte und die stabilste politische Einheit am Horn von Afrika durch die Epochen geleitet hatte.

Kein anderes staatliches Gebilde hat – nicht nur in dieser Region, sondern in ganz Afrika – eine auch nur annähernd so lange Existenz aufzuweisen und einen politisch wie kulturell derart nachhaltigen Einfluss ausüben können. In manchen ihrer Traditionen und Symbole reicht die Dynastie noch weiter zurück und knüpft an das aksumitische Reich an, auf das sie allerdings nicht wirklich, wie manche meinen, zurückgeht. Bis zu ihrem Ende hat sie den im christlichen Glauben wurzelnden Gründungsmythos[62] aufrechterhalten, Menilek I., Sohn der Königin von Saba[63] und des alttestamentarischen jüdischen Königs Salomon, sei ihr Gründer. Diese fiktive Genealogie[64] vermittelte ihr zwar Stolz, Ansehen und für viele Anhänger Legitimität, entbehrt aber jedweder historischer Realität. Dessen ungeachtet glauben bis heute Menschen am Horn von Afrika an diesen Mythos und könnten sich sogar eine Erneuerung der salomonischen Dynastie in einem modernen Äthiopien vorstellen.

Hayle Selassie,[65] der letzte Kaiser aus der Dynastie, muss dem westlichen Betrachter als widersprüchliche Persönlichkeit erscheinen. Er hatte die Gabe, sich einem internationalen Publikum als würdiger und distinguierter Monarch zu präsentieren und Sympathien, wenn nicht gar Faszination für sein Land zu mobilisieren, das einen exotischen Reiz auf westliche Beobachter ausübte.

Seine internationalen Reden verfehlten nie ihre Wirkung und waren geeignet, auch westliche Hörer für die Sache Äthiopiens einzunehmen.

Ihm entging nicht die Notwendigkeit, im 20. Jahrhundert um internationale Aufmerksamkeit und Unterstützung zu werben. Im Gegensatz zu manchen seiner Vorgänger war er sich der Bedeutung mächtiger Alliierter bewusst und versuchte nicht, Äthiopien in rückständiger Isolation, abseits von der modernen Welt, zu halten.

Ihm war auch durchaus klar, dass sein Land Erneuerung brauchte. Allerdings beschränkte sich sein Interesse an Modernisierung auf Technik und Medizin, auf Kommunikation und Verwaltung, auf Militär und Erziehung. Es entging ihm, dass Anschluss an die entwickelte Welt auch gesellschaftliche Veränderungen implizierte, dass westlich ausgebildete Fachleute auch europäische Gedanken, Werte und Ambitionen ins Land brachten und sich von solchen Ideen angezogen fühlten. Hayle Selassies Selbstverständnis und sein politischer Bezugsrahmen waren durch und durch traditionell. Er war deshalb nicht in der Lage, Forderungen nach Partzipation oder nationaler Selbstbestimmung, wie sie etwa in Eritrea, aber auch in Tigray, Ogaden und im Süden aufkamen, in ihrer Tragweite zu erfassen. Das Konzept einer ›Föderation‹ mit Eritrea etwa musste ihm völlig fremd bleiben, beinhaltete es doch keine wirkliche Unterordnung unter seine Krone. Die Gleichberechtigung einer abtrünnigen Provinz mit seinem erhabenen Kaiserreich entzog sich seiner Vorstellungskraft. Er konnte sich von seinem hierarchisierten Weltbild nicht befreien. So war ihm auch die Gefahr, die aus seiner unflexiblen Haltung für ihn und sein ›System‹, für das salomonische Reich als solches entstand, nicht klar.

In der langen Geschichte seines Reiches hatte es Umstürze und Revolten und Bruderkriege gegeben, aber Thronprätendenten waren immer aus der Familie gekommen. Ein ›Systemwechsel‹, wie er dann durch die Revolution von 1974 kam, überstieg des Kaisers Vorstellungsvermögen.

Mit dem Sturz des letzten ›Neguse Negest‹ (Königs der Könige)[66] versank eine Welt, die des alten ›orbis aethiopicus‹.

8 Eritrea – der lange Weg von der italienischen Kolonie zur Unabhängigkeit

Mit dem Zusammenbruch des italienischen Kolonialreiches in Ostafrika wurde auch die Frage nach der Zukunft Eritreas aktuell, das seit 1890 als Ganzes (einige Regionen schon zuvor) in italienischem Besitz gewesen war. In der über ein halbes Jahrhundert währenden Kolonialphase war Eritrea, damals erstmals unter diesem aus der Antike übernommenen Namen, natürlich stärker durch die imperialistische Herrschaft geformt und beeinflusst worden als Äthiopien, das nur knapp sechs Jahre Teil des italienischen Machtbereichs gewesen war. Eritrea hatte eine Prägung erfahren und eine Entwicklung genommen, die sich deutlich von der Äthiopiens unterschied. Jetzt musste über die Zukunft Eritreas entschieden werden. Auf der einen Seite stand das Postulat, Eritrea sei von jeher integraler Bestandteil Äthiopiens und müsse als solcher wieder ins Reich eingefügt werden, auf der anderen Seite die Forderung nach eritreischer Unabhängigkeit. Nachdem britische Truppen aus dem Sudan nach Eritrea vorgedrungen waren und das Land infolge der Schlacht von Keren[1] 1941 in Besitz genommen hatten, wurde zunächst eine britische Militärverwaltung errichtet. Hatten die Italiener Somalia und Libyen in Richtung Unabhängigkeit geführt, wurden eritreische Hoffnungen enttäuscht: In einem Friedensvertrag von 1947 übertrug Italien Eritrea offiziell den vier Siegermächten des II. Weltkriegs (Artikel 23), die jedoch bezüglich Eritreas unterschiedliche Auffassungen vertraten. Großbritannien, das nicht glaubte, Eritrea sei als unabhängiger Staat lebensfähig und dies auch aus machtpolitischen Gründen nicht wollte,[2] behielt faktisch als Mandatsmacht die Kontrolle über die ehemalige italienische Kolonie. Die Zeit der britischen Verwaltung[3] war nur teilweise positiv für das Land: Diskriminierende Regelungen gegenüber der Bevölkerung wurden abgebaut, andererseits rassistische Gesetze aus der faschistischen Zeit beibehalten. Tigrinya und Arabisch wurden als Unterrichtssprachen benutzt und es erschienen mehr und mehr Publikationen in diesen Sprachen. Die Eritreer konnten wirtschaftliche Tätigkeiten entfalten, wurden auch im öffentlichen Bereich angestellt und durften sich organisieren. Die Lähmung des Landes durch weitgehende Einschränkung der Rechte der Eritreer unter italienischer Herrschaft war überwunden. Doch vor ihrem Abzug zerstörten die Briten große Teile der Infrastruktur (nicht nur militärisch relevante, sondern auch Krankenhäuser) oder verlegten sie in andere Teile des Empire,[4] wie sie es zuvor auch in Äthiopien getan hatten.

Von Äthiopien aus wurden bewaffnete Banden lanciert, die in Eritrea Terror ausübten und demonstrieren sollten, dass das Land nicht für die Unabhängigkeit reif war.[5]

Eine eritreisch-äthiopische Föderation?

Im Rahmen der 1945 gegründeten Vereinten Nationen (Äthiopien war Gründungsmitglied) wurde 1948 eine UN-Kommission für Eritrea geschaffen,[6] die sich unter Berücksichtigung der Interessen der Bewohner Eritreas, im Sinne des Friedens am Horn von Afrika und unter Beachtung der Rechte und Ansprüche Äthiopiens mit der Zukunft des kleinen Landes befassen sollte[7] – ein fast unmöglicher Auftrag. Fact-Finding-Missionen bemühten sich um eine Lösung des Problems, kamen jedoch lange zu keiner eindeutigen Entscheidung, ihre Mitglieder verfolgten sehr unterschiedliche Ziele und arbeiteten nicht immer professionell. Endlich nahm im Dezember 1950 die Vollversammlung der Vereinten Nationen eine Resolution (390 A) an, die eine Föderation[8] zwischen Eritrea und Äthiopien beschloss, allerdings unter der Krone von Äthiopien.

Schon in den Jahren zuvor hatte es in Eritrea Unabhängigkeitsbestrebungen gegeben und bereits 1941 hatten Tausende in Asmara demonstriert. ›Machber Fekri Hager‹ (›Gesellschaft für Vaterlandsliebe‹) wurde gegründet mit einem Führungsgremium, das paritätisch mit Christen und Muslimen besetzt war. In dieser Organisation gab es unterschiedliche Haltungen zur Zukunft des Landes: Einig war man sich, dass der italienische Einfluss – noch waren viele Italiener auch unter britischer Herrschaft in Verwaltung und Polizei – ein Ende finden musste. Aber keine Einigkeit herrschte darüber, ob die Unabhängigkeit oder ein Zusammenschluss mit Äthiopien das Ziel sein sollte.[9] Die Organisation wurde 1947 durch die unionistische Partei ersetzt, die den Anschluss an Äthiopien favorisierte. Unter der liberalen britischen Verwaltung entstanden weitere Parteien, so eine ›Islamische Liga‹ und eine proitalienische Partei. Dies waren erste organisatorische Formen, in denen sich politischer Wille in Eritrea artikulierte, den die Briten gegen eine Unabhängigkeit zu beeinflussen versuchten. 1950 kam es zu gewalttätigen Konfrontationen zwischen ›Unionisten‹ und Befürwortern einer Unabhängigkeit, die Todesopfer forderten. Doch das Schicksal des Landes wurde auf anderer Ebene entschieden. Der UN-Beauftragte, der ab 1951 die Realisierung der Ende 1950 beschlossenen Föderation beaufsichtigen sollte, stellte bald fest, dass der Teufel im Detail steckte. ›Föderation‹ war ein Begriff, der in der Kultur und Mentalität am Horn von Afrika keine Entsprechung hatte. Westliche Modelle und intellektuelle Ansätze waren der Region noch weitgehend fremd. Auf äthiopischer Seite sah man darin eine Möglichkeit der Eingliederung Eritreas in das Reich, in Eritrea herrschte Uneinigkeit über die Bedeutung des Konzepts und auch über die eigenen Ziele. Während die ›Unionisten‹ eine Eingliederung Eritreas ins äthiopische Reich befürworteten, wollten andere Gruppen möglichst große Autonomie. Wie die Föderation[10] konkret gestaltet werden sollte, hatten die UN nicht festgelegt – dies sollten die beiden Komponenten der Föderation unter sich aushandeln. Dass sie damit heillos überfordert waren, zeigte sich nur allzu schnell.

Zwar wurde 1952 noch unter britischer Ägide ein eritreisches Parlament gewählt und durch dieses Parlament eine eritreische Verfassung angenommen, doch begann Äthiopien bald schon, die eritreische Gleichberechtigung im Rahmen der Föderation zu missachten, das eigene Übergewicht im Föderationskontext auszubauen und eritreische ›Unionisten‹ zu bevorzugen. Die äthiopische Flagge genoss Vorrang. In der Übergangszeit wurde der überzeugte ›Unionist‹ Tedla Bayru (1914–1984) erstes Oberhaupt Eritreas und hielt diese Funktion auch in der Anfangsphase der Föderation, in deren Rahmen er wenig für die eritreische Eigenständigkeit tat.

Bürgerrechte und politische Rechte der eritreischen Institutionen wurden missachtet, eritreische Waren, die nach Äthiopien flossen, wurden hoch besteuert – die Unzufriedenheit wuchs ebenso wie wirtschaftliche Schwierigkeiten. Das äthiopische Strafrecht wurde in Eritrea eingeführt und das äthiopische Steuersystem, eritreische Hoheitssymbole wurden unterdrückt. Neue eritreische Oppositionsgruppen entstanden, teilweise im Ausland; bewaffneter Widerstand begann als Konsequenz äthiopischer Repression.

Idris Awate († 1962)[11] begann Guerrilla-Aktionen mit einer kleinen Gruppe im Nordwesten des Landes und löste mit einer Attacke auf einen Polizeiposten im September 1961 den ›offiziellen‹ Beginn des eritreischen Freiheitskampfes aus. Streiks und Demonstrationen fanden statt. Ibrahim Sultan Ali (1909–1987),[12] der lange die eritreische Opposition, auch im eritreischen Parlament, geführt hatte, ging ins Exil, engagierte sich in der ELF (siehe unten), musste aber bald Jüngeren weichen. Eng mit ihm zusammen arbeitete Woldeab Woldemariam (1905–1995),[13] der als ›Vater des eritreischen Nationalismus‹ gilt, ein Mitbegründer von Machber Fekri Hager sowie einer der ersten eritreischen Journalisten, welcher Gegensätze zwischen Muslimen und Christen überbrücken wollte und eine über den Religionen stehende eritreische Identität anstrebte.

Im November 1962 endete die faktisch längst gescheiterte ›Föderation‹ auch formal und der äthiopische Kaiser gliederte Eritrea als 14. Provinz in sein Reich ein. Dies war von Anfang an sein Ziel gewesen – die Idee einer ›Föderation‹ hatte er weder verstanden noch akzeptiert. Die UN, unter deren Obhut die ›Föderation‹ völkerrechtlich stand, wurden nicht tätig.[14]

Vom Buschkrieg zur nationalen Unabhängigkeit – 30 Jahre eritreischer Befreiungskampf

Die Annexion Eritreas durch Äthiopien war ein schwerer politischer Fehler, der die Unfähigkeit des Kaisers verdeutlichte, die Zeichen der Zeit zu erkennen, Wunsch und Willen des ›Volkes‹ als wesentlichen politischen Faktor und als relevant für seine politischen Entscheidungen zu erfassen und anzuerkennen.

Bislang hatte es einen relativ großen Anteil von Eritreern gegeben, die als ›Unionisten‹ einen Verbleib im salomonischen Reich als durchaus sinnvolle Option betrachteten und vor allem als eine Variante, welche eine ›islamische‹ Zukunft für das Land verhindern konnte, etwa durch einen Anschluss an den (muslimischen) Sudan. Jetzt aber wurde Gegnerschaft zu Äthiopien, das eigenmächtig die Föderation liquidiert hatte unter völliger Missachtung eritreischer Rechte und Interessen, mit der Zeit immer mehr zu einer gemeinsamen Sache aller Eritreer über Konfessionsgrenzen hinweg.

Der über 30-jährige Freiheitskampf,[15] der bereits ansatzweise in den Jahren zuvor begonnen hatte, nahm jetzt in Eritrea Fahrt auf und erlangte Dimensionen und eine Tragweite, die weder Hayle Selassie noch seine Funktionäre oder die internationale Gemeinschaft geahnt hatten. Zunächst wurde durch eine weise Personalentscheidung die negative Entwicklung noch verzögert. Asrate Kasa,[16] ein erfahrener Politiker aus dem Kaiserhaus wurde 1964 Gouverneur Eritreas. Er gehörte zu den wenigen weitsichtigen und reformbereiten Geistern im Kern der äthiopischen Führungsriege, in der engstirnige Konservative in der Mehrheit waren. Wenn er auch gegen Aufständische vorging und als primäres Ziel die Durchsetzung der äthiopischen Dominanz verfolgte, versuchte er dies doch zu erreichen, indem er Eritrea einband und eine gewisse Dezentralisierung befürwortete. Ihm schien es sinnvoll, Eritrea so zu behandeln, dass sich eine Mehrheit seiner Bewohner zu Äthiopien bekennen konnte.

In der Tat beschlossen damals zahlreiche Eritreer, sich in der äthiopischen Hauptstadt niederzulassen, wo sie günstigere berufliche Perspektiven für sich und ihre Familien erhofften. Doch gleichzeitig wandten sich mehr und mehr Eritreer, vor allem jüngere Muslime, dem Widerstand zu. Aus der Ethnie der Beni Amer, ganz im Westen Eritreas, waren zahlreiche junge Leute, die zum Studium nach Kairo gegangen waren, von der Ideologie des Nasserismus inspiriert worden und hatten, zusammen mit Anhängern des Mirghaniya-Sufiordens, 1960 die ›Eritrean Liberation Front‹ (ELF) gegründet, deren Hauptsitz nach Kassala im Sudan verlegt wurde. Idris Muhammad Adam (1918-2003), ehemaliger Präsident der ›Eritreischen Versammlung‹ (Parlament Eritreas), wurde erster Vorsitzender der ELF.[17] Die ELF war vom revolutionären arabischen Nationalismus beeinflusst; sie organisierte und strukturierte sich nach arabischen Vorbildern. Zunächst orientierte sie sich am arabischen Sozialismus Nassers. Mit der Gründung der Organisation für afrikanische Einheit (OAU) in Addis Abeba jedoch wandte Nasser sich vom eritreischen Widerstand ab, der sich nun den Ba'th-Regimen in Damaskus und Baghdad zuwandte. Wenn ihr auch Christen beitraten, war die ELF doch vorwiegend muslimisch geprägt und arabisch ausgerichtet. Doch kam es bald zu Divergenzen innerhalb der ELF – Stämme, Personen mit Machtanspruch und Ideologien fingen an, zu rivalisieren. Der marxistische Einfluss nahm zu, es kam zu Abspaltungen und Neugründungen.[18] Osman Salih Sabi (1934–1987), einer der führenden Persönlichkeiten im eritreischen Widerstand, versuchte zu vermitteln, zu koordinieren, Brücken zu bauen und Einigkeit wiederherzustellen. Von linker Seite wurde er jedoch als konservativer Machtpolitiker gesehen, der seinen persönlichen Ehrgeiz befriedigte und den linksrevolutionären Charakter des eritreischen Widerstandes verriet und sabotierte. In dem Gewirr an inzwischen entstandenen Organisationen zwischen ELF, ELF-PLF, ELF-PLF II und ›Obel‹ setzte sich schließlich in den 1980er-Jahren die 1969 gegründete EPLF durch, die 1972 im Hochland entstanden war, mehrheitlich aus Christen bestand und weniger panarabisch orientiert war als die ELF, alle Konkurrenten ausschalten oder marginalisieren konnte, den eritreischen Widerstandskampf effizient weiterführte und letztlich zu einem erfolgreichen Abschluss brachte.

Zunächst folgte auf den moderaten Asrate Kasa 1970 ein Militärgouverneur. Der Konflikt verschärfte sich dadurch. Die äthiopische Regierung suchte sich Rat in Israel,[19] wie man einem weiter um sich greifenden Aufstand begegnen könne. Der permanente Ausnahmezustand wurde eingeführt. Die Revolution von 1974 brachte keine Entspannung, obwohl sich jetzt marxistisch inspirierte Gegner gegenüberstanden. Auch als der Eritreer Aman Mika'el Andom (1924–1974)[20] im Juli 1974 Verteidigungsminister wurde und Anstrengungen zur Beilegung des Konfliktes unternahm, gab es keine Lösung. Sein 19 Punkte-Programm für Eritrea kam nicht zur Umsetzung. Nach dem Sturz des Kaisers wurde Andom erster Präsident Äthiopiens und versuchte auch in diesem Amt, den eritreischen Aufstand beizulegen, traf jedoch auf Widerstand in den eigenen Reihen. Besonders der eigentliche Führer der äthiopischen Revolution, Mengistu Hayle Mariam, drängte auf eine militärische Lösung in Eritrea. Dies war unvereinbar mit Aman Andoms Konzept, ein pluralistisches Äthiopien zu schaffen, in welchem die unterschiedlichen Regionen und Ethnien ihre Identität wahren konnten. Auch die EPLF sah in ihm, der als Eritreer das höchste Amt Äthiopiens annahm, einen Verräter.

Im November 1974 wurden 59 hohe Repräsentanten des Staates durch Truppen von Mengistu Hayle Maryam ermordet, während Aman Andom vorgeschlagen hatte, sie vor Gericht zu stellen – Aman Andom beging Selbstmord, als auch er festgenommen werden sollte. Die grundsätzliche Linie des Regimes war, höherrangige Offiziere, die eher realistisch, besonnen und gemäßigt waren, zu liquidieren.

Die Aktivitäten der Befreiungsorganisationen nahmen zu, brutal-repressive Maßnahmen führten nicht zu ihrer erfolgreichen Unterdrückung, sondern trieben viele Eritreer den Freiheitskämpfern in die Arme. Es kam sogar früh schon zu einer Zusammenarbeit verschiedener Befreiungsbewegungen. Die EPLF begann 1975, Guerrillakrieger der TPLF (Tigray Popular Liberation Front) aus dem nordäthiopischen Tigray auszubilden[21] – der Auftakt zu einer langen wechselvollen Kooperation. Die äthiopische Regierung fing 1976 ihrerseits an, mit den eritreischen Gruppen zu verhandeln – allerdings vor allem, um sie gegeneinander auszuspielen. Auch die sozialistischen Bruderländer wollten vermitteln und es kam in Ost-Berlin zu Verhandlungen[22] zwischen Äthiopien und dem eritreischen Widerstand, die allerdings ergebnislos blieben.

Damals traf die Derg-Regierung eine katastrophale Fehlentscheidung (1976). Sie setzte den ›roten Marsch‹ in Gang: Kaum militärisch ausgebildete und schlecht ausgerüstete äthiopische Bauern wurden ohne kompetente Führung nach Eritrea geschickt mit dem Versprechen, dort Land zu erhalten und nur auf leicht zu überwindende Diebesbanden zu treffen. Die Aktion endete in einem militärischen Desaster und war ein weiterer Ausdruck der chronischen Inkompetenz, Hilf- und Ratlosigkeit des äthiopischen Revolutionsregimes. Der eritreische Widerstand war auf dem Vormarsch und die Widerstandsbewegung TPLF in Tigray begann, mit der EPLF enger zu kooperieren, hatte man doch den gescheiterten ›Roten Marsch‹ als Zeichen gewertet, dass das kommunistische Regime in Addis Abeba zu keiner

Verhandlungslösung bereit war und zu keinen Zugeständnissen gegenüber den Regionen. In Eritrea verlor die Zentralregierung zunehmend an Terrain und zog sich nach und nach auf die größeren städtischen Zentren zurück. Das flache Land beherrschten die Widerstandskämpfer. Dort errichteten sie ihre eigene Infrastruktur mit unterirdischen Krankenhäusern und pharmazeutischer Industrie, provisorischen Schulen, Werkstätten aller Art und Rundfunksendern – eine Leistung, der auch scharfe Kritiker ihre Anerkennung nicht versagen konnten. Dabei leistete die EPLF auch der Zivilbevölkerung, die von dem Konflikt schwer in Mitleidenschaft gezogen wurde, wiederholt Hilfe. Diese Verbundenheit mit der Bevölkerung sowie ihre strikte Disziplin und asketische Opferbereitschaft bildeten ihr Erfolgsrezept.

Die internationale Gemeinschaft verhielt sich weitgehend gleichgültig, doch idealistische Einzelpersonen engagierten sich, wie beispielsweise der australische Augenarzt Fred Hollows (1929–1993), der seit 1987 im von der EPLF kontrollierten Gebiet tätig war, Einheimische ophtalmologisch ausbildete und ein Labor zur Herstellung von Linsen (für Katarakt-Operationen) schuf, das bis heute zahlreichen Eritreern das Augenlicht retten konnte. Er wurde der erste Ehrenbürger des unabhängigen Eritrea. Die nach Hollows benannte und kurz vor seinem Tod von ihm begründete Stiftung war in der Folge in Eritrea, Äthiopien und weiteren afrikanischen Ländern medizinisch tätig. Im Jahr 2019 hat sie über 60 000 Augenoperationen allein in Eritrea durchgeführt.

Ein spektakulärer Erfolg der Eritreer war 1977 die Einnahme der hart umkämpften Stadt Nakfa im Nordwesten des Landes, die dann – da sie erfolgreich Gegenwehr gegen äthiopische Rückeroberungsversuche leistete – zu einem Symbol eritreischer Standhaftigkeit, Hartnäckigkeit und Resilienz wurde. Der größte Teil Eritreas war damals in der Hand der Aufständischen. Allerdings scheiterte ein eritreischer Angriff auf Massawa Ende 1977 und die äthiopischen Truppen, jetzt massiv aufgerüstet mit sowjetischen Waffen und unterstützt durch cubanische und sowjetische Berater (von denen einige dem eritreischen Widerstand in die Hand fielen), waren fast überall wieder auf dem Vormarsch. Das Mengistu-Regime, das sich von den USA ab- und der Sowjetunion zugewandt hatte, okkupierte 1977 den amerikanischen ›Horchposten‹ Kagnew-Station[23] in Asmara. Das Regime erhielt als Dank für seinen Seitenwechsel großzügigste sowjetische Waffenhilfe, die es ihm ermöglichte, sich in Eritrea noch einige Jahre zu behaupten. Im Jahre 1984 umfasste die sowjetische Militärhilfe ein Volumen von über 1 Mrd. $. Auch wurden die Äthiopier durch 12 000 kubanische und südjemenitische Truppen verstärkt. Die Eritreer gerieten unter zunehmenden Druck und zogen sich auf einem ›langen Marsch‹, inspiriert von Mao, zurück in die bizarre Mondlandschaft des Sahel, ganz im Nordwesten des Landes, wo sie unter maximalen Opfern ihre gesamte Logistik versteckten und in Berghöhlen unter schwierigsten Bedingungen mit eiserner Disziplin eine ausweglos erscheinende Lage überlebten. Nakfa[24] mit seinem Umfeld wurde eine Art letzte Festung, Nukleus des eritreischen Widerstandes, der auch unter den inneren Auseinandersetzungen zwischen ELF und EPLF gelitten hatte und stark geschwächt war. Zwischen dem Ende der 1970er-Jahre und 1988 gab es immer wieder Offensiven der äthiopischen Seite, insgesamt bedeuteten diese Auseinandersetzungen um Nakfa den Tod von

Zehntausenden. Flexibilität, logistische Anstrengungen und Beweglichkeit der eritreischen Guerrillataktik und ein unbeugsamer Überlebenswille der Freiheitskämpfer kamen hier zum Tragen.[25] Der eritreische Widerstand setzte auch Frauen ein, nicht nur in humanitären oder logistischen Aufgabenbereichen, sondern auch als Soldatinnen in vorderster Front. Frauen und ihre wichtige gesellschaftliche Rolle spielten nicht nur im Narrativ der EPLF, sondern auch im Alltag des Guerilla-Krieges eine wesentliche Rolle.

Ebenso zeigte sich die völlige Rücksichtslosigkeit und Inkompetenz des äthiopischen Revolutionsführers Mengistu, der die Nakfa-Operationen zu seiner persönlichen Sache machte und in seinem ›Roter Stern‹ genannten Feldzug zahllose eigene Soldaten durch seine Fehlleistungen in den Tod schickte. Er gelobte, den Krieg bis zum letzten Stück Brot und zum letzten Mann fortzusetzen – diese Politik bezahlten viele Äthiopier mit ihrem Leben. ›Nakfa‹ wurde zum eritreischen Nationalmythos und später zur Bezeichnung der nationalen Währung im unabhängigen Eritrea. In den 1980er-Jahren ging die EPLF vermehrt zu einem Kleinkrieg über, ebenso wie die TPLF in Tigray, mit der sie kooperierte. Die Zusammenarbeit der beiden Befreiungsbewegungen wurde schließlich essenziell für ihren Erfolg. 1984 fühlte sich die EPLF wieder befähigt zu einem Großangriff auf Tesenay, einer Garnisonsstadt an der sudanesischen Grenze, bei dem sie viel militärisches Material erbeutete. Das äthiopische Regime setzte weiterhin auf eine militärische Lösung, drängte die Sowjetunion zu neuen Rüstungshilfen und setzte auch die Hungersnot[26] der 1980er-Jahre für seine Zwecke ein, indem es Hilfslieferungen in Gebiete, die von EPLF oder TPLF beherrscht waren, unterband. 1985 erfolgte die letzte größere Offensive der Zentralregierung, noch einmal mussten die Aufständischen zurückweichen. Doch seit 1987 waren sie ständig auf dem Vormarsch, erbeuteten immer mehr Waffen der äthiopischen Armee, kontrollierten einen immer größeren Anteil des eritreischen Territoriums und perfektionierten auch die Zusammenarbeit mit den Kräften der TPLF.[27] Vorschläge, mit den Rebellen zu verhandeln, wie sie erfahrene äthiopische Militärs machten, wurden seitens der Zentralregierung mit der Liquidierung solcher nicht ›linientreuer‹ Offiziere beantwortet. Der äthiopische Diktator entwickelte immer mehr Misstrauen gegenüber seiner eigenen Armee, der er selbst entstammte, und ersetzte Offiziere mit langjähriger Erfahrung durch inkompetente, aber regimetreue Leute, ein häufiger Akt der Verzweiflung in Bedrängnis geratener sozialistischer Regime. In Eritrea wurde die Lage der Bevölkerung immer schwieriger. Neben allerlei Diskriminierungen hatten die Eritreer die Härten eines zunehmend rücksichtslosen Krieges zu erleiden, bei dem es auch willkürliche Massaker an der Zivilbevölkerung gab und Lebensmittel knapp wurden. Viele verließen jetzt als Flüchtlinge das Land, in den 1980er-Jahren kamen auch die ersten Eritreer als Asylsuchende nach Deutschland und in andere europäische Länder. Schwerste Menschenrechtsverletzungen[28] des Militärregimes blieben ebenso wie der gesamte eritreische Freiheitskrieg von der Weltöffentlichkeit weitgehend unbeachtet, passten sie doch nicht in gängige Freund-Feind Schemata.[29]

In allen Teilen Äthiopiens wuchs nun der Widerstand gegen ein zunehmend verhasstes Regime. Die Zeit und eine von der TPLF geschmiedete Koalition verschiedener Freiheitsbewegungen gegen den Diktator arbeitete auch für die EPLF.

Gegen Ende der 1980er-Jahre herrschte ein fast gesamtäthiopischer Aufstand gegen die Mengistu-Diktatur. Mit der Schlacht von Afabet (März 1988), in deren Verlauf die äthiopische Seite den größten Teil ihrer eigenen militärischen Ausrüstung vernichtete, damit sie nicht in eritreische Hand fiel (und dabei viele ihrer eigenen Soldaten tötete), war die Entscheidung über den Ausgang des Krieges gefallen.

In Eritrea erzielte die EPLF[30] weitere spektakuläre Erfolge. Sie unterbrach die Straße zwischen der Hauptstadt Asmara und dem wichtigsten Hafen Massawa und nahm Massawa im Februar 1990 in einem Überraschungsangriff, bei dem sie auch Schnellboote verwendete, ein.

In Inneräthiopien kappte die TPLF wichtige Verkehrsverbindungen und machte viele Gefangene. In Südäthiopien wurde die Oromo Liberation Front aktiv. In Washington war bereits im Mai 1989 EPLF-Führer Isayas Afeworki im Department of State und im Kongress hochrangig wahrgenommen worden, was die EPLF als Aufwertung empfand, als Signal für amerikanische Flexibilität sah und wodurch sie sich international anerkannt fühlte. Weitere Territorien Äthiopiens gingen der Zentralregierung verloren. Gesprächsangebote, die sie in letzter Minute machte, wurden von den verschiedenen Befreiungsorganisationen natürlich zurückgewiesen. Die Lage wurde aussichtslos für das Derg-Regime, der gescheiterte äthiopische Diktator floh am 21. Mai 1991 nach Zimbabwe, wo er Asyl erhielt bei seinem Diktatorenkollegen Robert Mugabe. Den Anschlag eines Eritreers 1995 überlebte er und hält sich, hochbetagt, nach Mugabes Tod (September 2019) auch weiterhin in Zimbabwe auf.

Abb. 18: Denkmal zur Erinnerung an die Befreiung von Massawa im eritreischen Unabhängigkeitskrieg.

Eritrea war zuerst befreit, deshalb konnte die EPLF der TPLF bei der Einnahme der äthiopischen Hauptstadt Addis Abeba am 28. Mai 1991 helfen. Die TPLF erhielt die Herrschaft über Äthiopien, Eritrea die Unabhängigkeit unter seinem ersten Präsidenten Isayas Afeworki.

Eine der dunkelsten Epochen in der Geschichte des Horns von Afrika und ein sehr verlustreicher, jahrzehntelanger Konflikt gingen im Mai 1991 zuende. Eritrea hatte sich unter größten Opfern von der repressiven Herrschaft Äthiopiens befreit, die EPLF wurde von einer Befreiungsorganisation zur Einheitspartei Eritreas unter der Bezeichnung ›People's Front for Democracy and Justice‹. Der neue Staat gründete sein Selbstbewusstsein darauf, ohne nennenswerte internationale Hilfe (die es lediglich in den frühesten Anfangszeiten des Widerstands gegeben hatte) seine Unabhängigkeit erkämpft zu haben und der eritreische Präsident brachte in einer Rede vor der Vollversammlung der UN im September 1993 seine bittere Enttäuschung über die mangelnde Untertützung, die der eritreische Freiheitskampf auch von dieser Seite erfahren hatte,[31] zum Ausdruck.

9 Marxismus, Hunger, Bruderkrieg und Versöhnung

Nach dem Militärputsch von 1974 übernahm das ›Koordinationskomitee der Streitkräfte‹ (= Derg) unter dem Major Mengistu Hayle Mariam die Macht in Äthiopien. Zwar hielt dieser sich zunächst noch im Hintergrund und machte seinen früheren Förderer, den eritreischstämmigen General Aman Andom, für kurze Zeit zum Staatspräsidenten. Doch zeigte er bald sein wahres Gesicht und liquidierte die gemäßigteren Militärs höherer Ränge, Angehörige der königlichen Familie, ehemalige Minister, kurz, ›Reaktionäre‹ der alten Ordnung, welche in Mengistus Augen die Revolution gefährdeten. Eine Einheitspartei wurde gegründet, die Wirtschaft großenteils verstaatlicht, eine Landreform[1] mit Kollektivierung der Landwirtschaft durchgeführt.[2] Dass derjenige, der das Land bebaute, auch der Besitzer sein sollte, kam vielen Äthiopiern, von denen die meisten Bauern waren, durchaus entgegen. Viele hatten fast als Leibeigene gelebt unter repressiven Adeligen und waren, gerade im Süden, Opfer von Enteignungen und rücksichtslosen Agrarunternehmern neuen Stils geworden.

Wahlen oder Konzessionsbereitschaft gegenüber den Eritreern (bzw. später auch anderen Rebellen) waren keine Option für Mengistu. Dieser völlige Mangel an Flexibilität, der zu Beginn seine Durchsetzungsfähigkeit ausgemacht haben mag, trug später wesentlich zum Scheitern des Regimes bei. Auch in den Städten wurden Haus- und Grundbesitz stark eingeschränkt, Stadtteilverwaltungen wurden eingerichtet, die Gebühren und Mieten erhoben, daraus Sozialleistungen bezahlten, die Bevölkerung mobilisierten für Massenveranstaltungen und für Disziplinierung und Überwachung im Sinne des Regimes sorgten. ›Wissenschaftlicher Sozialismus‹ - bzw. das einfache Verständnis, das Mengistu Hayle Mariam davon hatte - sollte die Grundlage der Politik sein und Massenorganisationen sollten das Volk einbinden, indoktrinieren und motivieren. Schon bald gab es Unzufriedenheit mit dem neuen Regime, das - wie fast alle sozialistischen Regime in Afrika - wenige der Hoffnungen, die manche gehegt hatten, erfüllte. 1976 fand ein Umsturzversuch statt, der scheiterte. Mengistu nutzte dies aus zu einer entschiedenen Reaktion. Er wurde jetzt selbst Staatsoberhaupt und initiierte 1977 die Phase des ›Roten Terrors‹ (EAPA), in der er zahlreiche ›Klassenfeinde‹ ermorden ließ. Nun ging es darum, die Elite ganz auszuschalten, die besser gebildeten Komponenten der Gesellschaft zu marginalisieren und alle, die intellektuell zu irgendeiner Form von Opposition imstande gewesen wären, zu neutralisieren. Von da an gab es keine ernsthafte Opposition mehr gegen das Regime. Seine persönlichen Komplexe setzte Mengistu in Gewalt und Brutalität um,[3] Personenkult um den ›Chairman‹ nahm an Bedeutung zu und Mengistu pflegte zuletzt sogar die Legende seiner Abstammung von der salomonischen Dynastie.

Im internationalen Kontext hatte die marxistische Revolution schwerwiegende Folgen. Das Verhältnis zwischen dem nach links gerückten Äthiopien und seinem bisher engsten Alliierten, den USA, kühlte sich zwangsläufig ab, auch wenn die USA zunächst weiter Waffen in großem Stil lieferten in der Erwartung, auf diese Weise Einfluss auf den bewährten Partner zu behalten. Doch gleichzeitig fand eine Annäherung des kommunistischen Regimes in Addis an die Sowjetunion[4] statt. In diesem Spannungsfeld entwickelten sich auch die äthiopisch-somalischen Beziehungen. Somalia – im Vertrauen auf weitere umfangreiche Hilfe aus dem sozialistischen Lager – griff 1977, dem Jahr, in dem der ›Rote Terror‹ begann, seinen Nachbarn Äthiopien an, der ja Ogaden kontrollierte, dessen somalische Bevölkerung nach Somalia blickte.

Dieser Angriff lieferte den Impuls zu einer Umorientierung der Sowjetunion,[5] die sich nun, da es zu einer offenen Konfrontation zwischen ihren beiden Alliierten kam, entscheiden musste, auf welcher Seite sie stand. Wie zu erwarten, gaben die Sowjets Somalia auf zugunsten des wichtigsten Landes am Horn von Afrika, Äthiopien, das nun mit massiven Waffenlieferungen unterstützt wurde. Äthiopien fügte Somalia 1978 vor allem mit Unterstützung sozialistischer Bruderländer (z. B. kubanische Truppen) eine entscheidende Niederlage zu und vertrieb auch die Western Somali Liberation Front aus Ogaden. Ein Flüchtlingsstrom von Somalis aus Ogaden nach Somalia setzte ein – insgesamt sollen 900 000 Menschen beteiligt gewesen sein. Von dieser Migrationswelle hat sich der fragile somalische Staat nie wirklich erholt.

Die unmittelbare Bedrohung Äthiopiens von außen war zwar abgewehrt, aber innere Revolten nahmen an Intensität zu und bald reiften auch die ersten Früchte einer zunehmend sozialistischen Wirtschafts- und Gesellschaftsordnung. Auch wenn die Opposition aufgrund des Staatsterrors kaum noch eine Gefährdung für das Regime darstellte, schwächten Misswirtschaft, Fehlplanung, Ineffizienz und das Entstehen eines an Bedeutung zunehmenden Schwarzmarktes die Regierung. Wirtschaftliche Wachstumsraten gerieten in den Minusbereich.[6]

Das Scheitern eines Regimes, die Geburt einer Nation

Ein besonderes Wahrzeichen für das spektakuläre Scheitern des Derg-Regimes stellt die Hungerkatastrophe[7] von 1983–1985 dar. Um die Feiern zum zehnjährigen Jubiläum der Revolution nicht zu überschatten, sollte die Hungersnot, die sich im Norden des Landes anbahnte, verheimlicht werden. Die dann ausbrechende Katastrophe, verstärkt durch eine Heuschreckenplage (wie sie am Horn von Afrika auch 2020 wieder ausgebrochen ist), wurde folglich, da nicht rechtzeitig Maßnahmen ergriffen worden waren, umso heftiger. Sie nahm solche Ausmaße an, dass sie selbst in Zeiten ohne Internet oder Mobiltelefon nicht vertuscht werden konnte. Ein beispielloser internationaler Hilfseinsatz rollte an, an dem die NVA der DDR und bundesrepublikanische Stellen, die USA und die UdSSR systemübergreifend zusammenarbeiteten. Bilder der dreijährigen Birhan Woldu gingen als ›Gesicht des Hungers‹ um die Welt, der irische Musiker und politische Aktivist Bob Geldof machte Millionen in aller Welt die Hungerkatastrophe bewusst und konnte so beträchtliche Hilfsgelder generieren. Dennoch kostete die Hungerkatastrophe[8] von 1983–1985 eine halbe Million Menschenleben (manche Schätzungen gehen sogar von 1 Million Todesopfer oder mehr aus), wobei die meisten Opfer in Tigray zu beklagen waren. Dies war für die Derg-Regierung umso peinlicher, als sie propagandistisch lauthals verkündet hatte, Hungersnöte wie unter dem kaiserlichen Regime werde es von nun an nicht mehr geben. Das Derg-Regime versuchte, durch großangelegte Umsiedlungsaktionen die Katastrophe abzumildern, was aufgrund schlechter Organisation jedoch misslang. 600 000 Bauern sollten in den Süden transferiert werden, wo sie auf sich allein gestellt waren. Hilfsorganisationen, darunter ›Ärzte ohne Grenzen‹, übten scharfe Kritik an dem planlosen, verlustreichen Bevölkerungstransfer, der einmal mehr die Inkompetenz der Derg-Führung unter Beweis stellte. Hunger und ausländische Nahrungsmittelhilfe wurden im Kontext des Bürgerkriegs als Mittel der Kriegsführung instrumentalisiert. Der Bürgerkrieg nahm dennoch oder gerade deshalb immer verheerendere Folgen für die Zentralregierung an, die – nicht nur in Eritrea, sondern auch in Tigray – an Terrain verlor. Im März 1988 schloss Äthiopien deshalb mit Somalia ein Abkommen über die Beibehaltung des Status quo, um so Militär, das bislang in Ogaden gebunden war, an die Heimatfront werfen zu können. Auch die Beziehungen zum wichtigsten Alliierten, der Sowjetunion, wurden Ende der 1980er-Jahre immer angespannter. Während die Sowjetunion eine Reformphase durchmachte, verharrte die äthiopische Führung in einem bornierten Steinzeitkommunismus. Deshalb kamen die erwarteten Rüstungsgüter nicht mehr nach Äthiopien, selbst China wies die Anbiederungsversuche Mengistus zurück. Die Wirtschaft, die seit der Revolution kein reales Wachstum mehr erlebt hatte, wurde weiter dadurch belastet, dass über die Hälfte[9] der Staatseinnahmen für Rüstung ausgegeben wurde. Die Aufständischen drangen in immer mehr Regionen des Landes vor. Letzte Maßnahmen dokumentierten mehr die Verzweiflung des Regimes als dass sie Erfolge gebracht hätten. Ein Versuch, Unterstützung von Israel zu erhalten, die Verteilung von Waffen an die Einwohner von Gonder und Nordschewa, eine Erklärung über die Beendigung des Sozialismus im Land – letzte Verzweiflungsaktionen eines gescheiterten Regimes. Die Bauern des Landes eigneten sich Ländereien an und ignorierten die Verwaltung, die Oromo-Befreiungsfront[10] wurde aktiv und wuchs schnell an, der eritreische EPLF-Führer Isayas Afeworki gewann zunehmend internationale Akzeptanz.

Die Aufständischen errangen weitere Erfolge und rückten im Süden vor, die Hauptstadt Addis Abeba wurde eingekreist. In den letzten Tagen des Regimes wurde noch ein Deal mit Israel geschlossen. Gegen eine Zahlung von 36 Mio. $ ermöglichte das Mengistu-Regime Israel einen weiteren Transfer von ›äthiopischen Juden‹. Zwischen dem 23. und dem 25. Mai 1991 wurden in 35 Stunden über 14 000 Falascha von Addis Abeba nach Tel Aviv geflogen. Diese letzte finanzielle Zuwendung konnte das Parasitenregime nicht retten. Nach vergeblichen Verhandlunsangeboten an seine inneren Gegner floh der gescheiterte Diktator Mengistu im Mai 1991 – er hinterließ ein runiertes Land und Milliarden

Schulden sowie Hunderttausende Tote, die seine Herrschaft gekostet hatte. Auch zahlreiche Minister seiner Regierung versuchten, sich abzusetzen, teilweise suchten sie Zuflucht in der italienischen Botschaft in Addis Abeba. Das völlige Versagen des äthiopischen Sozialismus und seines dumpfen Diktators Mengistu Hayle Mariam war auch ein Scheitern der traditionellen Moskauer Drittweltpolitik, ein (weiteres) Versagen der Sowjetunion, deren Äthiopien-Engagement Michela Wrong treffend mit einem Wort von Oscar Wilde charakterisierte als »stupidity aggravated by good intentions«.[11]

Neuanfang mit Hindernissen

Die Ethiopian People's Revolutionary Democratic Front (EPRDF), ein Zusammenschluss von Oppositionsgruppen, nahm mit Unterstützung der eritreischen EPLF am 28. Mai 1991 die äthiopische Hauptstadt ein. TPLF-Führer Meles Zenawi (1955–2012) wurde Chef einer Übergangsregierung, dann äthiopischer Premierminister. Eritrea wurde unter EPLF-Chef Isayas Afeworki (geb. 1946) de facto unabhängig, die EPLF wurde die dominierende politische Kraft im entstehenden neuen Staat. Über 100 000 Äthiopier, vor allem solche, die mit dem gestürzten Regime verbunden waren, wurden aus dem sich formierenden Staat Eritrea ausgewiesen. In Äthiopien herrschte mit der TPLF jetzt ein enger Verbündeter der EPLF – nur gemeinsam hatten sie, unter Einbeziehung anderer Oppositionsgruppen, das verhasste Mengistu-System zerschlagen und seine blutige Diktatur, die auch in Eritrea zahlreiche Massaker an Zivilisten verübt hatte, beendet. Die neue Lage am Horn von Afrika war entstanden aus dem wachsenden ethnischen Selbstbewusstsein der unterschiedlichen Bevölkerungsgruppen. Der orbis aethiopicus hatte immer aus unterschiedlichen Sprachgruppen und Nationalitäten bestanden, aber das salomonische Reich war stets von jeweils einer spezifischen Ethnie beherrscht worden.[12] Seit Menilek II. waren Schewa als Kernland und die amharischsprachige Bevölkerungsgruppe als Träger des Reiches, als ›Staatsvolk‹ par excellence erschienen. Die anderen Ethnien waren sich zunehmend der untergeordneten Rolle, die sie spielten, ebenso bewusst geworden wie einer gewissen Diskriminierung. Besonders in Tigray und in Eritrea wurde dies empfunden, aber auch in Regionen des äthiopischen Südens (beispielsweise unter den Oromos), die noch nicht so lange zum Reich gehörten und sich benachteiligt oder gar verachtet fühlten. Mengistu Hayle Mariam, selbst aus dem Süden (Wolaytta) stammend, hatte diese Diskriminierung explizit als Grund für seine kommunistische Revolution von 1974 genannt. Die Liquidierung der eritreischen Autonomie ebenso wie das Gefühl der Vernachlässigung und Marginalisierung in Tigray waren wichtige Faktoren bei der Genese der Opposition[13] gegen die brutale Mengistu-Herrschaft. Die Amharen wurden als Usurpatoren betrachtet, lag doch das ehrwürdige Zentrum des Reiches in Aksum, also in Tigray – hier hatte die alte Kultur ihre Wurzeln; und Ge'ez, das klassische Altäthiopisch, steht dem Tigrinya weit näher als das später weiter südlich aus einem Verschmelzungsprozess entstandene Amharisch. Schon früh hatte sich in der TPLF eine, wenn vielfach auch verdeckte, Diskussion entwickelt, ob man die Herrschaft in Äthiopien anstreben solle oder einen unabhängigen (Groß-)Tigray-Staat, wie etwa in einer Erklärung von 1976 bereits formuliert.[14] Nun lag seit Mai 1991 die Herrschaft in Äthiopien in der Hand der Tigray (TPLF), die der EPLF für ihre Hilfe bei der Machtergreifung in Addis die Unabhängigkeit Eritreas konzedieren musste. Eine zunehmende ethnische Bewusstwerdung, eine Besinnung auf nationale Identitäten und Sprachen, auf regionale Prägungen und Besonderheiten entwickelte sich im neuen Äthiopien, die aber teilweise bereits Wurzeln in länger zurückreichenden Traditionen und Nationalismen hatten. Sie hatte zur Gründung der TPLF und der verschiedenen Oromo-Oppositionsgruppen geführt.[15] Erstmals entstand die Idee eines äthiopischen Föderalsimus, der ein Auseinanderfallen bzw. eine Implosion des Reiches verhindern sollte. Äthiopien bezeichnete sich unter der Übergangsregierung selbst erstmals als ›Föderale Republik‹. Ein Kabinett wurde nach ethnischen Gesichtspunkten gebildet. Doch die Tigray-dominierte EPRDF-Koalition behielt faktisch die Kontrolle. Das Land wurde in neue Verwaltungszonen aufgeteilt, die sich an den Sprachen[16] orientierten und den ethnischen Unterschieden der Regionen Rechnung tragen sollten, dennoch aber auch Unzufriedenheit schufen. Das eritreische Selbstverständnis war ein anderes. Nicht eine spezifische ethnische Identität war ausschlaggebend für Eritrea, sondern die koloniale Vergangenheit. Bereits Ägypten hatte Teile Eritreas okkupiert. Die italienische Kolonie Eritrea hatte prägend gewirkt und in einem halben Jahrhundert eine besondere Identität geschaffen – eine Nation war entstanden, deren Name sich erst in der Kolonialzeit durchgesetzt hatte. In Eritrea gab es neun unterschiedliche Sprachen und Ethnien, deren Existenz durchaus anerkannt wurde, die sich gemeinsam für die Unabhängigkeit eingesetzt hatten – das einigende Band für sie war aber die koloniale Vergangenheit, die alle Menschen im Land, alle ethnischen Gruppen, verband und besondere ›eritreische‹ Kriterien für die Bildung und Definition der ›Nation‹ geschaffen hatte.

Mit der faktischen Unabhängigkeit Eritreas ergab sich für Äthiopien ein neues Problem: Das große, sich weit ins Landesinnere und nach Süden erstreckende Land hatte seinen Zugang zum Meer im Norden, die wichtigen Häfen Asab und Massawa, erneut verloren. Es gab zahlreiche Menschen in Äthiopien, welche die ›Aufgabe‹ Eritreas, das sie als integralen Bestandteil ihres Landes auffassten, kritisch sahen. Gerade in Tigray betrachteten viele Eritrea als Teil ihres traditionellen Erbes, hatte man doch beiderseits der Grenze die gemeinsame Muttersprache Tigrinya und waren Regionen, durch die jetzt eine Grenze verlief, lange als zusammengehörig empfunden worden.

Auch die Unzufriedenheit, die unter den Oromos zunahm, führte bald zu ernsten Unruhen. Die USA, die im neuen Äthiopien einen wichtigen Partner für ihren Einfluss sahen und deshalb an einer Stabilisierung Interesse hatten, versuchten zu vermitteln und leisteten über viele Jahre massive Hilfe.[17] 1992 kam es zu Wahlen in Äthiopien, an denen jedoch starke Kritik geübt wurde, da sie Mindeststandards nicht entsprachen,[18] denn nicht alle Oppositionsgruppen nahmen teil und es kam zu Unregelmäßigkeiten. Auch Rechtsstaatlichkeit und gute Regierungsführung waren nicht durchweg gegeben, Oppositions- und Exiljournalisten beklagten Korruption und die Entstehung mafiöser Strukturen innerhalb des Regierungsapparats.

Die USA jedoch, denen in erster Linie an einer dauerhaften Konsolidierung des Horns von Afrika gelegen war, zeigten ihre Bereitschaft, auch kleine Schritte in Richtung Demokratie und Rechtsstaatlichkeit zu honorieren und die Tatsache, dass überhaupt Wahlen stattgefunden hatten, höher zu bewerten als die Mängel. Doch weder in Äthiopien noch in Eritrea herrschte ein Wirtschaftsklima, das ausländische Investoren anziehen oder halten konnte. Die Wirtschaft stand noch immer stark unter staatlicher Kontrolle.

Äthiopien erkannte die Unabhängigkeitserklärung Eritreas, die am 24. Mai 1993 aufgrund eines Referendums im April erfolgte, unverzüglich an und unterstrich dies mit der Teilnahme von Ministerpräsident Meles Zenawi an der Zeremonie in Asmara. Aufbruchstimmung, Optimismus und Zuversicht herrschten. Schon 1992 war es zwischen beiden Seiten zu Handelsvereinbarungen gekommen, die Äthiopien die Nutzung der eritreischen Häfen Asab und Massawa ermöglichten. Im September 1993 wurde eine gemischte Kommission zur Behandlung eventuell auftauchender Probleme im Verhältnis beider Staaten geschaffen. Weite Kreise in der äthiopischen Bevölkerung waren jedoch nicht bereit, die Unabhängigkeit Eritreas ohne weiteres zu akzeptieren und anlässlich der inneräthiopischen Föderalismus-Debatte kam das Gerücht auf, Äthiopien solle aufgeteilt werden, die Schaffung eines Groß-Tigray sei geplant. Noch vor der eritreischen Unabhängigkeitserklärung war es bereits im Januar 1993 zu Demonstrationen gekommen, die von der Regierung mit Härte unterdrückt und zu ›Säuberungen‹ im Universitätsbereich genutzt wurden. Auch die Wahl zur äthiopischen Nationalversammlung 1995 war wenig geeignet, die demokratische Gesinnung der Führung unter Beweis zu stellen. Die EPRDF-Koalition gewann eine voraussehbare absolute Mehrheit, denn viele Oppositionsgruppen blieben abwesend. Eine neue Verfassung mit Betonung der nationalen Vielfalt trat im August 1995 in Kraft, das Land wurde in acht Bundesstaaten und die Hauptstadt gegliedert. Dominierend aber blieb das Tigray-Element, das die äthiopische Politik maßgeblich bestimmte, wenn auch bei der Besetzung hochrangiger Positionen andere Gruppierungen berücksichtigt wurden. Die internationale Gemeinschaft leistete wesentliche Beiträge zur Stabilisierung des Landes, dessen neue Regierung als Fortschritt gegenüber dem dumpf-brutalen Derg-Sozialismus, der von 1974 bis 1991 Äthiopien bedrückt und heruntergewirtschaftet hatte, empfunden wurde. Die wirtschaftliche Entwicklung im Land profitierte davon, das Wirtschaftswachstum nahm zu – freilich blieb das Haushaltsdefizit chronisch.

Problematisch entwickelten sich indessen die äthiopischen Beziehungen zu Somalia, vor allem aber zu Eritrea. Aus Somalia griff islamistischer Terror auf Ogaden über, den Äthiopien mit energischen Gegenaktionen und beträchtlichem Aufwand beantwortete.

In den Beziehungen zum neu gegründeten eritreischen Staat entstanden zwischen den ehemaligen Waffenbrüdern Spannungen.[19] Dabei spielten die Aktivitäten und Rechte der Menschen im jeweiligen Nachbarland ebenso eine Rolle wie die Abwicklung des äthiopischen Handels über die eritreischen Häfen und dessen Vergütung. Beide Länder litten damals unter wirtschaftlichen Belastungen – Äthiopien unter der Schwäche des internationalen Kaffeemarktes, Eritrea unter der Konkurrenz des Hafens Dschibuti. Meinungsverschiedenheiten herrschten auch über Zahlungsmodalitäten im Handelsverkehr. Als Eritrea 1997 eine eigene Währung einführte, spitzten sich die Spannungen zu. Nicht zufällig trug die neue eritreische Währung die symbolträchtige Bezeichnung ›Nakfa‹ (gedruckt in München), den Namen der Stadt, der für eritreische Standhaftigkeit und Erfolg im Unabhängigkeitskrieg gegen Äthiopien stand. Die Einführung einer eigenen Währung durch Eritrea verursachte bei vielen auf äthiopischer Seite Verbitterung und erforderte Regelungen für Divergenzen in den Fragen grenzüberschreitenden Zahlungsverkehrs, bei Handels- und Wirtschaftsaktivitäten.

Grenzkonflikt oder mehr?

Als extrem sensibel erwiesen sich auftauchende Grenzprobleme.[20] Die etwa 1000 km lange Grenze zwischen den beiden in vielfältiger Weise miteinander verflochtenen Nachbarn, die hätte verbindend wirken können, wurde jetzt zum Problem. Die Grenzproblematik hatte sich schon während des gemeinsamen Widerstands von EPLF und TPLF gegen das Derg-Regime abgezeichnet. Bereits 1984 war offensichtlich geworden, dass die eritreische Befreiungsfront und die Befreiungsfront von Tigray über den genauen Grenzverlauf unterschiedliche Auffassungen hatten, die sie aber im Sinne der gemeinsamen Sache damals zurückzustellen bereit waren.[21]

Das Territorium Eritreas war gemäß der Grenzziehung der italienischen Kolonie Eritrea festgelegt worden, die allerdings schon jahrzehntelang keine echte Grenze mehr gewesen war, da Eritrea völlig in den äthiopischen Staat integriert worden war. So gab es dauernde grenzüberschreitende Aktivitäten (wie auch schon vor der italienischen Kolonialzeit), Interessen und auch Querelen, die in langjährigen Gewohnheiten verwurzelt waren und im Kontext dörflicher Landwirtschaft stattfanden, jetzt aber auf einmal zu veritablen internationalen Grenzverletzungen oder -konflikten werden konnten.

In einer ohnehin angespannten Stimmung konnten solche im Grunde geringfügigen Divergenzen leicht eskalieren oder gar instrumentalisiert werden. 1998 führte ein an und für sich bangloser Zwischenfall nahe dem unbedeutenden Dorf Badme an der Grenze zu einem umfassenden Krieg, der zu den größten und verlustreichsten Konflikten gehört, die es in den vergangenen Jahrzehnten auf dem afrikanischen Kontinent gegeben hat.[22] Hunderttausende starben (die Schätzungen variieren stark). Die ungehemmte militärische Konfrontation und die schnelle Eskalation hingen damit zusammen, dass die Regierungen von Eritrea und Äthiopien aus Untergrundbewegungen hervorgegangen und aus Guerilla-Gruppen entstanden waren, die wohl umfangreiche Erfahrungen in allen Arten der Kriegsführung hatten, aber keinerlei diplomatische Expertise. Eine Tradition der Verhandlungsführung und des Konfliktmanagements existierte nicht. Beschlüsse und Entscheidungen wurden nicht von abwägenden Fachbeamten in Ministerien abgestimmt, reiflich überlegt und sorgfältig unter Berücksichtigung aller Aspekte formuliert sowie durch nüchterne Analysen flankiert. Am gesamten Horn von Afrika gab es keine entwickelte Debattenkultur, dialektisches Denken und argumentieren war kaum verbreitet und Kompromisslösungen wurden als Zeichen von Schwäche missverstanden. So konnte ein geringfügiger Anlass zu einer mörderischen Auseinandersetzung führen, die allenfalls aus den psychologischen Rahmenbedingungen erklärbar ist. Die Schwierigkeiten der auszubauenden und auszugestaltenden bilateralen Beziehungen hatten die Euphorie der ersten Zeit nach dem Sturz des Derg-Regimes bald abkühlen lassen. Dass da, wo früher ungehinderter ›Inlandsverkehr‹ stattgefunden hatte, auf einmal eine Grenze bestand, dass eine neue Währung in Eritrea auf der anderen Seite der Grenze Animositäten entfachte aufgrund ganz banaler Alltagsschwierigkeiten im ›kleinen Grenzverkehr‹, dass die Abwicklung des äthiopischen Handels über eritreische Häfen zahlreiche praktische Probleme aufwarf – das hatte die Stimmung eingetrübt und auch alte Wunden wieder schmerzen lassen. Im Vorfeld des Krieges von 1998 sagte der äthiopische Führer Meles Zenawi verächtlich, Kamele mögen das Wasser von Asab trinken und leitete den äthiopischen Handel nach Dschibuti um, dessen Hafen überfordert war und wo zahlreiche Güter sich deshalb stauten und rosteten.

Bei vielen in Äthiopien war die Loslösung eines unabhängigen Eritrea noch nicht verschmerzt und in Tigray, dessen Befreiungsfront jetzt die äthiopische Regierung dominierte, gab es Stimmen, die Eritrea als Teil eines zu schaffenden ›Groß-Tigray‹ sahen. Die Kontrolle Eritreas schien vielen als die natürliche Voraussetzung für ein starkes, vielleicht sogar unabhängiges Tigray, das sich in einer verlustreichen Revolution aus der amharischen Vorherrschaft gelöst hatte. In Eritrea sah man in allen Divergenzen eine Gefahr für die so mühsam in einem jahrzehntelangen, schmerzlichen, verlustreichen Krieg erkämpfte Unabhängigkeit.

Zwischen beiden Staaten bestand Misstrauen anstelle von Versöhnlichkeit, Selbstbehauptungswille statt Konzilianz und sture Beharrlichkeit statt Kompromissbereitschaft. So zog sich der Krieg mit Unterbrechungen bis ins Jahr 2000 hin, trotz internationaler Vermittlungs- und Friedensbemühungen. Als im Juni 2000 nach fast genau zweijährigem Krieg unter Vermittlung der OAU ein Waffenstillstand zustande kam, standen äthiopische Truppen tief in Eritrea. Ein Friedensprozess wurde in Algier eingeleitet unter Federführung der OAU sowie unter Beteiligung der USA und der EU. Die Führer beider Länder, Premierminister Meles Zenawi und Präsident Isayas Afewerki, begaben sich nach Algier, um dort am 12. Dezember 2000 ein Friedensabkommen zu unterzeichnen – der Weg schien nun frei zu einer konstruktiven Regelung von Detailfragen (Flüchtlinge, Kriegsgefangene etc.) und zu einer Beilegung des Grenzkonflikts unter internationalen Auspizien.

Eine Grenzkommission bildete sich in Den Haag, die aufgrund historischer Landkarten (teilweise aus der italienischen Kolonialepoche) die Grenze festlegte und deren Schiedsspruch sich beide Seiten verpflichtet hatten anzunehmen. Die Entscheidung über die Grenzfrage fiel am 13. April 2002 – sie entsprach weitgehend der eritreischen Sicht, Badme wurde Eritrea zugesprochen.²³ Doch die Erwartung, dadurch sei das Problem entschärft, bewahrheitete sich leider nicht. Äthiopien weigerte sich, die Entscheidung zu akzeptieren und verlangte eine Revision. (Die äthiopische Führung behauptete zunächst gegenüber der eigenen Bevölkerung sogar fälschlicherweise, die Entscheidung sei zugunsten Äthiopiens ausgefallen.) Auf eritreischer Seite empfand man zwar Genugtuung über den Beschluss von Den Haag, war aber zutiefst enttäuscht über die äthiopische Verweigerungshaltung. Nicht die erwartete Entspannung trat ein, sondern im Gegenteil eine Verhärtung der Fronten.

No War, No Peace

Es kam 2002 und auch später nicht zu einvernehmlichen Regelungen der Detailfragen zwischen den beiden Antagonisten, sondern zu einer Eiszeit, einem ›No War, No Peace‹. Eine UN-Friedenstruppe (UNMEE) wurde einige Jahre entlang der Grenze stationiert, wo eine 25 km breite entmilitarisierte Zone eingerichtet wurde, um ein Wiederaufflammen des Konfliktes zu verhindern. Eritrea erwartete von der internationalen Gemeinschaft, die Grenzregelung durchzusetzen und internationalem Recht zur Geltung zu verhelfen. Nichts dergleichen geschah. Die USA beschlossen, Äthiopien, das ihnen als wichtiger, unersetzlicher Verbündeter erschien, ungeachtet seiner wenig konstruktiven Haltung in der Grenzfrage, weiter zu unterstützen.²⁴ Zu wichtig schien Washington die Zusammenarbeit mit der Regierung in Addis Abeba, zu riskant schien ein Affront gegen ein Land, das bis vor kurzem eher ins antiamerikanische Lager abgedriftet war und die Position der Sowjetunion am Horn von Afrika gestärkt hatte, jetzt aber bereit war zu einer Teilnahme am ›Krieg gegen den (islamischen) Terror‹. So drängten die USA nicht auf die Durchsetzung einer Rechtsposition, die zwar nach Ansicht aller maßgeblichen Experten eindeutig war, aber den Interessen des wichtigsten amerikanischen Alliierten in der Region nicht entsprach. US-Präsident Obama verzichtete bei Besuchen in Äthiopien darauf, eine Implementierung der Grenzregelung und damit die Anwendung internationalen Rechts energisch einzufordern.

Andere westliche Staaten, gerade in Europa, vertraten ähnlich Positionen: Der große Vielvölkerstaat Äthiopien musste unterstützt werden, da seine Schwächung möglicherweise zu seinem Zerfall geführt und somit weitere akute Krisenherde in Afrika geschaffen hätte. Noch mehr Elend und wachsende Entwicklungsdefizite in einer ohnehin schon instabilen und ständig von Ernährungskrisen bedrohten Region, neue Dauerkonflikte und Migrationsströme, die viele Menschenleben gekostet hätten, wären die Folge gewesen. Die Auswirkungen dieser Haltung der westlichen Welt auf die gesamte Region waren drastisch. Der eritreisch-äthiopische Grenzverlauf blieb ein permanenter Krisenherd. Eritrea, das zunächst Signale in Richtung Öffnung, Entwicklung und Kooperation mit der internationalen Gemeinschaft gegeben hatte, zog sich enttäuscht ganz auf sich selbst zurück. Viele hatten gehofft, Eritrea werde ein neues ›Singapur‹ werden, aus ›grüner‹ Sicht schien ein Entwicklungsland sich in Richtung ›Nachhaltigkeit‹ und verantwortungsvolles Ressourcenmanagement zu entwickeln. Die deutsche Gesellschaft für technische Zusammenarbeit (GTZ, heute GIZ), welche mit der praktischen Durchführung deutscher Entwicklungszusammenarbeit betraut ist, begann – wie viele andere Organisationen aus aller Welt – in Asmara aktiv zu werden. Bundespräsident Herzog besuchte Eritrea 1996. Eine touristische Infrastruktur sollte entstehen, Pressevielfalt deutete sich an, eine Verfassung wurde vorbereitet. Eritrea schien, auch aus internationaler Sicht, auf gutem Weg. Dann kam der Grenzkonflikt mit Äthiopien, der Schiedsspruch und dessen mangelnde Implementierung als Einschnitt, als schwerer Schlag für Eritrea. Ein internationales Schiedsgericht hatte auf der Grundlage eines Friedensvertrages einen Entschluss gefasst, dessen Durchsetzung die Staaten, die sich gerne auf Völkerrecht und die friedliche Gestaltung internationaler Beziehungen beriefen, jetzt verweigerten. Eritrea fühlte sich betrogen[25] und allein gelassen. Die Kooperation mit der internationalen Gemeinschaft und den internationalen Institutionen hatte sich nicht ausgezahlt. Die so gerne zelebrierten ›Werte‹ einer vermeintlich ›freien‹ Welt hatten sich als Leerformeln herausgestellt – als relevant hatten sich lediglich die jeweiligen nationalen Eigeninteressen erwiesen. So zumindest musste es aus der Sicht eines jungen Staates erscheinen, der aus eigener Kraft mit nur minimaler Unterstützung von außen, nach einem sehr belastenden und äußerst opferreichen Befreiungskrieg, endlich seine Unabhängigkeit erlangt hatte und seinen Platz in der internationalen Gemeinschaft suchte. Dies war nicht die Atmosphäre, in der eine Demokratisierung und Liberalisierung, die viele zunächst erhofft hatten, gedeihen konnte.

Auch an anderer Stelle hatte Eritrea Anlass, sich gegenüber anderen Staaten der Region benachteiligt zu sehen. Wie in ganz Afrika sind auch am Horn von Afrika zahlreiche Rebellengruppen und Aufstandsbewegungen aktiv, die versuchen, ihre ethnisch-nationalistischen oder ideologischen Ziele mit Gewalt gegen die etablierten Regierungen durchzusetzen oder Autonomie zu erlangen. Sie werden von den Regierungen der Nachbarländer, die ihre Ansichten und Ziele oft teilen oder auch nur an einer Schwächung des jeweiligen Nachbarstaates Interesse haben, unterstützt, ermutigt, ausgebildet und ausgestattet. Dies ist auch in Äthiopien und Dschibuti, Eritrea, Somalia und im Sudan nicht anders. Von der internationalen Gemeinschaft mit Sanktionen belegt aber wurde allein Eritrea,[26] das hierin nur eine Bestätigung einer ungerechten und parteiischen Behandlung im internationalen Kontext sah.

Am Ende des Krieges im Frühjahr 2000 waren äthiopische Truppen auf eritreischem Boden gestanden – eine traumatische Erfahrung für die eritreische Führung, deren ultimatives Ziel, deren unverzichtbarer raison d'être, deren höchstes Gut ein unabhängiger Staat Eritrea war. Eine Gefährdung der eritreischen Unabhängigkeit durfte, konnte es nie wieder geben. Dafür hatte man Jahrzehnte hindurch gekämpft und hatte hohe Opfer gebracht – dem waren alle anderen Ziele unterzuordnen. Den Waffenbrüdern aus Tigray hatte Eritrea geholfen, sie ausgebildet und letztlich mit an die Macht gebracht in Äthiopen. Jetzt wandten diese sich gegen die ehemaligen Alliierten und Mentoren. Während des gesamten Freiheitskampfes hatte man ideologische Differenzen und gegensätzliche Interessen (die durchaus vorhanden waren) zurückgestellt im Sinne des Erfolgs der gemeinsamen Sache – jetzt entsprach das Handeln der aus der TPLF hervorgegangenen Regierung genau den traditionellen geopolitischen Gesetzmäßigkeiten, folgte den Beispielen des Derg-Regimes und Kaiser Hayle Selassies. Die Existenz des freien Eritrea war in Gefahr. Wieder einmal sollte den Eritreern ihr Recht genommen, die Existenz ihres Staates bedroht werden. Die eritreische Gemütslage war nur vor dem Hintergrund des entbehrungs- und verlustreichen jahrzehntelangen Freiheitskampfes zu verstehen.

Von da an konzentrierte die eritreische Führung ihre gesamte Energie und alle Ressourcen auf eines: Bewahrung der staatlichen Unabhängigkeit, Verteidigung der Grenzen gegen den ›Erbfeind‹.

An erster Stelle standen Landesverteidigung und Selbstbehauptung, Autarkie und die Verhinderung eventueller Abhängigkeiten von äußeren Faktoren oder fremden Institutionen und Regierungen. Deshalb wurden auch keine Kredite aufgenommen oder Formen der Entwicklungszusammenarbeit akzeptiert, die zu neuen Abhängigkeiten hätten führen können.

Die gesamte Politik des Landes wurde daran ausgerichtet, alle Ziele und Entscheidungen unter dem Aspekt der Abwehr von äußeren Bedrohungen und präventiver Maßnahmen gegen eine äthiopische Aggression zu sehen. Für mehr Freiheiten und Öffnung blieb in einer solchen Lage kein Raum. Die staatlichen Medien zeigten oft Aufnahmen und Darstellungen des heroischen Freiheitskampfes, Jahrestage im Zusammenhang damit wurden feierlich mit breiter Teilnahme und Wirkung begangen, die Notwendigkeit zur Bereitschaft ständiger Verteidigung des Erreichten wurde fortwährend beschworen, Kriegsbilder verdeutlichten die permanente Gefahr für das kleine Land, die vom großen Nachbarn Äthiopien ausging, dessen Haltung sich ja in der Grenzfrage deutlich gezeigt hatte. Patriotische Lieder und Tänze wurden aufgeführt, Interviews mit Veteranen präsentiert. Der ›National Service‹, eine Art kombinierter Militär- und Zivildienst, der in Eritrea direkt an die Schulzeit anschloss bzw. nahtlos überging und lange dauern konnte, prägte das Leben vieler junger Eritreer, sollte alle Eritreer von Jugend an auf ein Leben vorbereiten, in dem die Verteidigung der nationalen Unabhängigkeit absolute Priorität hatte.

Die Beziehungen zwischen Eritrea und Äthiopien erstarrten in einem jahrelangen Dauerfrost. Die Grenze wurde geschlossen, der Telefonverkehr abgebrochen, der früher so lebhafte ›kleine Grenzverkehr‹ – Pendler, Bauern, kleine Händler, Familien beim Verwandtenbesuch – wurde ebenso unterbunden wie der für beide Länder essenzielle bilaterale und Transit-Handel.[27] Bis 1998 war der größte Teil der äthiopischen Importe und ein wesentlicher Teil der äthiopischen Exporte über die Häfen Massawa und Asab am Roten Meer geflossen. Eritrea hatte die meisten seiner Lebensmittel aus Äthiopien bezogen sowie Rohstoffe für sein verarbeitendes Gewerbe und dorthin zwei Drittel seiner Produktion exportiert. Der gesamte Wirtschaftsverkehr, der zwischen den beiden Nachbarn eigentlich symbiotisch war und sich vorteilhaft ergänzte, erstarb mit dem Krieg 1998/2000 und wurde nach der gescheiterten Grenzregelung 2002 auch nicht wieder aufgenommen.

Für beide Länder, vor allem aber für Eritrea, stellte dies eine schwerwiegende Belastung dar. Die meisten Eritreer sind in der traditionell betriebenen Landwirtschaft tätig, deren Erträge aber kaum für die Ernährung des Landes ausreichen. Daneben hat man in Zusammenarbeit mit australischen und kanadischen Firmen den Bergbau intensiviert – exportiert werden Gold, Kupfer und Potassium (Pottasche/Kaliumkarbonat). Es gibt eine sehr bescheidene Industrie (z. B. besteht in Keren ein pharmazeutischer Betrieb in Zusammenarbeit mit einem jordanischen Partner) und meist traditionelles Handwerk. Das Land ist auf Importe angewiesen und braucht hierfür Devisen. Sehr wichtig sind deshalb die Transferleistungen der zahlreichen Auslandseritreer, die in aller Welt, viele davon in Europa und Nordamerika, leben. Der Staat selbst tritt als Unternehmer auf, kontrolliert die Wirtschaft und betreibt auch im internationalen Rahmen Geschäfte (mit Schwerpunkt im Persischen Golf). Auch erhielten Staaten der Region zeitweise Nutzungsrechte im Hafen Asab.

Aufgrund der Dauerkrise am Horn von Afrika und besonders im eritreisch-äthiopischen Verhältnis und wegen der sich hieraus ergebenden Härten und Zwänge haben zahlreiche Eritreer das Land verlassen und ihr Glück in den Nachbarländern, vor allem aber nördlich des Mittelmeeres in europäischen Staaten, aber auch in den USA, Südafrika, Uganda, Israel und Australien, gesucht. Im Jahr 2018 haben über 40 000 Eritreer ihr Land verlassen, Deutschland ist aufgrund seiner großzügigen Flüchtlingspolitik eines ihrer beliebtesten Zielländer. Einerseits bedeutet dies einen schmerzhaften Aderlass für Eritrea, das so einen großen Teil seiner Jugend verliert – andererseits gewinnt das Land durch diese Migration dringend benötigte Devisen, weshalb harte Maßnahmen gegen Eritreer, die in Europa Asyl suchen und finden, von der Regierung nur dann ergriffen werden, wenn sie im Rahmen der Opposition offensiv tätig werden. Viele Eritreer sehen jedoch keinen Widerspruch darin, einerseits z. B. in Deutschland Asyl zu beantragen, andererseits möglichst schnell von hier aus Eritrea wieder zu besuchen. Fast alle Auslandseritreer sind mit ihrer Heimat eng und stark emotional verbunden und sehr viele leisten mit substanziellen Beiträgen ihren Familien in Eritrea und – direkt oder indirekt – auch dem Staat unverzichtbare Hilfe – selbst solche, die der Führung in Asmara kritisch gegenüberstehen. Die Haltung zum Regime polarisiert die Auslandseritreer: Die eine Seite beklagte mangelnde Freiheiten in Eritrea, den harten nationalen Nationalen Dienst und den Fortbestand eines Einparteienregimes. Die andere Seite sah gerade hierin eine Garantie für die nationale Unabhängigkeit und teilt die Ansicht der Regierung, nur drakonische Maßnahmen und eiserne Disziplin könnten eine gewisse Stabilität im Angesicht zahlreicher Bedrohungen sicherstellen. Dabei wird gerne auf die desolate Lage in Somalia, Jemen und im (Süd-)Sudan sowie auf die jahrzehntelange menschenverachtende Unterdrückung durch wechselnde äthiopische Regime verwiesen, welche erst durch den Befreiungskrieg und mit der Unabhängigkeit ein Ende fand. Da im Westen Eritreer meist problemlos politisches Asyl erhalten, geben sich auch zahlreiche Äthiopier (unter denen gerade die Tigray die gleiche Sprache wie die Eritreer sprechen) und Somalis als eritreische Schutzsuchende aus.

Weil auch die eritreischen Flüchtlinge in Europa aufgrund ihrer hohen Zahl und einer sinkenden Akzeptanz in der Bevölkerung von den Regierungen der

Gastländer zunehmend als Problem empfunden werden, haben manche Staaten – darunter Deutschland – wieder Kontakt zur Regierung in Asmara aufgenommen. Sie wollen helfen, wirtschaftliche Anreize für junge Eritreer dafür zu schaffen, zuhause zu bleiben und nicht den hochgefährlichen Weg ans und übers Mittelmeer anzutreten (Besuche von Bundesentwicklungsminister Müller in Asmara 2015 und 2018). Denn die reguläre Entwicklungszusammenarbeit mit Eritrea war von Deutschland 2007/08 eingestellt worden.

Äthiopien – ›Entwicklungsdiktatur‹ auf dem Weg zum ›China Afrikas‹?[28]

Ganz anders stellte sich die Lage in Äthiopien dar, obwohl es auch Parallelen zu Eritrea gab. 1990 befand sich das ganze Land im Bügerkrieg. War der damals fast abgeschlossene Prozess der Loslösung Eritreas der wohl schwerwiegendste Einschnitt, so war es nicht der einzige. Mit EPLF-Unterstützung, also mit eritrischer Hilfe, kann in Addis Abeba schließlich eine Koalition die Macht übernehmen, die von der TPLF geführt wird. Damit werden die Tigray, die kaum über 5 % der Gesamtbevölkerung Äthiopiens ausmachen, die dominierende Kraft in dem Vielvölkerstaat, in dessen Rahmen sie den einzelnen Ethnien mehr Selbstbestimmungsrecht zu geben versprachen. Für viele in Äthiopien war zwar der Sturz des korrupten, dysfunktionalen Derg-Systems, das vorwiegend mit brutaler Gewalt sein Ende hinausgezögert hatte, eine Erleichterung. Doch die Unabhängigkeit Eritreas, welche die neue Regierung konzediert hat, stieß vielfach auf Kritik. Äthiopien war jetzt vom Meer abgetrennt, ein ›landlocked state‹, hatte keine Kontrolle mehr über seine einstmals wichtigsten Häfen, seine wirtschaftlichen Lebenslinien waren nun abhängig von fremden Regierungen. Eine Ethnie stand jetzt im Vordergrund, die die gleiche Sprache sprach wie die ›abtrünnigen‹ Eritreer. Stand es der armen Region Tigray und ihren bisher am Rande des großen Landes in prekären Verhältnissen lebenden Bewohnern zu, das altehrwürdige Äthiopien zu übernehmen? Dessen Mittelpunkt war zwar vor über 1000 Jahren im heutigen Tigray gelegen, hatte sich aber längst in den Süden verschoben. Hatten die Tigray nicht schon vor Jahrzehnten gegen den eben aus dem Exil zurückgekehrten Kaiser revoltiert und jetzt, ausgerechnet mit Hilfe der Eritreer, die Macht übernommen? War es legitim, hierfür den Eritreern die Unabhängigkeit von Äthiopien zu gewähren? Dass Eritrea um seine Autonomie betrogen worden war, schwere Unterdrückung und Diskriminierung erlitten hatte und dass die Eritreer keineswegs gleichberechtigte ›Bürger‹ Äthiopiens gewesen waren, dass auch die Tigray marginalisiert gewesen waren und sich femdbestimmt fühlten, diese unbequemen Realitäten wurden in der Perspektive der meisten Äthiopier, vor allem der Amharen, eher vernachlässigt. Wenn es anfangs 1993 in Addis zu Demonstrationen gegen die bevorstehende eritreische Unabhängigkeitserklärung kam, zeigt dies, wie tief die Vorbehalte dagegen saßen.

Doch auch in Tigray selbst und unter den aus Tigray stammenden neuen Führern des äthiopischen Staates war die Unabhängigkeit Eritreas nicht unumstritten. Vielen schien es nur natürlich, dass die Tigrinya-Sprecher ein und demselben Kulturraum angehörten und dass deshalb ein großer Teil Eritreas – zumindest das Hochland, wo tigrinyasprachige Christen die Mehrheit stellten – ein natürlicher Bestandteil Tigrays war, dass jede Unterscheidung zwischen Tigray und Eritrea künstlich war und vor allem den Interessen der EPLF diente, die sich einen eigenen Staat als Aktionsfeld schaffen wollte. Ob nun Tigray ein unabhängiger Staat werden sollte oder ob die Tigray ihre Dominanz in Äthiopien ausbauen sollten und die Amharen als führende Ethnie ablösen – meist wurde Eritrea als Bestandteil des Tigray-Universums gesehen, nicht als dauerhaft unabhängig. Die Beziehungen zwischen der eritreischen und der Tigray-Führungsriege waren schon seit der Zeit der EPLF/TPLF-Partnerschaft, die in den 1970er-Jahren begonnen hatte, nicht problemlos gewesen. Auch jetzt, trotz der Anfangseuphorie nach dem Neubeginn 1991, war das Verhältnis nicht ungetrübt. Mit jedem Schritt, den Eritrea unternahm zur Konstituierung seiner Eigenstaatlichkeit, schien aus äthiopischer Sicht Abgrenzung, Distanzierung und Schikane verbunden. In Äthiopien hatte man kein Verständnis dafür, dass Eritrea eine eigene Währung einführte. Die Hafenprozeduren in Massawa und Asab boten ständig Anlass zu Divergenzen und ebenso die Transithandelsmodalitäten hätten viel Geduld, Transparenz, Kommunikation und Verhandlungsgeschick beider Seiten erfordert, während es vor allem Ressentiments und Misstrauen gab. In Tigray entwickelte sich zunehmend Gereiztheit, dass auf einmal eine Grenze bestand, wo vor kurzem noch dörfliche Nachbarschaft die Regel gewesen war. Die Grenzstreitigkeiten, die dann in der Mitte der 1990er-Jahre an Schärfe zunahmen, mögen von ihrer Substanz her unbedeutend gewesen sein – als Katalysator reichten sie aus, einen verheerenden militärischen Konflikt auszulösen. Es ging dabei weniger um belanglose Dörfer im Grenzbereich oder um die Frage, welcher Weidegrund zu Eritrea und welcher Feldweg zu Äthiopien gehöre – es ging um verletzte Eitelkeit, überhöhten Nationalismus, Angst vor den Folgen von zu viel Zurückhaltung und Konzilianz, um Emotionen und Komplexe, um Stolz und Selbstbehauptungswillen. Einige auf beiden Seiten dachten sicher auch, es gehe um den Fortbestand Eritreas oder um die Wiederherstellung des ›alten‹ Äthiopien mit Zugang zum Meer.

Als der Waffenstillstand 2000 kam, war Äthiopien militärisch im Vorteil, was viele in Äthiopien so interpretierten, als sei die Wiedereingliederung Eritreas in den äthiopischen Staat bevorstehend. Als der Friedensprozess in Algier dann eine andere Wende nahm und im Prinzip den Status quo ante bestätigte, bedeutete dies für viele Äthiopier – vor allem, aber keineswegs nur in Tigray – eine herbe Enttäuschung. Geradezu als Katastrophe wurde es angesehen, dass ein internationales Gericht Eritrea in Fragen der Grenzziehung entgegenkam. Viele sahen nicht ein, dass Eritrea für seine aus äthiopischer Sicht starre Haltung in der Grenzfrage noch belohnt werden, dass Äthiopien verlustreich errungene Vorteile einfach aufgeben sollte. Das äthiopische Nationalgefühl und Animositäten gegen Eritrea kochten hoch, Emotionen ersetzten Rationalität. In Nacht-und-Nebel-Aktionen wurden im Zuge des Konflikts über 50 000 in Äthiopien lebende Eritreer deportiert und kamen mittellos in einem Land an, das viele von ihnen noch nie gesehen hatten. 1999 repatriierte das Rote Kreuz über 20 000 Äthiopier, denen man in Asmara mangelnde Loyalität unterstellte und die man als ›fünfte Kolonne‹ empfand, aus Eritrea. Die Positionen waren verhärtet, die Situation war und blieb verfahren.

Die Regierung in Addis Abeba handhabte die Lage aber grundsätzlich anders als die Regierung in Asmara. Nach der Entscheidung in der Grenzfrage schottete sich Äthiopien zwar völlig von Eritrea ab, war aber nicht so sehr auf diesen Antagonismus fixiert wie das kleine Eritrea. Im internationalen Kontext zeigte sich Äthiopien kooperativ und erreichte es, weiterhin die wohlwollende Aufmerksamkeit der USA und der internationalen Gebergemeinschaft auf sich zu ziehen. Als größter, volkreichster und somit wichtigster Staat am Horn von Afrika war Äthiopien von essenzieller Bedeutung für alle, denen relativer Frieden in der Region am Herzen lag und die eine weitere Destabilisierung verhindern wollten. Das Auseinanderfallen eines Staates, in dem 70–80 verschiedene Sprachen gesprochen werden, und die Entstehung neuer Krisenherde in diesem Kontext war ein ständiges Schreckensszenario. 2018 hat Äthiopien deshalb internationale Entwicklungshilfe in Höhe von 5 Mrd. $ erhalten, Deutschlands Beitrag belief sich auf 374 Mio. Euro. Zudem war Äthiopien bereit, am amerikanischen Krieg gegen den Terror, der auch am Horn von Afrika geführt wurde, mitzuwirken. Dies war sogar im ureigenen Interesse von Addis Abeba, da durch die Irredenta-Situation im somalischen Ogaden immer die Gefahr bestand, dass islamistische Kräfte aus Somalia auch versuchten, dort Fuss zu fassen, sich einzumischen und ihre Machtposition in Ogaden auszubauen. Darüber hinaus hat der muslimische Anteil an der Bevölkerung Äthiopiens im Zuge des 20. und 21. Jahrhunderts zugenommen – mindestens ein Drittel[29] der Äthiopier sind heute Muslime.

Äthiopien hat es verstanden, Investitionen und Entwicklungszusammenarbeit aus der ganzen Welt ins Land zu holen, obwohl es durchaus in den Bereichen Rechtsstaatlichkeit und Demokratie noch Nachholbedarf hat (auf dem Demokratie-Index des ›Economist‹ liegt Äthiopien 2018 auf Platz 128 von 167).

Einerseits lebt ein großer Teil der ca. 110 Millionen Einwohner noch in Armut und vielfach von traditioneller Landwirtschaft. Unter der Armutsgrenze von 2 $ pro Tag lebt noch fast ein Drittel der Äthiopier (allerdings waren es 1995 noch zwei Drittel). Das Land hat lediglich ein BIP (pro Kopf 2018) von etwas über 850 $ (weniger als 2 % des deutschen BIP im selben Jahr).

Ökonomisch dominierend sind immer noch landwirtschaftliche Produkte, wichtigste Exportgüter sind Kaffee (der die meisten Devisen bringt) und Ölsaaten. Zwischen den Ländern am Horn von Afrika besteht ein unkontrollierter und unregistrierter Handel in landwirtschaftlichen Produkten auf Wegen, die wie in alten Zeiten über die Grenzen, welche vielfach durch unwegsames Bergland oder wüstenhafte Regionen verlaufen, transportiert werden und in keiner Statistik erscheinen.

Andererseits sind durch ausländische Investoren große Projekte in Angriff genommen worden: So werden mit chinesischer Hilfe mehrere ›Industrieparks‹ entwickelt (die in der Bevölkerung u. a. aufgrund von Landenteignungen auch auf Unwillen stoßen). Energie-, Wasser- und Verkehrsinfrastrukturprojekte wer-

Abb. 19: Äthiopierinnen sortieren Kaffeebohnen.

den mit verschiedenen ausländischen Investoren angegangen, China erneuert die äthiopische Bahnverbindung nach Dschibuti. Wie ein Aufbruchssignal[30] wirkt die Hochbahn in Addis Abeba, die modernste Stadtbahn in Afrika südlich der Sahara, fast surreal über den Niederungen einer typischen Drittweltgroßstadt. Die Zahl der Schulen hat sich vervielfacht und es gibt heute 36 Universitäten im Land. Dennoch sind viele – auch junge – Äthiopier noch Analphabeten und zahlreiche Menschen wurden von den Segnungen der ›Entwicklungsdiktatur‹ im ›China Afrikas‹,[31] wie Äthiopien in der Neuen Züricher Zeitung genannt wurde, noch nicht erreicht – nach wie vor fliehen viele Äthiopier (der Anteil an jungen Menschen, auch gut ausgebildeten, denen Arbeitslosigkeit droht, ist hoch) nach Europa, in die Nachbarstaaten oder nach Südafrika. Jedoch ist die Kindersterblichkeit stark gesunken, die Geburtenrate deutlich zurückgegangen, das Wirtschaftswachstum erreicht fast 10 % pro Jahr.[32] Aber das Bevölkerungswachstum ist noch immer viel zu stark und relativiert die Entwicklungsfortschritte, so dass Äthiopien auf dem Human Development Index (Einkommen, Bildung, Lebenserwartung) der UN nur Platz 173 (von insgesamt 189 Ländern) einnimmt[33] und sein Außenhandel ein starkes Defizit aufweist. Millionen Menschen sind noch immer auf Nahrungsmittelhilfe angewiesen.

Symbolcharakter hat aber die moderne Schnellbahn in Addis nicht nur für die Modernisierung, sondern auch für neue Abhängigkeiten – zu über 80 % ist sie von China finanziert. China hat in fünf Jahren Kredite in Höhe von 10 Mrd. $ an

Äthiopien vergeben und der Anteil Chinas am äthiopischen Handel beträgt heute fast ein Drittel, während er 1990 noch völlig bedeutungslos war.

Dies ist Ergebnis einer umfassenden Offensive Chinas, die sich mit dem wohlklingenden, (positive) historische Assoziationen evozierenden Epithet ›Neue Seidenstraße‹[34] schmückt. Dahinter verbirgt sich eine großangelegte chinesische Strategie, durch Kreditvergabe Abhängigkeiten zu schaffen, Chinas Märkte weltweit auszubauen, Infrastrukturprojekte unter chinesischer Ägide zu lancieren und Afrika zur chinesischen Einflusszone zu machen. Dadurch hat sich die ohnehin schon drückende Schuldenlast Äthiopiens weiter dramatisch erhöht. Auch im für Äthiopien wichtigen Nachbarland Dschibuti hat sich China bereits eine starke Position aufgebaut. Indische und saudische Investoren sind ebenfalls präsent – sie haben in großem Stil Land erworben. Die rabiate Landenteignungspolitik des Regimes hat heftige Proteste ausgelöst und brutale Repression zur Folge gehabt (im Mai 2017 700 Tote, zehntausende Verhaftete).

Belastend wirkt sich für Äthiopien auch die hohe Zahl von Flüchtlingen aus – Hunderttausende aus den Nachbarländern halten sich hier auf, aus Somalia ebenso wie aus Eritrea und dem (Süd-)Sudan.

Die fragile Lage in den Nachbarländern war und ist ebenfalls Anlass zur Sorge, denn sie könnte destabilisierend wirken – entweder, wenn es zu einem neuen Konflikt mit Eritrea käme oder wenn islamistische Störfaktoren aus Somalia Ogaden zum neuen Krisenherd machten. Immer wieder gab es äthiopische Militärinterventionen in Somalia, z. B. 2006 gegen die Union Islamischer Gerichte. Ein chronisches Problem des Vielvölkerstaates sind auch die ethnischen Unabhängigkeitsbewegungen und ihre militanten Widerstandsgruppen, 2020 beispielsweise radikale Oromos, die teilweise mit Unterstützern in den Nachbarländern kooperieren. Auch die Beziehungen zu Ägypten, obwohl kein unmittelbarer Nachbar, sind zunehmend angespannt wegen der ägyptischen Vorbehalte gegen den von Äthiopien errichteten ›Grand Ethiopian Renaissance Dam‹ (seit 2011 im Bau nahe der sudanesischen Grenze), durch den Ägypten seine Versorgung mit Nilwasser gefährdet sieht.[35]

Abiy Ahmad[36] – Neubeginn am Horn von Afrika?

Eine völlige Neuorientierung, eine unerwartete Wende brachte das Jahr 2018. Das Bemühen, die Unruhe unter den Ethnien im Vielvölkerstaat Äthiopien einzudämmen und deren Forderungen nach Beteiligung an der Führung entgegenzukommen, gewann wachsende Bedeutung. Nach dem Tod von Premierminister Meles Zenawi (1955–2012), der die Revolution gegen das Derg-Regime erfolgreich geführt hatte, war Desaleng Haylemariam (geb. 1965), ein Angehöriger der Wolaytta-Ethnie, Premierminister geworden. Dies war als eine Konzession an die vielen kleinen Ethnien des äthiopischen Südens zu verstehen. 2018 kam dann das zahlenmäßig größte Volk Äthiopiens (gut ein Drittel der Bevölkerung) zum

Zug und ein Oromo wurde neuer Ministerpräsident. Abiy Ahmed (geb. 1976), ein Nachrichtendienstoffizier, der oft in Tigray und auf Erkundungsmissionen in Eritrea eingesetzt worden war und gut Tigrinya sprach, wurde im EPRDF-Koalitionsrat mit 108 von 180 Stimmen zum Premierminister gewählt. Die Tigray-Führung, die faktisch immer noch die dominierende Kraft in Äthiopien war, hatte einen anderen Kandidaten, einen ihr eng verbundenen und ›sicheren‹ Oromo, den ehemaligen Parlamentssprecher Abadula Gemeda (geb. 1958) favorisiert und wurde von dem Ausgang der Wahl ebenso überrascht wie der Rest des Landes.

Den (gemäßigten) Oromo konnte Abiy Ahmad als Hoffnungsträger erscheinen, für die EPRDF war er ein bewährter Angehöriger des Staatsapparats, auf den man sich verlassen konnte und der sich bereits in Oromia, dem größten und bevölkerungsreichsten der neun Teilstaaten der Bundesrepublik Äthiopien, im Sinne des Regimes positiv profiliert hatte.

Abiy Ahmad erwies sich jedoch als ein unabhängiger Geist, der sich seine eigenen Gedanken machte und eine kritische Distanz entwickelte gegen das politische System, das ihn geprägt und geschult hatte, dem es aber offensichtlich nicht gelungen war, ihn zu verbiegen und zu manipulieren. Er agierte ganz anders, als man es von ihm erwartet hatte – nicht als willfähriges Werkzeug seiner Hintermänner, nicht als funktionierender Apparatschik der bisherigen Machthaber. Abiy Ahmad leitete an der Spitze eines Teams junger Gleichgesinnter einen veritablen Politikwechsel ein:

Der Ausnahmezustand im Land wurde beendet, viele Oppositionelle aus den Gefängnissen freigelassen, die Medienszene liberalisiert, eine Privatisierung der Wirtschaft eingeleitet.

In der Folge strukturierte er auch das Kabinett um. Nur noch zwei Minister aus Tigray verblieben in der Regierung, die Mehrheit der Minister sind jetzt Oromo, daneben auch Amharas und Vertreter anderer Ethnien. Früher als Terroristen gebrandmarkte Oppositionsgruppen – wie die Gruppe Ginbot 7, die sich nach einer Wahl 2005, als der Sieg der Opposition mit gewaltsamen Mitteln beantwortet wurde, gebildet hatte – wurden zur Mitwirkung am Erneuerungsprozess eingeladen (Ginbot 7 hat sich inzwischen aufgelöst). Den spektakulärsten Schritt jedoch machte Abiy Ahmad drei Monate nach seinem Amtsantritt auf den ›Erzfeind‹ Eritrea zu: Er bot dem Nachbarn Versöhnung an und erkannte ausdrücklich die in Algier und Den Haag getroffene Grenzregelung (zugunsten Eritreas) an. Dies war eine mutige und weitgehende Entscheidung, deren Folgen zunächst nicht abzusehen waren. Zunächst blieb Eritreas Führung stumm, doch sie wartete nur auf einen Anlass, der einer Antwort auf Abiy Ahmad größtmögliche Aufmerksamkeit verschaffte. In seiner Rede zum ›Märtyrertag‹, dem 20. Juni 2018, an dem alle Eritreer der Gefallenen und Opfer der Kriege gedenken, griff der eritreische Präsident Isayas Afeworki das äthiopische Angebot auf und begrüßte es.[37] Die Reaktionen waren – nicht nur am Horn von Afrika, sondern weltweit – fulminant. Die ARD-Tagesschau sagte am 10. Dezember 2019 zutreffend: »Für die beiden ostafrikanischen Länder ist es ungefähr so wichtig wie der Mauerfall für die Deutschen.« Abiy Ahmad wurde dafür im Dezember 2019 mit dem 100. Friedennobelpreis ausgezeichnet. Damit wurde eine Entscheidung honoriert, die international höchste Anerkennung fand und breite Zustimmung, innerhalb

Äthiopiens aber umstritten war und durchaus militante Gegner hatte. Am 23. Juni 2018 wurde ein Anschlag auf eine Veranstaltung in Addis Abeba verübt, auf der Abiy Ahmad zugegen war – es gab zwei Tote und über 150 Verletzte (in der Folge soll es weitere Mordanschläge auf Abiy Ahmad gegeben haben).

In seiner Rede anlässlich der Nobelpreisverleihung in Oslo am 10. Dezember 2019 machte Abiy Ahmad eine sehr wichtige Geste, indem er den eritreischen Präsidenten einbezog: »I accept this award on behalf of my partner and comrade-in-peace, President Isaias Afewerki, whose goodwill, trust and commitment were vital in ending the two-decade deadlock between our countries.«[38] In der Tat hatte der eritreische Präsident, den viele für kompromisslos, renitent und unflexibel hielten, bemerkenswert unkompliziert das überraschende Angebot des neuen äthiopischen Ministerpräsidenten aufgegriffen, positiv beantwortet und somit den Weg freigemacht für eine Annäherung und Öffnung. Als historisch wurde zurecht der erste Besuch von Präsident Isayas Afeworki in der äthiopischen Hauptstadt Addis Abeba nach über zwei Jahrzehnten am 14. Juli 2018 bezeichnet, nachdem bereits am 8. Juli der äthiopische Ministerpräsident Abiy Ahmad Eritrea einen umjubelten, aufsehenerregenden Besuch abgestattet hatte.

Abb. 20: Isayas Afeworki, Präsident Eritreas (rechts), und Abiy Ahmed, Ministerpräsident Äthiopiens, bei Ihrem Treffen in Asmara.

Im Millennium-Stadium in Addis Abeba feierten die Menschen das Zusammentreffen der beiden Führer. Beide Besuche fanden unter dem frenetischen Beifall der Bevölkerung der ehemals verfeindeten Nachbarländer statt, die unter der unnatürlichen Trennung zweier Staaten, die doch so vieles verbindet, sehr gelitten hatte. Familien, die seit über 20 Jahren getrennt waren, begegneten sich wieder,

Flug- und Telekommunikationsverbindungen wurden wieder in Betrieb genommen und diplomatische Beziehungen wurden erneut aufgenommen; Reisen ins jeweilige Nachbarland wurden ermöglicht.

Am 16. September 2018 unterzeichneten der eritreische Präsident und der äthiopische Ministerpräsident ein Friedensabkommen im saudiarabischen Jiddah in Anwesenheit des saudischen Königs Salman und des UN-Generalsekretärs Gutierres. Die Entwicklung der Beziehungen verlief seither verhalten.

Die Chancen, die sich aus einer Weiterentwicklung der Kontakte und einer behutsamen Neugestaltung der Beziehungen mittelfristig ergeben können, sind für beide Länder positiv. Äthiopien könnte wieder die Häfen Asab und Massawa nutzen und damit, aufgrund der wachsenden Konkurrenzsituation (Dschibuti, Berbera), seine Transportkosten für Im- und Exporte verringern. Eritrea könnte ein Markt für äthiopische Produkte werden und eigene Produkte ins Nachbarland liefern, von der Nutzung seiner Häfen durch Äthiopien profitieren, vielleicht nach Abbau der Spannungen und der Gefahr eines Konflikts auch wieder Investoren anlocken. Dabei wären niedrige Lohnkosten ein Anreiz. Der starke Druck, der auf dem kleinen Land aufgrund des ungelösten Streits mit dem großen Nachbarn lag, ist von Eritrea genommen. Vielleicht denken gut qualifizierte Auslandseritreer sogar an eine Heimkehr, wenn sich ein Aufschwung entwickelt, verstetigt und ihnen Chancen bietet.

Freilich gibt es in Äthiopien noch immer Vorbehalte gegen die Politik einer Aussöhnung mit Eritrea. In Tigray, wo starke Ressentiments nach wie vor bestehen, träumen manche von einer Auflösung des Bundesstaates Äthiopien und der Gründung eines ›Groß-Tigray‹. Am 9. September 2020 fand in Tigray gegen den erklärten Willen der Zentralregierung, die in Corona-Zeiten keine Wahlen wollte, eine Regionalwahl statt – ein untrügliches Zeichen für innere Spannungen. Hier könnte ein neuer Krisenherd am Horn von Afrika entstehen, von hier aus könnten Impulse kommen für eine Destabilisierung Äthiopiens. Anfang November 2020 gab es Angriffe in Tigray auf äthiopische Einheiten – US-Außenminister Pompeo gab seiner Sorge über eine Entwicklung Ausdruck, die Beobachter hatten kommen sehen angesichts wachsender Spannungen zwischen der äthiopischen Regierung und der Führung von Tigray.[39] Regierungschef Abiy Ahmed lancierte eine Militäroffensive gegen die Aufständischen in Tigray, die am 28.11.2020 zur Einnahme von Mekele, der Hauptstadt von Tigray, durch Truppen der äthiopischen Regierung führte.[40] Da es auch danach Angriffe aus Tigray auf die Hauptstadt des benachbarten Eritrea gegeben hat, könnte sich die Befürchtung von Beobachtern bestätigen, dass sich ein langwieriger Guerrillakrieg der TPLF entwickelt. Nahrungsmittelknappheit herrscht, eine neue Hungersnot – wie es sie schon oft in Tigray gegeben hat – droht, zahlreiche Zivilisten flohen aus Tigray in den benachbarten Sudan.

Nach Berichten lokaler Medien, der BBC, der Voice of America[41] und von Amnesty International kam es in der Grenzstadt May Kadra im Nordwesten von Tigray zu Massakern durch TPLF-nahe Milizen, denen Hunderte von Wanderarbeitern zum Opfer gefallen sein sollen.

Unter den Oromos und im islamischen Osten gibt es ebenfalls weiterhin Unruhepotenzial und rivalisierende politische Gruppen. Der gefährlichste Konfliktherd jedoch, der eritreisch-äthiopische Gegensatz, scheint entschärft, wenn vermieden werden kann, dass sich die Fehler der 1990er-Jahre wiederholen. Ob ein günstiges Wirtschaftswachstum die Unzufriedenheit in beiden Ländern eindämmen kann, ob es also eine langfristig wirksame ›Friedensrendite‹ gibt und ob das – auf den ersten Blick eindrucksvolle – Wachstum der Wirtschaft in Äthiopien mit dem (noch immer zu hohen) demographischen Wachstum mithalten und vielleicht Synergieeffekte in Eritrea entfalten kann, muss sich allerdings erst noch erweisen.

10 Somalia und Dschibuti – Wege in die Unabhängigkeit ... oder ins Chaos?

Failed State Somalia?[1]

Nachdem die Briten in Somalia die Herrschaft des italienischen Faschismus beendet hatten, behielten sie neun Jahre die Kontrolle über ganz Somalia, zu dem anfangs auch noch Ogaden gerechnet wurde. Das Land wurde 1950 wieder (dem jetzt demokratischen) Italien unterstellt. In der Zeit der britischen Okkupation hatte sich ein politisches Bewusstsein zu bilden begonnen, als wichtigste politische Kraft hatte sich die Somali Youth League (gegründet 1943 als Somali Youth Club) entwickelt. Der Besuch einer Fact-Finding-Mission der Großmächte Anfang 1948 löste in Mogadischu Unruhen aus, die in ein Massaker an Italienern (über 50 getötete Italiener, dazu Somalis, welche die Italiener schützen wollten) ausarteten,[2] was zu britisch-italienischen Spannungen führte. Ende 1949 übertrugen die Vereinten Nationen dennoch Italien die Treuhandschaft für das ehemalige Italienisch-Somalia für einen Zeitraum von zehn Jahren. Ogaden kam definitiv zu Äthiopien. Am 1. Juli 1960 wurde aus dem italienischen Treuhandgebiet Somalia und Britisch-Somaliland die Republik Somalia gebildet. Die Nationalflagge des neugegründeten Staates – ein weißer Stern auf blauem Grund – versinnbildlicht das Grundproblem der Somalis: Die fünf Zacken des Sternes symbolisieren die italienischen, dschibutischen, äthiopischen, britischen und kenyanischen Somalis – diese sollten, so das politische Ziel, letztlich eines Tages in einem somalischen Staat vereint sein.[3] Dementsprechend war die Situation im und um den neuen Staat immer angespannt, Konflikte mit den Nachbarn waren vorprogrammiert. Weder die äthiopischen Somalis (die größte Gruppe) noch die dschibutischen oder kenyanischen konnten sich dem Nationalstaat anschließen.

Somalia war ursprünglich als parlamentarische Demokratie konzipiert, litt aber unter Nepotismus und Korruption und musste sich deshalb um Überwindung der Clanstruktur als Grundmuster der Gesellschaft bemühen.

1969 erfolgte jedoch ein Militärcoup. Generalmajor Siad Barre übernahm mit einer kleinen Gruppe von Offizierskameraden die Herrschaft im Land, suspendierte politische Parteien, schaffte das Parlament und den Obersten Gerichtshof ab und bildete einen Obersten Revolutionsrat, der Somalia fortan unter sozialistischen Vorzeichen regierte. Die Beziehungen zwischen Somalia und Äthiopien gerieten jetzt in das Spannungsfeld der Großmächterivalitäten um Einfluss am Horn von Afrika. Somalia war das erste Standbein der UdSSR am Horn von Afrika – das erste Land, das sich in der Region offen zum Sozialismus sowjetischer Prägung bekannte. Das änderte sich jedoch mit der sozialistischen Revolution in

Äthiopien 1974. Das Derg-Regime in Addis Abeba legitimierte sich ebenfalls sozialistisch und musste den Sowjets als attraktiver Partner erscheinen. Solange sich somalischer und äthiopischer Sozialismus ergänzten, war dies ein willkommener Synergieeffekt, der die sowjetische Stellung in der Region stärkte. Doch die zunehmende Neigung des somalischen Regimes, sich in Ogaden einzumischen, machte deutlich, dass sich die Sowjetunion entscheiden musste zwischen Somalia und Äthiopien. Mit dem Ogaden-Krieg, der 1977 ausbrach, war diese Entscheidung nicht mehr hinauszuschieben. Somalische Truppen, gut ausgerüstet durch die Sowjetunion, rückten in die östlichste äthiopische Provinz ein, wo die äthiopische Präsenz aufgrund der Konzentration auf den eritreischen Kriegsschauplatz stark reduziert war. Auf somalischer Seite war auch die ›Western Somali Liberation Front‹ im Einsatz, die schon lange innerhalb Äthiopiens aktiv war und von Somalia praktisch seit der Staatsgründung unterstützt worden war. Gegen Ende des Sommers 1977 war fast ganz Ogaden unter somalischer Kontrolle und auch nicht somalisch besiedelte Regionen Äthiopiens gerieten in Gefahr. Die Realisierung eines ›Groß-Somalia‹ scheiterte freilich am Seitenwechsel der Sowjets, die ihre Hilfe für Somalia einstellten, aber stattdessen Waffen und Berater nun nach Äthiopien schickten. Dazu kam Unterstützung für Äthiopien aus Nordkorea, Kuba, der DDR und dem Südjemen. Somalia seinerseits bekam nicht, wie erhofft, massive amerikanische Hilfe und so wendete sich das Kriegsglück. Im März 1978 hatte das somalische Regime den Krieg eindeutig verloren, der gesamtsomalische Nationalstaat rückte in unerreichbare Ferne. Der äthiopische Gegenvorstoß hatte eine folgenschwere Konsequenz: Fast eine Million Flüchtlinge (ethnische Somalis) strömte aus Ogaden in kurzer Zeit nach Somalia. Für ein fragiles Land mit mageren Ressourcen und damals ca. 5 Mio. Einwohnern war dies eine extrem belastende Einwirkung, von der sich der Staat nie richtig erholen konnte. In dieser Flüchtlingsflut sahen viele Beobachter einen wesentlichen Faktor, der mit zum Zusammenbruch des somalischen Staates 1991 beitrug.[4] Ogaden blieb auch weiterhin bis ins 21. Jahrhundert unruhig – die Ogaden National Liberation Front, gegründet 1984, hat immer wieder Chaos und Blutvergießen verursacht, ein umfassender somalischer Staat jedoch ist weniger denn je in Sicht. Die Ölförderung in Ogaden (seit 2018) wird kaum zu einer Verbesserung der Lage führen, sondern eher zusätzlich konfliktfördernd wirken.

Sozialistische Reformen in Somalia waren, wie häufig in Entwicklungsländern, belastet durch das Fortwirken des Clansystems und die grassierende Korruption. Barre versuchte, Frauenrechte auszubauen, die Bildung insgesamt zu verbessern und die Rolle der Clans zu reduzieren. Aber die Widerstands- und Oppositionsgruppen, die bald entstanden, waren im Clangefüge verwurzelt und spiegelten Clanrivalitäten wider.

Die guten Beziehungen, die Somalia zum Westen entwickeln konnte, ließen wohl Hilfsleistungen ins Land fließen, konnten jedoch das auf Anarchie zusteuernde Land nicht retten. Zwar waren die USA wichtigster Partner Somalias, doch kam Unterstützung auch von anderen westlichen Staaten. Die Bundesrepublik hatte ihre Entwicklungszusammenarbeit mit Somalia 1964 begonnen, sie bekam durch ein spektakuläres Ereignis einen neuen Impuls: Das von palästinensischen Terroristen entführte LH-Flugzeug ›Landshut‹[5] landete im Oktober 1977 in Mogadischu. Dort ermöglichte die somalische Regierung den Einsatz einer deutschen Eliteeinheit (GSG 9) als ›gemeinsame Operation‹, durch den alle Geiseln befreit werden konnten (›Operation Feuerzauber‹). Die Bundesregierung honorierte die somalische Kooperationsbereitschaft in dieser Krisensituation mit intensivierter Entwicklungshilfe.

Die Lage in Somalia verschärfte sich im Laufe der 1980er-Jahre. Mit der Niederlage im Ogadenkrieg schwand die nationalistische Begeisterung, welche die anfänglichen Erfolge ausgelöst hatten. Frustration, Enttäuschung und Hoffnungslosigkeit angesichts einer sich ständig verschlechternden Wirtschaftslage prägten die Stimmung. Die Gefahr zeichnete sich ab, traditionelle Loyalitäten und archaische Strukturen würden wieder in den Vordergrund treten. Die Befürchtung erschien am Horizont, der 1960 gegründete Staat könne zerfallen, da verschiedene Widerstandorganisationen gegen das Barre-Regime entstanden und das Land in einen Bürgerkrieg glitt. Zahlreiche Menschen kamen Ende der 1980er-Jahre ums Leben, Hunderttausende flohen in Nachbarländer. Mit dem Ende des Kalten Krieges ließ auch die westliche Unterstützung für Somalia nach. Das staatliche Intermezzo endete in Somalia mit der Flucht Siad Barres 1991, der in Nigeria Asyl fand. Das Land versank im Chaos, denn die Clanchefs und Milizenführer fanden nicht – wie ursprünglich geplant – zu einem einheitlichen politischen Handeln. 1991/92 starben wohl ca. 300 000 Menschen in Somalia an den Folgen von Dürre und Anarchie. In Süd- und Mittelsomalia zeichnete sich ein Dauerkonflikt zwischen den beiden größten Gruppen, dem Hawiye-Clan – ca. ein Viertel der Gesamtbevölkerung – und dem Darod-Clan (dem auch die Sippe des ehemaligen Präsidenten Barre angehört) ab. Dem Chaos in Mittel- und Südsomalia, in dem sich kriminelle Banden und schon bald islamistische Strukturen herausbilden konnten,[6] standen bereits früh erfolgreiche Ansätze zu Staatenbildung im Norden gegenüber. Somaliland,[7] auf dem Territorium des früheren ›Britisch-Somaliland‹ im Nordwesten am Golf von Aden gelegen, hat schon im Frühjahr 1991 seine Unabhängigkeit erklärt. Es hat, gerade im Vergleich zum Süden, eine gewisse Stabilität erreichen können, 2001 eine Verfassung sowie ein Mehrparteiensystem eingeführt. 2003 und 2010 wurden Präsidentschafts- sowie 2005 Parlamentswahlen abgehalten.[8] Obwohl dies international respektiert wird, ist Somaliland bisher noch von keinem Staat offiziell anerkannt worden, angestrebt wird weiterhin eine gesamtsomalische Lösung. Gleichwohl pflegen die Nachbarn Äthiopien und Dschibuti lebhafte wirtschaftliche Beziehungen zu Somaliland. Äthiopien etwa nutzt den Hafen Berbera vor allem seit Asab und Massawa als Häfen ausfielen für seinen Außenhandel als Alternative zu Dschibuti und seine Fluglinie fliegt den internationalen Flughafen Hargeysa an. Die dschibutische ›Banque pour le commerce et l'industrie‹ hat 2009 eine Filiale in Hargeysa eröffnet. Wichtigste Einkommensquelle dürften Transferleistungen der Auslandssomalier sein, die überall auf der Welt als Flüchtlinge leben. Vorgeschichtliche Fels- und Höhlenmalereien sowie historische Bauten im geschichtsträchtigen Zayla (nahe der Grenze zu Dschibuti) sowie ein warmes Meer stellen ein gewisses touristisches Potenzial dar.

Sowohl Äthiopien als auch Dschibuti unterhalten ambivalente Beziehungen zu Somaliland. Äthiopien ist aufgrund der Ogadenproblematik (millionenstarke somalische Minderheit im Osten des Landes) und infolge des somalischen Angriffskrieges von 1977 traditionell sehr misstrauisch. Dass es gute Beziehungen zu Somaliland pflegt, haben Beobachter als Ausdruck des äthiopischen Interesses interpretiert, eine Einheit Somalias zu verhindern. Außerdem ist Somaliland von wirtschaftlicher Bedeutung für den großen Nachbarn im Süden, der für seinen internationalen Handel besonderes Interesse am Hafen Berbera als einer Alternative zu Dschibuti haben muss.

Dschibutis Bevölkerung gehört zu über 50 % dem Issa-Clan (nicht zu verwechseln mit dem Isaaq-Clan) an, der auch einen großen Teil der Bevölkerung von Somaliland stellt[9] und seinerseits dem Dir-Clan angehört. Die Beziehungen über die Grenze hinweg waren deshalb seit jeher sehr lebhaft, aber auch insofern nicht unproblematisch, als somalische Irredenta-Bestrebungen gegenüber Dschibuti aufgrund der engen Verwandschaft über die Grenze hinweg auftraten (die wiederum Besorgnis bei anderen dschibutischen Bevölkerungsgruppen, z. B. den Afar, auslösten).

Östlicher Nachbar von Somaliland ist ›Puntland‹, benannt nach dem sagenumwobenen Land der Antike, das möglicherweise auch die somalische Küste umfasste. Im Zuge des Bürgerkriegs und angesichts der unabhängigen Entwicklung ›Somalilands‹ konstituierte sich 1998 als neuer Quasistaat ›Puntland‹. Puntland sah sich aber im Prinzip als Teil eines künftigen Bundesstaates Somalia. Oberst Abdullahi Yusuf Ahmed, einer der Gründer von Puntland und dessen erster Präsident, agierte denn auch im nationalen Kontext und war von 2004 bis 2008 somalischer (Gesamt-)Präsident. Puntland hat eine lange Küste, Fischerei gehört zu den Haupterwerbszweigen. Doch seit dem Zusammenbruch des somalischen Staates haben zunehmend fremde Fischer die reichen Fischgründe ausgebeutet, internationale Schiffe entsorgten hier außerdem Giftmüll. Deshalb wandten sich viele ehemalige somalische Fischer der Seeräuberei[10] zu, für die die somalische Küste seit Beginn des 21. Jahrhunderts berüchtigt ist und deren Schwerpunkt in Puntland liegt. Aber auch einige der Milizen, die im somalischen Kontext aktiv sind, engagierten sich in diesem lukrativen ›Geschäft‹. Vielfach wurden durch das Kapern von Schiffen Lösegelder erpresst. Den Höhepunkt bildete das Jahr 2011, in welchem 250 Schiffe attackiert wurden. Die Piraterie am Horn von Afrika störte die internationale Seefahrt empfindlich und hatte drastische Folgen für die Somalis, denn kaum noch Schiffe liefen somalische Gewässer und Häfen an, wodurch die Lebensmittelpreise stark anstiegen und auch internationale Hilfslieferungen nicht mehr ins Land kamen. Auf internationaler Ebene ging man mit großem Aufwand gegen die somalischen Piraten vor – die NATO, die EU (›Operation Atalanta‹), Russland, Indien, Saudi Arabien und andere Länder arbeiteten ebenso wie somalische Kräfte – etwa die mit britischer Hilfe aufgebaute Flotte von Somaliland oder die Shabaab-Miliz – erfolgreich daran, das Piratenunwesen zu unterdrücken. In Hamburg wurden mehrere Piraten vor Gericht gestellt. Seit 2013 hatte es einige Jahre keine Schiffsentführungen mehr vor der somalischen Küste gegeben, doch 2017 wurden wieder neue Fälle von Piraterie vor der somalischen Nordküste registriert.

Im mittleren Teil Somalias und im Süden entwickelte sich die Lage katastrophal. Staatliche Strukturen brachen zusammen, keine ›stabilisierten de facto Regime‹[11] wie im Norden entstanden hier. Die Folgen für die Bevölkerung waren dramatisch – Hungersnöte brachen aus, die öffentliche Sicherheit erodierte.

Internationale Krisenbewältigungsversuche und islamistischer Terror

Die internationale Gemeinschaft empfand die Verpflichtung zu helfen und bereits im April 1992 starteten die Vereinten Nationen eine erste Mission, UNOSOM I. Sie war nicht zu Gewaltanwendung ermächtigt und somit den Verhältnissen in Somalia nicht gewachsen. Kriegsherren raubten Hilfslieferungen, überfielen Lager und forderten unter Drohungen den Abzug der Mission, während Somalis verhungerten. UNOSOM I wurde abgebrochen, eine robustere Mission unter US-Führung, die zunächst Stabilität schaffen sollte (UNITAF) kam im November 1992 nach Somalia. Ihr Ziel erreichte sie zwar nicht, aber dennoch wurde die Mission UNOSOM II gestartet. Somalia versank indes jedoch weiter im Chaos, schwere militärische Auseinandersetzungen (vor allem der USA) mit den somalischen Kriegsherren folgten und kulminierten in der ›Operation Gothic Serpent‹[12] am 3./4. Oktober 1993, als einige Komplizen des Anführers Muhammad Farah Aidid, einer der berüchtigtsten Warlords des Landes und selbst ernannter somalischer Präsident, gefangen genommen werden sollten. Diese ›Schlacht von Mogadischu‹ wurde zur traumatischen Erfahrung für die USA, die 18 Soldaten verloren sowie zwei Helikopter und weiteres Gerät. Auch wenn die somalische Seite viel stärkere Verluste – wohl ca. 1000 Todesopfer – zu beklagen hatte, war dies der Anstoß für die USA, sich vom somalischen Kriegsschauplatz zurückzuziehen. Die UNOSOM II-Mission wurde im März 1995 abgeschlossen, ohne dass das Land einem Frieden näher gerückt war. Die beiden UNOSOM-Einsätze hatten insgesamt über 150 Menschenleben (auf UN-Seite) gekostet. Bis heute gibt es Divergenzen über die Ziele der Missionen und über ihren Erfolg.[13] Anhand dieser dramatischen Entwicklungen wurde deutlich, dass in einem ›failed state‹ wie Somalia gerade die Voraussetzungen nicht gegeben waren, die man von anderen Krisenregionen kannte und von deren Vorhandensein die UN und wohl auch die USA ausgingen: Dass die Hauptakteure wenigstens ein Mindestinteresse an einer Konfliktbeilegung haben und ein Minimum an Koorperationsbereitschaft. Dies war im somalischen Bürgerkriegskontext nicht der Fall; selbst Hilfslieferungen für die hungernde Bevölkerung wurden als Beute behandelt und zur Generierung von Einkünften in den Handel gebracht.

Dennoch gab es auch Bemühungen, Somalia wieder einen staatlichen Rahmen zu geben. 2000–2004 bestand eine nationale Übergangsregierung, die aber angesichts der chaotischen Lage keine gesamtsomalische Wirkung entfalten konnte. Um den zentrifugalen Kräften und den regionalen Besonderheiten sowie den verschiedenen Clan-Interessen Rechnung zu tragen, folgte dann 2004–2012 eine

10 Somalia und Dschibuti – Wege in die Unabhängigkeit ... oder ins Chaos?

Abb. 21: UNOSOM-Mission in Somalia.

föderale Übergangsregierung, die den Boden für einen somalischen Bundesstaat[14] bereiten sollte. Seit 2017 bemüht sich der aus einer regelrechten Wahl hervorgegangene neue somalische Präsident Mohamed Abdullahi Farmaajo (geb. 1962) darum, die Verhältnisse zu stabilisieren.

Neben staatlichen somalischen Behörden und Institutionen gestalteten mehrere andere interne und internationale Akteure die somalische Szene mit. Dabei traten mehr und mehr islamistische Gruppen in den Vordergrund. Angesichts chaotischer Verhältnisse in weiten Teilen Somalias wurden islamische Gerichte durch die Zivilgesellschaft und unter Mitwirkungen von Clanchefs und Milizen ins Leben gerufen, die eine Art Ordnungsfaktor, Autorität und Konfliktbeilegungsinstanz darstellen sollten und über ihre gerichtlichen Aufgaben hinaus teilweise auch weitere staatliche Funktionen wahrnahmen. Sie machten z. B. Bildungsangebote und leisteten medizinische Hilfe, trugen dazu bei, in Somalia wieder etwas ›Normalität‹ zu schaffen. Zunächst handelte es sich um lokale Einrichtungen, die untereinander nicht verbunden waren. Die islamischen Gerichte schlossen sich jedoch zur ›Union islamischer Gerichte‹ zusammen, um mehr Wirkung zu entfalten und die Zersplitterung des Landes zu stoppen sowie dem Terror der Kriegsherren entgegenzuwirken. 2006 waren sie eine politische Macht, die weite Teile Mittel- und Südsomalias kontrollierte und eine gewisse Stabilität brachte, aber die Rolle der Übergangsregierung weiter einschränkte, welche ihren Sitz lange in Kenia, zeitweise auch in der somalischen Provinzstadt Baidoa hatte. 2006 intervenierte Äthiopien militärisch in Somalia, drängte die Union islamischer Gerichte zurück und ermöglichte der Übergangsregierung den Einzug in der Hauptstadt. Der Konflikt zwischen äthiopischen Truppen und islamischen

Milizen in Somalia nahm einen prononciert islamischen Dschihad-Charakter an. Äthiopien füchtete seit 1977 ständig Übergriffe aus Somalia, somalisch-islamistische Einflussnahme auf die somalischstämmige Bevölkerung im äthiopischen Ogaden sowie Einwirkungen militant-islamistischer Elemente auf die vielen äthiopischen Muslime. Für die USA war die äthiopische Militärintervention in Somalia ein Beitrag zum Krieg gegen den Terror.

Mit der Unterstützung der somalischen Übergangsregierung wollte Äthiopien daran mitwirken, radikal-islamischen Kräften in Somalia den Boden zu entziehen und seine Ostgrenze zu sichern. Doch gerade durch die energischen Maßnahmen gegen die Union islamischer Gerichte wurde die islamistische Gefahr verstärkt. Aus dem Umfeld der Union islamischer Gerichte entstand eine Jugendmiliz, die sich mehr und mehr radikalisierte und schließlich unter dem Namen ›Al-Schabab‹[15] selbständig machte. Ihre brutalen und menschenverachtenden Anschläge richteten sich vor allem gegen das ›christliche‹ Äthiopien und den ›Westen‹, aber auch gegen alle lauen und liberalen Muslime im Land – es kam zu Massakern, öffentlichen Hinrichtungen und Amputationen oder Auspeitschungen. Das tägliche Leben der Somalis wurde im Sinne eines Steinzeitislam reglementiert, Frauen verloren ihre Rechte, Abweichler wurden drakonisch bestraft, Hilfsorganisationen wurden vertrieben oder mussten hohe ›Schutzgelder‹ zahlen. Verheerende Anschläge auf Examensfeiern, Hotels, Regierungsgebäude, Militäreinrichtungen, Märkte und Verkehrsmittel wurden verübt. Al-Schabab konnte zeitweise fast ganz Südsomalia kontrollieren, vor allem seit Äthiopien seine Präsenz im Land 2009 stark reduzierte. Die Anschläge der Terrormiliz trafen aber auch Ziele im stabilen Norden und vor allem im benachbarten Kenia, wo eine somalische Minderheit lebt. Kenia sollte auch wegen seiner energischen Aktionen gegen die somalische Miliz ›bestraft‹ werden.

Seit 2007 ist AMISOM als Friedens- und Stabilisierungsmission der Afrikanischen Union aktiv im Land, konnte aber trotz der Beteiligung zahlreicher Länder und umfassender Anstrengungen angesichts empfindlicher Verluste keine bleibende Beruhigung der Lage erreichen.

Die Schabab-Miliz ist zwar etwas zurückgedrängt und seit 2012 herrscht eine durch die Regierung selbstverordnete ›Normalität‹ mit dem Versuch, einen Bundesstaat zu gestalten, doch kommt es weiterhin zu schweren Bluttaten und Anschlägen. Auch die humanitäre Lage ist weiterhin prekär: 2011 und 2015 suchten Hunger- und Dürrekatastrophen Somalia heim, wobei die Schabab-Miliz effiziente Hilfe verhinderte, was zu zahlreichen Hungertoten führte. Zur Normalität gehörten Parlamentswahlen (2016) und Präsidentschaftswahlen (2017, gewählt wurde Mohamed Abdullahi Farmaajo, der gute Beziehungen zu den Nachbarn anstrebt). Fremde Mächte sind auch weiterhin im Land präsent oder neu hinzugekommen. Die USA unternehmen wieder vereinzelt Militäraktionen – vor allem in Form von Luftschlägen und durch Drohnenangriffe. Auch die Türkei ist seit 2017 militärisch präsent, will an Infrastrukturprojekten mitwirken und Ölexplorationen durchführen.

Die internationale Gemeinschaft hat Somalia trotz allem nie aufgegeben, verschiedene Friedens- und Geberkonferenzen haben stattgefunden (so in Kenia, Dschibuti, London etc.). Die Entwicklung der vergangenen 30 Jahre lässt freilich

Optimismus nur sehr zaghaft aufkommen. Im ›Fragile States Index 2013–2020‹[16] nimmt Somalia unter den am meisten gefährdeten Ländern Platz 2 hinter dem Jemen ein. Mörderische Selbstmordattentate, wie der Anschlag auf einen Eisverkäufer und seine Kunden in Mogadischu am 27.11.2020, erscheinen gar nicht mehr in westlichen Medien und erreichen somit gar nicht mehr das Bewusstsein der internationalen Öffentlichkeit. 2021 sollen erneut Parlaments- und Präsidentschaftswahlen stattfinden. Weiterhin sind über 20 000 Mann der afrikanischen Union im Land, ein Drittel der Bevölkerung ist nach wie vor auf internationale Nahrungsmittelhilfe angewiesen.

Somaliland im Norden dagegen ist als positives Beispiel aufgefallen, denkt sogar an die Entwicklung von Tourismus und lässt Ansätze einer Demokratisierung erkennen.

Dschibuti – Insel der Stabilität?

Dschibuti (Djibouti),[17] der kleinste der Staaten am Horn von Afrika, hat nur in etwa die Größe von Mecklenburg-Vorpommern und seine Einwohnerzahl liegt unter der von Köln. Seine Existenz verdankt das kleine Land, direkt am Bab al-Mandeb gelegen, wo der Golf von Aden ins Rote Meer übergeht, dem Wunsch Frankreichs, an einer strategischen Position präsent zu sein, wo auch andere Kolonialmächte bereits Fuß fassten. Aus Abkommen mit lokalen Machthabern entstand Ende des 19. Jahrhunderts eine französische Kolonie, die ihre Separatexistenz 1977 in die Unabhängigkeit retten konnte, obwohl die Chancen für ein Überleben des kleinen Staates nicht eben günstig standen. Die unterschiedlichen Bezeichnungen für das heutige Dschibuti in der Kolonialzeit – ›Französisch-Somaliland‹ (Côte française des Somalis) und ›Territorium der Afars und Issas‹ (territoire français des Afars et des Issas, seit 1967) – weisen auf den problematischen Charakter der dschibutischen Realität hin. In die Unabhängigkeit ging das Land unter dem Namen seiner von Franzosen gegründeten Hauptstadt, man konnte so die doppelte ethnische Identität bei der Namensgebung umgehen.

In zwei Referenden, 1958 und 1967, war – in einer Zeit, in der viele afrikanische Kolonien ihre Freiheit erhielten – zunächst eine Unabhängigkeit des Landes abgelehnt worden. Erst 1977 kam es zu einer Volksabstimmung, die zur Gründung der Republik Dschibuti führte. Der ›Geburtsfehler‹ des Landes hatte sich bereits vor der Unabhängigkeit deutlich bemerkbar gemacht, als es im Zuge der von Frankreich gewährten begrenzten Autonomie zu Spannungen und gewaltsamen Auseinandersetzungen zwischen der Afar-Minderheit (gut ein Drittel der Bevölkerung) und der Issa-Mehrheit (knapp zwei Drittel) kam.[18] Die somalischen Issa kontrollierten praktisch das Land und marginalisierten die Afar. Dieser ethnische Gegensatz[19] barg ein internationales Gefahrenpotenzial, da sowohl Somalis als auch Afar in den Nachbarstaaten ihren Schwerpunkt hatten und somit ein internationaler Konflikt nicht ausgeschlossen war. Die Gefahr eines Anschlusses

Dschibutis an den Nationalstaat der Somalis, der ja ein Groß-Somalia anstrebte, stand im Raum.

Der Issa Hasan Gouled Aptidon (1916–2006) steuerte vom Zeitpunkt der Unabhängigkeit bis 1999 als Präsident Dschibuti durch raue Gewässer. Seither ist sein Neffe Ismail Omar Guelleh (geb. 1947) Staatsoberhaupt.

Die Unzufriedenheit der Afar mündete, als sich am gesamten Horn von Afrika ein Umbruch abzeichnete, in die Gründung einer ›Front pour la restauration de l'unité et de la démocratie‹ (FRUD), die von 1991–1994 einen Bürgerkrieg in Dschibuti führte. Unter dem Eindruck des Afar-Widerstandes wurde in Dschibuti ein Mehrparteiensystem zugelassen und auf dieser Basis eine Einigung mit der FRUD erzielt, die als politische Partei ins dschibutische Staatsgefüge einbezogen wurde.

Abb. 22: Place Menelik, der wichtigste Platz der Hauptstadt Dschibuti 2016.

Auf der anderen Seite wirkte sich die spannungsreiche Lage am Horn von Afrika und die strategisch-geopolitische Bedeutung von Dschibuti vorteilhaft für das kleine Land aus, das bald Interesse und Aufmerksamkeit nicht nur regionaler, sondern auch internationaler Mächte auf sich zog. Mit der Unabhängigkeit Eritreas und der Verschlechterung der äthiopisch-eritreischen Beziehungen gewann Dschibuti stark an Bedeutung als Hafen für den äthiopischen Außenhandel und die Bahnlinie von Addis Abeba nach Dschibuti wurde erneut wichtig. Aber auch Frankreich, die ehemalige Kolonialmacht, sowie die USA als Weltmacht und bald auch das aufstrebende, ehrgeizige China sahen in Dschibuti eine wichtige Komponente ihrer strategischen Planung. Je mehr umliegende Staaten in Krieg, Anarchie und Krisen verfielen und die regionale Ordnung störten, wurde Dschibuti[20] zunehmend bedeutender als Stabilitätsanker und Stützpunkt für diejenigen Mächte, denen an Einflussnahme und Kontrollmöglichkeit lag am Übergang vom Indischen Ozean zum Roten Meer, am Schnittpunkt von Nahost und Schwarzafrika, an einem notorischen Konfliktherd verschiedener ethnischer, ideologischer und wirtschaftlicher Interessen. Seit jeher ist Frankreich präsent – nach der Unabhängigkeit Dschibutis blieb im Land weiterhin ein französischer Militärstützpunkt, durchaus im Einvernehmen mit der dschibutischen Regierung, war der junge Staat doch schon damals von problematischen Nachbarn und Krisenregionen umgeben. 2002/03 folgte eine US-Miltärbasis, Camp Lemonnier (früher durch Dschibutis und Franzosen genutzt), die der wachsenden Bedeutung und der zunehmenden Krisenhaftigkeit der Region um das Horn von Afrika Rechnung trug und die einzige dauerhafte militärische Einrichtung der USA auf dem afrikanischen Kontinent darstellt. Für das kleine Land bringt die amerikanische Basis substanzielle Einkünfte und politische Vorteile.

Von hier aus steuerten die USA Drohnenattacken gegen Ziele in Somalia und im Bürgerkriegsland Jemen. Camp Lemonnier erleichtert US-amerikanische Interventionen im unruhigen Umfeld des Horns. Zahlreiche wichtige (und geheime) Operationen sind von hier bereits ausgegangen.

Ein Kuriosum ist, dass auch China seine erste Militärbasis in Übersee 2017 in Dschibuti eröffnete, nur eine kurze Autofahrt vom US-Stützpunkt entfernt. Es ist signifikant, dass Peking seinen ersten militärischen Stützpunkt außerhalb seines unmittelbaren Einflussbereichs mit ca. 2000 Mann gerade in Afrika und ausgerechnet in Dschibuti eingerichtet hat – an einem Ort, an dem bereits mehrere Staaten militärisch vertreten sind. Militärisch präsent sind ebenfalls Länder wie Japan, Deutschland und Italien. China spielt nicht nur militärisch, sondern auch ökonomisch eine wesentliche Rolle im kleinsten Staat am Horn von Afrika. 80 % seiner Auslandsschulden (ca. 1,4 Mrd. $) hat Dschibuti bei China, der hochmoderne Hafen des Landes wurde in den letzten Jahren vor allem mit chinesischer Hilfe ausgebaut und China ist Hauptakteur bei der Erneuerung der wichtigen Bahnlinie in die äthiopische Metropole Addis Abeba.

Dschibuti ist (ebenso wie Äthiopien) somit Glied in der Kette der chinesischen ›Belt and Road Initiative‹, die sich seit 2013 im Aufbau befindet und unter dem poetischen Namen ›Neue Seidenstraße‹[21] ein weltweites chinesisches Macht- und Einflussnetz gestalten will, zu dem auch die Schaffung von Abhängigkeiten in Afrika gehört.

Die militärische Präsenz der Großmächte im Land bringt dem ursprünglich armen Dschibuti (immer noch fast 17 % der Bevölkerung unter der absoluten Armutsgrenze) nicht nur Einnahmen und Wirtschaftswachstum (zwischen 6 und 7 % pro Jahr) und trägt stark zur Ausweitung der Hafenaktivitäten bei, sondern sichert auch das Überleben des Kleinstaates in einem sehr unruhigen Umfeld mit nicht immer problemlosen Beziehungen zu den Nachbarn und der ethnischen Verflechtung mit praktisch allen Ländern der Region. Die Militärstützpunkte von Großmächten auf seinem Territorium schützen Dschibuti direkt und indirekt vor eventuellen Begehrlichkeiten seiner Nachbarn. Dschibuti stellt darüber hinaus einen der wichtigsten Handelsknotenpunkte am Horn dar, wenn auch Berbera in Somaliland zu einer Konkurrenz wird und eventuell auch die eritreischen Häfen in absehbarer Zeit wieder eine größere Rolle spielen.

Dschibuti hat langfristig, so scheint es, besonders gute Perspektiven unter den Staaten am Horn von Afrika – scheint doch so gegensätzlichen Großmächten wie China und den USA an dem Land und deshalb an einer störungsfreien Entwicklung gelegen zu sein. China hat dem kleinen Staat so umfangreiche Kredite gewährt, dass es Interesse haben muss, beizutragen zu einer kontinuierlichen Entwicklung und zu einer Sicherung der Stabilität. Um die Abhängigkeit Dschibutis von China in Grenzen zu halten, dürften andere Partner bestrebt sein, positive Impulse zu geben und Hilfe zu leisten – auch Deutschland hat eine jahrzehntelange Tradition der Entwicklungszusammenarbeit mit dem Land. Aus der günstigen Entwicklung des benachbarten Somaliland könnten sich Konkurrenzsituationen, aber auch Synergieeffekte ergeben, die möglicherweise auf die Region ausstrahlen. Bislang steuert das kleine Staatsschiff Dschibuti ziemlich erfolgreich durch politisch sehr bewegte und klippenreiche Gewässer.[22]

Karten

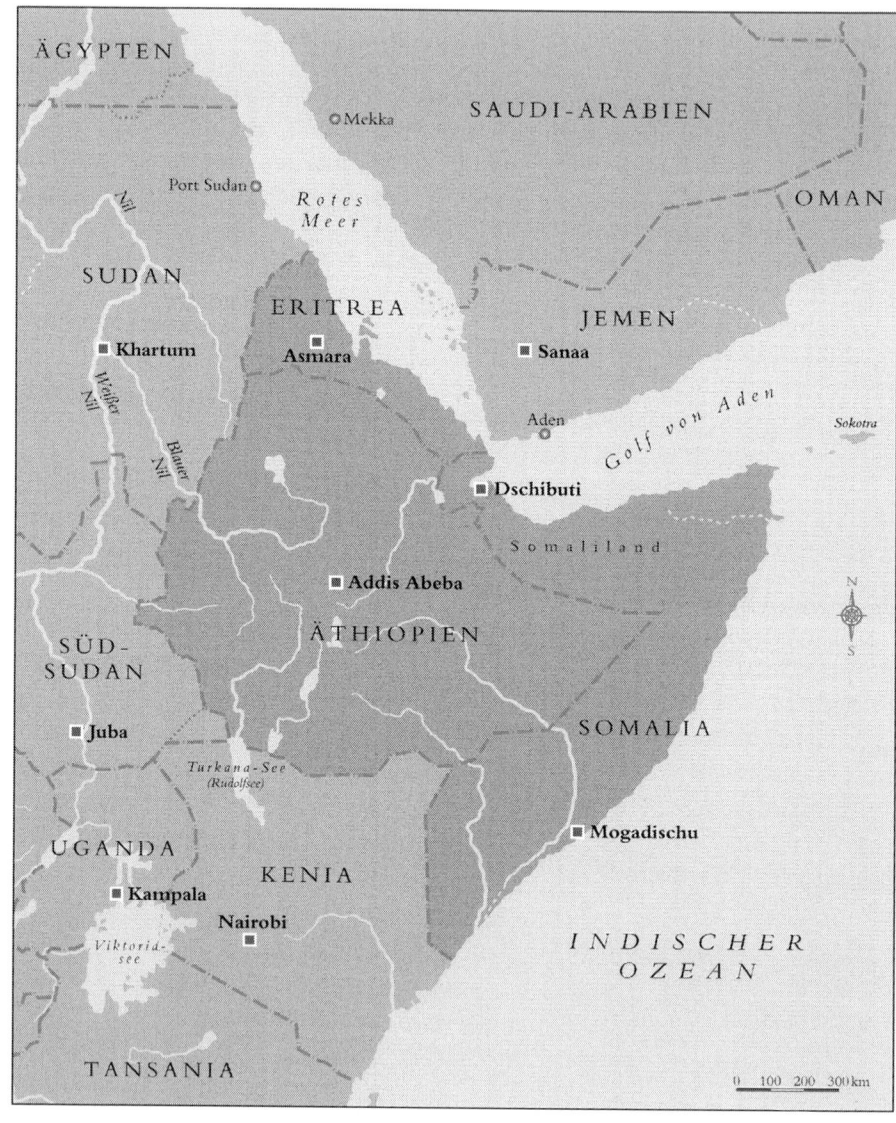

Karte 1: Horn von Afrika, politische Karte.

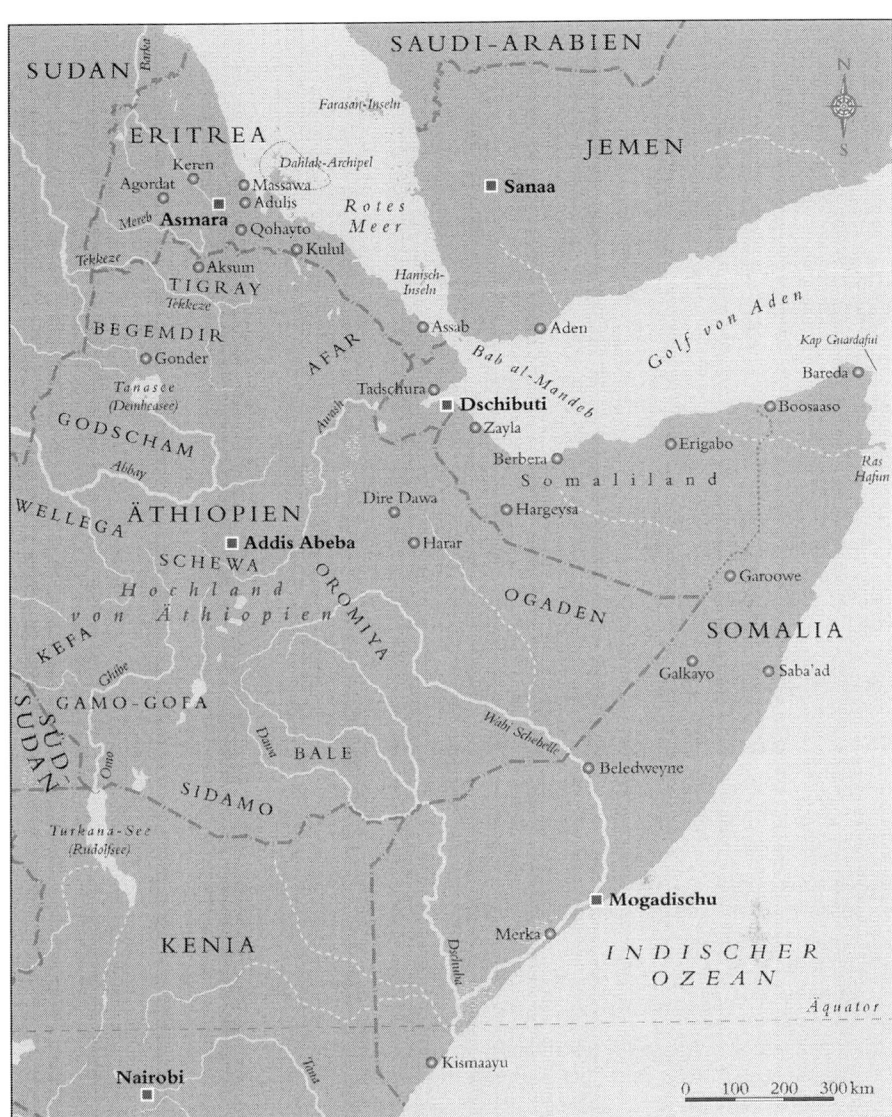

Karte 2: Horn von Afrika, bedeutsame Orte und Regionen.

Anmerkungen

Vorwort

1 EA V S. 594–647 mit ausführlichen weiteren kartographisch-bibliographischen Hinweisen.
2 Zur Geschichte des Begriffes seit der ersten Verwendung in altägyptischen Hieroglyphen vgl. EA I S. 59–65 – zum kulturhistorischen Begriff ›orbis aethiopicus‹, einem Neologismus, vgl. EA IV S. 42.
3 Sein ›Kleines Wörterbuch des christlichen Orients‹ von 1975 war jahrzehntelang ein Standardwerk, das heute in einer neubearbeiteten Fassung von Hubert Kaufhold (vgl. Bibliographie) vorliegt und auch in andere Sprachen übersetzt wurde.
4 Vgl. Würdigung durch Hans Maier in der Süddeutschen Zeitung vom 03.02.2019.

1 Von den ersten Menschen bis zu den frühen Staaten am Horn von Afrika

1 EA I S. 119–122.
2 Johanson et al. 1981.
3 Hable-Selassie 1964.
4 Breyer 2016.
5 Durrani 2005.
6 Curtis 2008.
7 Ein vollständiges Repertoire der Inschriften bieten Bernand et al. 1991–2000.
8 Den genauen Namen dieses prä-aksumitischen Staates kennen wir nicht, überliefert ist nur ein Konsonantengerüst, die damals noch ausschließlich praktizierte unvokalisierte Schreibweise D'MT. Erst Jahrhunderte später wird es vokalisierte (Ge'ez-)Texte geben. Vgl. Phillipson 1998, S. 44 ff.
9 EA I S. 207.
10 Anfray 1990.
11 Munro-Hay 1991 – Breyer 2012.
12 Casson 1989 – Huntingford 1980.
13 Phillipson 1997.
14 Munro-Hay 1995.
15 Weninger 1999 (dort weitere Literaturangaben).
16 Hetzron 1972.
17 EA III S. 152–167 (umfangreiche Literaturangaben zu Inschriften).
18 Hetzron 1997.

19　Pankhurst 1960 – Schneider 2004.
20　de Romanis 1996.
21　Casson 1989 S. 52.
22　EA II S. 478.
23　Brakmann 1994 S. 66 ff.
24　EA IV S. 484–488.
25　Altheim 2018 Kapitel 7–10.
26　Munro-Hay (I) 1997 S. 58–66.
27　EA IV S. 583.
28　EA III S. 183/84.
29　Brita 2010.
30　Görg 2008 S. 121 ff.
31　Welsby 1997.
32　Endesfelder 1977 S. 120 ff.
33　Huntingford 1989.
34　Eine diesbezügliche Andeutung findet sich auch im Koran.
35　Moberg 1924 – EA III S. 1114–1116.
36　Bowersock 2013 S. 88 ff.
37　Nebes 2008.
38　Bobzin 2000.
39　Watt 1961.
40　Bowersock 2019.
41　EA II S. 65.
42　Hourani 1951.
43　EA I S. 427/28.
44　Pankhurst 1961.
45　EA I S. 248.
46　EA II S. 376/77.
47　Braukemper 2002.
48　Gori 2010.
49　EA IV S. 552/53.
50　Pankhurst 1968 Kapitel 3.
51　Miran 2009.
52　Cuoq 1981 S. 40 ff.
53　EA II S. 66/67.

2　Lalibela – die Zagwe-Dynastie

1　EA IV S. 823–825.
2　Perruchon 1892.
3　Gerster 1968 enthält vor allem eindrucksvolle Fotografien.
4　Bidder 1958.
5　EA V S. 65–66.
6　Budge 1928.

3 Sieben Jahrhunderte salomonische Dynastie – zwischen christlichem Nationalmythos und imperialer Kontinuität

1 Abir 1980.
2 Haberland 1965.
3 Bezold 1905.
4 EA III S. 364–367.
5 Leeman 2005.
6 Andere Traditionen ordnen sie unter dem Namen Bilqis Südarabien zu; auch der Koran greift die Legende auf. Sie erscheint ebenso in zahlreichen anderen literarischen Quellen in Afrika, Asien und Europa.
7 Pritchard 1974.
8 Tamrat 1972.
9 Cuoq 1981.
10 Erlich 2002.
11 Kropp 1994.
12 Kaplan 1984.
13 Tamrat 1972 S. 209 ff.
14 EA IV S. 746 ff.
15 Perruchon 1893.
16 Pankhurst 1997 S. 58 ff., S. 116 ff.
17 Tamrat 1972 S. 262/63.
18 Heldman 1994 S. 27–69.
19 Knefelkamp 1986.
20 Baum 1999.
21 Levathes 1994.
22 Pankhurst (II) 1985.
23 Derat 2003 S. 290–307.
24 Braukämper 2004 S. 55–64.
25 EA III S. 535–537. Quellen zu diesem Kaiser sind gut ediert, vgl. z. B. Kropp 1988.
26 Marcus 2002 Kapitel 3 gibt einen Überblick.
27 Erlich 2010 S. 40 ff.
28 Trimingham 1952 S. 80 ff.
29 EA IV S. 61–64.
30 Pankhurst 1997 Teil 4.
31 Braukämper 2004.
32 EA II S. 593/94.
33 EA II S. 663–664.
34 Casale 2009.
35 Schlicht 1992.
36 Thomaz 1994.
37 Abir 1980 S. 126 ff. u. S. 143 ff.
38 Sanceau 1943.
39 Diffie u. Winius 1977 S. 350–360.
40 Serjeant 1963.
41 Ramos 2004.
42 Etefa 2012.
43 Braukämper 1980.

44 Legesse 2000 S. 6 ff.
45 Schleicher 1893.
46 Pereira 1892 S. 216 ff.
47 Beshah 1964.
48 EA II S. 499–502.
49 Pennec 2003 S. 154 ff.
50 Donzel 1986.
51 Berry 1976 – EA II S. 843–848.
52 Henze 1993 S. 83 ff.
53 Haile 1990.
54 EA I S. 534.
55 Berry 1976.
56 Abir 1968.
57 Marcus 2002 Kapitel 4.
58 EA II S. 906/07.
59 EA IV S. 1169–1172.
60 Lewis 1965.
61 Semple 2005.
62 Beyene 1990 – Marcus 2002 Kapitel 5.

4 Vielfalt am Horn von Afrika – historische Aspekte und Facetten

1 Munro-Hay 2006.
2 Shahid 1988.
3 Munro-Hay 1995 S. 208 ff.
4 Baum 1999 – Pirenne 1992 – Ramos 2006 S. 37.
5 EA IV S. 209–212.
6 Salvadore 2017.
7 Crawford 1958 S. 5 ff.
8 EA V S. 498.
9 EA II S. 253.
10 EA III S. 734/5.
11 Aubin 1990 S. 35–103.
12 EA I S. 620/21.
13 EA II S. 554/55.
14 Falchetta 2006 – Klemp 1968 Nr.9 – Cattaneo 2011.
15 Mannoni 1932.
16 EA I S. 625.
17 Blum 1969 – EA IV S. 191/92.
18 Beck 2010 – Spang 2009.
19 Volker-Saad 2006 S. 48 ff – EA III S. 601–603.
20 Uhlig 1983.
21 Uhlig 1983.
22 Donzel 1974 S. 226–238.
23 Schlicht 2008 Kapitel 6.
24 EA I S. 811/12.

25 Tamrat 1972 S. 286 ff.
26 EA III S. 569/70.
27 Uhlig 1994.
28 Littmann 1907.
29 EA II S. 122/23.
30 EA IV S. 182.
31 Caraman 1984.
32 Meier 2000 S. 137 ff.
33 Sassetti 1917.
34 Cohen 2009.
35 EA III S. 15.
36 Pennec 2003.
37 EA IV S. 89/90.
38 Paez 2008 S. 335.
39 Beshah 1964.
40 Guidi 1903 S. 10/11.
41 Böll 2005.
42 EA III S. 27/28.
43 Bredin 2000.
44 Bruce 2000.
45 Diffie et al. 1977 S. 179/80.
46 Braudel 1985 S. 495–500 – Schlicht 1992 S. 20/21.
47 Silverberg 1996.
48 Bobzin 2000.
49 Wozu sie der Koran in Sure 9, Vers 29 verpflichtet.
50 Crone 2008.
51 Cuoq 1981 – Braukämper 2002 – Gori 2006.
52 Trimingham 1952 – Conti Rossini 1928.
53 Erlich 2010.
54 Wüstenfeld 1857 S. 44.
55 EA II S. 68.
56 EA I S. 531.
57 Pankhurst 1982.
58 EA V S. 164.
59 Gori 2006 S. 26 ff.
60 Freeman-Grenville 1966.
61 Laitin 1987 S. 15.
62 La Lomia 1982.
63 Chittick 1975.
64 Laitin 1987 S. 104 ff. u. S. 115 ff.
65 Pankhurst 1968 S. 435 ff.
66 Trimingham 1952 – Pankhurst 1997 – Braukämper 2002 – Cuoq 1981.
67 EA IV S. 553.
68 EA II S. 1012 ff.
69 Eine Karte zu muslimisch-christlichen Auseinandersetzungen und zu geplünderten Kirchen: EA V S. 611.
70 Pankhurst 1997 Teil 4.
71 Braukämper 1980 – Braukämper 2002.
72 Kropp 1988 S. 40–48.
73 Trimingham 1952 S. 269.
74 EA II S. 656/57 – Abir 1980 – Conzelman 1895.
75 Casale 2009.

76 Schlicht 1992.
77 Özbaran 1994.
78 Diffie u. Winius 1977 S. 263–268.
79 Bouchon 1992.
80 Diffie u. Winius 1977 S. 263.
81 EA IV S. 86.
82 EA II S. 646/47.
83 Dombrowski 1985.
84 Pankhurst 1982 S. 67 ff. – EA II S. 122/23.
85 EA IV S. 544–547.
86 EA I S. 455/56 wo nähere Angaben zu ihrer »Ethnizität« gemacht werden.
87 EA III S. 1116–1118.
88 Kaplan 1992.
89 Abbink 1991.
90 EA III S. 306.
91 Tamrat 1972 S. 200 f.
92 Salamon 1999.
93 Guidi 1903 (1960) S. 36.
94 Quirin 1992.
95 EA II S. 483/84.
96 Abbink 1984.
97 Bard 2002.
98 Anteby 2002.
99 EA II S. 950–952.
100 Marrassini 1993 S. 52/53.
101 EA I S. 444/45.
102 Perini 1905 (das Werk wurde 90 Jahre später ins Tigrinya übersetzt).
103 Pankhurst 1997 – EA I S. 461.
104 Dombrowski 1985.
105 EA V S. 60/61 dort wird fälschlicherweise als Todesjahr 1588 angegeben.
106 EA II S. 646/47.
107 EA IV S. 544–547.
108 EA II S. 96/97.
109 Kolmodin 1915.
110 Kemink 1991.
111 EA IV S. 1105–1107.
112 Miran 2009 Kapitel 1.
113 Teka 2008.
114 EA I S. 584–588.
115 EA IV S. 354–355.
116 Hetzron 1972.
117 EA III S. 1161/62.
118 EA II S. 286.
119 Mercier 2005.
120 EA IV S. 900–902.
121 EA III S. 373/74.
122 Appleyard 1985.
123 Tareke 1996.
124 Young 1997.
125 EA III S. 355–359.
126 Hassen 1990.
127 Tafla 1987 S. 494–502.

128 Darkwah 1975.
129 Ege 1996.
130 EA I S. 351–354.
131 Garretson 2000.
132 Bosc-Tiessé 2008.
133 Bosc-Tissé 2008 S. 402–410 – Six 1999 – Hammerschmidt 1973.
134 EA II S. 898.
135 EA II S. 843–845.
136 Gamst 1969.
137 Monti della Corte 1938.
138 Leroy 1967 – Hein 1999.
139 EA IV S. 1162–1164.
140 Hassen 1990.
141 Pankhurst 1997.
142 Deutschlandfunk 04.07.2020.
143 Aleteia 08.09.2020 – Zum weiteren Kontext The Economist 19.09.2020.
144 Cerulli 1957 S. 110/11.
145 EA II S. 593/94.
146 Lehman 2003.
147 Cassanelli 1982.
148 Daarud, Digil, Dir, Hawiye, Isaaq und Rahanwin.
149 Lewis 1961 – Lewis 1994.
150 EA III S. 52/53.
151 EA III S. 52/53.
152 EA V S. 438.
153 Lewis 2002.
154 EA IV S. 132/33.
155 Rotter 1967.
156 EA I S. 583.
157 EA III S. 1101/02.
158 EA II S. 534/35.
159 Willis 1985 S. 123–136.
160 Die einschlägigen Romane von Karl May (1842–1912) wie z. B. ›Die Sklavenkarawane‹ (1889/90) oder ›Im Reiche des Mahdi‹ (1896) hatten umso mehr Erfolg in Europa, vor allem in Deutschland, als sie vor realem historischem Hintergrund spielten und damals aktuelle, die Öffentlichkeit beschäftigende Themenkreise behandelten. Die Handlung freilich ist rein fiktiv, ebenso sind die Aussagen Mays über seine persönlichen Kenntnisse und Erfahrungen frei erfunden. Die Protagonisten seiner Bücher wenden sich als Lichtgestalten jedenfalls entschieden und energisch gegen die Sklaverei und liefern sich unter Gefährdung ihres eigenen Lebens harte Auseinandersetzungen mit düsteren Sklavenjägern.
161 Triulzi 1981.
162 Theis 1995 S. 19 ff.
163 Marcus 1995 S. 53 u. 73.
164 Fontrier 2003 S. 218.
165 Firla 2001.
166 EA II S. 506/07.

5 Drei Kaiser schaffen das moderne Äthiopien – das Horn von Afrika zwischen Restauration und Neubeginn

1 EA IV S. 312/12.
2 Appleyard 1985.
3 Rubenson 1987 S. 178 ff.
4 EA II S. 98/99.
5 Erlich 1994 – Erlich 2002 – Anderson 1966.
6 Lorain 2006.
7 Armbruster 1966.
8 Arnold 1992.
9 Plowden 1868.
10 Rassam 1869.
11 Marcus 2002 S. 70.
12 Erlich 2002.
13 Böll 2005 – Crummey 1972.
14 EA II S. 649/50.
15 Waldmeier 1869.
16 EA IV S. 425/26.
17 Payne 1972.
18 Mazzarello 1997.
19 EA III S. 263–265.
20 Eber 2006.
21 Böll 2005 S. 83–104.
22 Crummey 1972 S. 117–142.
23 Arén 1999 – Arén 1978.
24 Arnold 1992.
25 Matthies 2003 – Matthies 2010 – EA IV S. 407–409.
26 Rohlfs 1869.
27 Beyene 1990.
28 EA III S. 858.
29 Matthies 2010.
30 Rubenson 1966 S. 90.
31 Asfaw 1978.
32 Vgl. die Quellenangaben in EA IV S. 935/36.
33 Rohlfs 1883.
34 Schlicht 2008 S. 156–165.
35 Gabre-Sellassie 1975 S. 29.
36 EA IV S. 827–29.
37 Tafla 1977.
38 EA III S. 349/50.
39 Marcus 2002 Kapitel 5.
40 EA IV S. 1125–1127.
41 Sbacchi 2004.
42 EA II S. 987–990.
43 EA III S. 348/49.

44 Hage 2007 stellt die unterschiedlichen ›orientalischen‹ Kirchen zusammenfassend dar und geht auch auf christologische Divergenzen ein (S. 30–41), ebenso auf die Abhängigkeit zwischen dem abessinischen Christentum und der koptischen Kirche.
45 EA V S. 75.
46 EA IV S. 415/16.
47 EA IV S. 579/80.
48 EA IV S. 577.
49 Betts A. u. T. 2010.
50 Crummey 1972.
51 EA V S. 135/36.
52 EA II S. 99/100.
53 EA III S. 409.
54 Erlich 1994.
55 Erlich 2002 Kapitel 4.
56 EA II S. 921/22.
57 EA II S. 922–924.
58 Erlich 1982.
59 Erlich 1982 S. 140–180.
60 Marcus 1975 – Marcus 2002 Kapitel 7 und 8.
61 Zu den verschiedenen internationalen Abkommen dieser Zeit vgl. EA V S. 538–540.
62 Darkwah 1975.
63 Garretson 2000 S. 4–25.
64 Scovazzi 1996.
65 Beyene 1988.
66 Veltze 1906 – Erlich 1996.
67 Holt 1970.
68 Biasio 2004.
69 Loepfe 1974.
70 Bender 2000.
71 Chiatti 1984.
72 Lange 1982 – EA III S. 322–326.
73 EA I S. 611–618.

6 Der Imperialismus am Horn von Afrika im 19. und 20. Jahrhundert

1 EA II S. 1036/37.
2 EA V S. 275.
3 Barnes 2005.
4 EA IV S. 243.
5 EA I S. 544.
6 EA III S. 656/57.
7 Scholz 2001.
8 EA II S. 474.
9 EA I S. 649/50.
10 EA III S. 25.
11 Ernst II. 1864.

12 EA I S. S. 624.
13 Cecchi 1886.
14 EA I S. 704.
15 EA I S. 713.
16 EA II S. 747/48.
17 Taflu 1994.
18 EA IV S. 392/93.
19 Lefrère 2002.
20 EA IV S. 217.
21 EA II S. 145/46.
22 Rosen 1907.
23 Raunig 2005.
24 Erlich 2002.
25 Capus 1997, der das bewegte Leben des Schweizers in Romanform kleidet.
26 Erlich 1982.
27 EA IV S. 1105–1107.
28 Erlich 1982 – Gabre-Selassie 1975.
29 Gabre-Selassie 1975 S. 60 ff. u. S. 65–74.
30 EA II S. 921–924.
31 Malecot 1972.
32 Appleyard 1985.
33 EA III S. 1166/67.
34 Coubba 1996.
35 del Boca 1979 S. 41-92 – Labanca 2002.
36 EA I S. 358.
37 Galliano 1884 – EA I S. 771–773 – Scovazzi 1998.
38 Calchi Novati 1992.
39 Calchi Novati 1994.
40 Beyene 1988.
41 EA IV S. 418/19.
42 Wrong 2005 Kapitel 2 gibt Details.
43 Crummey 1986 S. 293 ff.
44 Labanca 1993.
45 EA I S. 107–110 – Veltzé 1906.
46 Der italienische Oberkommandierende, General Baratieri, versuchte sich nachträglich zu rechtfertigen, vgl. Baratieri 1994.
47 Rubenson 1976.
48 EA IV S. 996/97.
49 Dubois 1997.
50 Oberle 1985.
51 van Gelder de Pineda 1995.
52 EA II S. 134/35.
53 Leroux 1998.
54 Abdi 1993.
55 Lewis 2002.
56 Hess 1966.
57 Touval 1963 S. 51–59.
58 EA IV S. 1058/59.
59 Touval 1963.
60 Calchi Novati 1994.
61 Del Boca 1984 S. 168–197.

62 Mesghenna 1988 – Negash 1987.
63 Negash 1986.
64 Guazzini 1999.
65 Bender 1999.
66 Wrong 2005 S. 56–69.
67 Die Aufzeichnungen sind publiziert; sie wurden ausgewertet von Wrong 2005.
68 EA III S. 10/11 u. S. 509–517.
69 Taddia 1986.
70 Böll 2005.
71 Podesta 2004.
72 Taddia 1986 – Gebre-Medhin 1988 – Guazzini 1999 – Iyob 1995.
73 EA III S. 345–347 – anschaulich geschildert von Wrong 2005 Kapitel 4.
74 Calchi Novati 1994.
75 Kennedy 1960.
76 Scholz 2001.
77 EA IV S. 405.
78 Bückendorf 1997 S. 230 ff.
79 Tafla 1981.
80 Raunig 2005 S. 265–281.

7 Äthiopien unter Hayle Selassie – das Ende des salomonischen Reiches

1 Rosenfeld 1986.
2 EA II S. 392.
3 EA II S. 1081.
4 Zewde 1991 S. 115–132.
5 EA II S. 952/53.
6 Haile Selassie I 1976 S. 206–312.
7 Marcus 1987 S. 48–55.
8 EA II S. 907/08.
9 Zewde 1991 S. 100–120 u. S. 130–137.
10 ›Kebre Negest‹, ›Fetha Negest‹ oder ›Ser'ate Mengest‹, mittelalterliche Texte über die Grundlagen und Prinzipien des Regierens und des äthiopischen Staates, sind ebenfalls als frühe Verfassungstexte betrachtet worden. Sie haben jedoch nicht konstitutionellen Charakter im modernen Sinn, sind mehr generelle Politik-Handbücher und Geschichtsinterpretationen – vgl. Clapham 1971 Band I sowie EA I S. 788.
11 EA III S. 267/68.
12 Bonacci 2008.
13 Marcus 2002 S. 137.
14 Perham 1948 S. 224–228.
15 Rouaud 1997.
16 EA IV S. 680/81.
17 Erlich 2002.
18 EA IV S. 1124/25.
19 Young 2005 S. 125.

20 Dieser Text im Dialekt von Aosta (wörtlich »es kostet, was es kostet«) im nordwestlichen Italien war Motto der ›Alpini‹, der italienischen Gebirgsjäger, die als Elitetruppe gelten können. Er steht als Inschrift auf einer von Italien errichteten Brücke zwischen Massawa und Asmara als Leitprinzip der italienischen Eroberung.
21 Mallett 2015.
22 Sbacchi 1997 – Rochat 2005 – EA III S. 1088 f.
23 Rochat 1971.
24 Baer 1976.
25 De Bono 1936. Die Erinnerungen des Generals wurden damals sofort ins Deutsche übersetzt. Später wurde er kaltgestellt, 1944 wegen Beteiligung an einem Anschlag auf Mussolini hingerichtet.
26 Benannt nach dem britischen Außenminister und dem französischen Premierminister; EA III S. 51/52.
27 Knapp zusammenfassend Marcus 2002 S. 142–146, ausführlicher Marcus 1987 – EA III S. 228–234.
28 EA IV S. 1031.
29 Rumi 1974 S. 69.
30 Künzi 2005.
31 Zewde 2002 S. 203–210.
32 wie etwa beim Bonayya-Attentat, bei dem mehrere italienische Flugzeuge zerstört und elf italienische Offiziere getötet wurden. EA IV S. 920/21.
33 Palma 1999.
34 Sbacchi 1997 S. 123–161.
35 Sbacchi 1997 S. 163–204.
36 EA III S. 984/85 u. EA I S. 47.
37 EA II S. 878.
38 Marcus 2002 S. 149.
39 EA II S. 25–28.
40 Boca 1982 S. 307–352.
41 EA II S. 789/90 – Mockler 1984 S. 338–359.
42 Baer 1976.
43 Gilkes 1975.
44 Magri 1980.
45 Wrong 2005 S. 167.
46 Wrong 2005 S. 216 ff.
47 Marcus 2002 S. 160.
48 Chole 2004 S. 35.
49 EA II S. 235.
50 Jembere 2000.
51 EA I S. 788/89.
52 EA II S. 396.
53 EA II S. 424 – Marcus 1975 S. 38.
54 Hourani 1970.
55 EA III S. 731/32.
56 Marcus 2002 S. 167–172.
57 Patman 1990.
58 Matthies 1977.
59 Balsvik 1985.
60 Wolde-Maryam 1988.
61 EA IV S. 688–690.
62 Pétridès 1964.

63 Leeman 2005.
64 Bezold 1905.
65 Unter den zahlreichen Biographien zu empfehlen ist vor allem Clapham 1969.
66 EA III S. 1162.

8 Eritrea – der lange Weg von der italienischen Kolonie zur Unabhängigkeit

1 Wrong 2005 S. 78–99 gibt eine eindrucksvolle, detaillierte Schilderung dieser militärischen Operation.
2 Wrong 2005 S. 164.
3 Trevaskis 1960.
4 Wrong 2005 S. 131/32.
5 Wrong 2005 S. 163–165.
6 Selassie 1989.
7 Ghebre-Ab 1993 S. 140–177 publiziert den Bericht der Kommission.
8 Negash 1997.
9 Sishagne 2007.
10 Iyob 1995 – Negash 1997.
11 Gebremedhin 1989 – Negash 1997 – Iyob 1995.
12 EA III S. 113/114.
13 Sishagne 2007.
14 Wrong 2005 Kapitel 8, vor allem S. 189–196.
15 Erlich 1983.
16 EA I S. 384/85.
17 Erlich 1983 – Iyob 1995.
18 Einen kurzen, zusammenfassenden und verständlichen Überblick über die Organisationen und ihre Streitigkeiten gibt Günter Schröder, der vielleicht beste Kenner dieser Phase der eritreischen Geschichte, in EA IV S. 1049/50; Vgl. auch EA II S. 370–372.
19 Marcus 2002 S. 178.
20 Erlich 1983 S. 48-53 – Clapham 1988 S. 48 ff.
21 Tareke 1991 S. 87–121.
22 Graf 2018; Der Verfasser hat auf DDR-Seite an den Gesprächen teilgenommen.
23 EA IV S. 261.
24 Fekadu 2002 – Tesfai 2002.
25 Fekadu 2015 liefert als Beteiligter eine Darstellung aus erster Hand.
26 Zur Hungerproblematik in diesem Zusammenhang berichtet aus erster Hand Fekadu 2015 S. 49–60.
27 Berhe 2009 – Young 1997.
28 Die Greueltaten, die unter äthiopischer Herrschaft in Eritrea, auch bereits unter Hayle Selassie, verübt wurden, stellt auf fast 600 Seiten dar Berhe 2017.
29 Die verschiedenen Facetten dieser Perzeptionsproblematik behandelt Wrong 2005.
30 Pool 2001.
31 Wrong 2005 S. 193/94.

9 Marxismus, Hunger, Bruderkrieg und Versöhnung

1 Pausewang 1983.
2 Halliday 1981.
3 Ausführlich stellt diesen Prozess dar Wrong 2005 S. 318–320.
4 Korn 1986.
5 Patman 1990.
6 EA II S. 220.
7 de Waal 1997.
8 Wolde Giorgis 1981.
9 Marcus 2002 S. 212/13.
10 Scheffler 1991 S. 251–272.
11 Wrong 2005 S. 323 (Wilde hatte dies auf die britische Irland-Politik gemünzt).
12 Gudina 2002.
13 Jacquin-Berdal 2002.
14 Hammond 1999.
15 Marcus 2002 Kapitel 15.
16 Shack 1974.
17 Metaferia 2009.
18 Details fasst zusammen Marcus 2002 S. 235.
19 Marcus 2002 Kapitel 16.
20 Plaut 2016 S. 25–33.
21 Plaut 2016 S. 20/21.
22 Negash 2000 S. 1–104.
23 de Guttry 2009 S. 141–158.
24 John Bolton, ehemaliger UN-Botschafter der USA, warf Jendayi Frazer, Leiterin der Afrika-Abteilung im State Department vor, im bewussten Gegensatz zur Entscheidung der Grenzkommission die äthiopische Position unterstützt zu haben. Vgl. Bolton 2007 S. 347.
25 Wrong 2005 schildert dies detailliert.
26 Plauth 2016 S. 57.
27 Marcus 2002 S. 248 zusammenfassend.
28 Fantu 2019.
29 EA II S. 394 – Braukämper 2002.
30 SPIEGEL 39/22.09.2018.
31 NZZ 23.01.2019 – ›Die Welt‹ 12.10.2019.
32 Kaps 2018.
33 hdr.undp.org.
34 Frankopan 2019.
35 Wehling 2020.
36 Weber 2018.
37 Seinen Gegnern in Tigray signalisierte er ›das Spiel ist aus‹. »Game over« sagte er auf Englisch im Rahmen seiner auf Tigrinya gehaltenen Rede.
38 nobelprize.org/prizes/peace/2019/abiy.
39 Tagesschau.de 9.11.2020 – crisisgroup.org 5.11.2020
40 Al Jazeera und BBC 28.11.2020 sowie direkte Telefonate mit Gewährsleuten in Äthiopien.
41 Voice of America 9.11.2020

10 Somalia und Dschibuti – Wege in die Unabhängigkeit … oder ins Chaos?

1 Menkhaus 2004 (Die kontroverse Diskussion der Definition eines ›failed state‹ klammern wir bewusst aus.).
2 Calchi Novati 1992 S. 133–159.
3 Asiwaju 1985 S. 155–194.
4 EA IV S. 9.
5 Taillon 2002.
6 Keating 2019.
7 Balthasar 2014 S. 5–14.
8 Bradbury 2008.
9 Lewis 2008.
10 Stehr 2012.
11 Simma 1984 S. 229.
12 Bowden 1999.
13 Weber 1997.
14 Mosley 2015.
15 Stuke 2011.
16 Erstellt von ›Foreign Policy‹ in Kooperation mit dem Think-Tank ›Fund for Peace‹.
17 Oberle 1997.
18 Lewis 1955.
19 Coubba 1995.
20 Chiré 2013.
21 Höring 2019.
22 Le Gouriellec 2020.

Bibliographie

Abbink J.G., Mythlégendes et histoire: l'énigme de l'ethnogenèse des Beta Esra'el, Bruxelles 1991
Abbink J.G., The Falashas in Ethiopia and Israel: the Problem of Ethnic Assimilation, Nijmegen 1984
Abdi A.S., Divine Madness: Mohammed Abdulle Hassan (1856–1920), London 1993
Abir M., Ethiopia: The Era of the Princes. The Challenge of Islam and the Re-Unification of the Christian Empire, 1769–1855, London 1968
Abir M., Ethiopia and the Red Sea, the Rise and Decline of the Solomonic Dynasty and Muslim-European Rivalry in the Region, London 1980
Altheim F. et al. (Hg.), Christentum am Roten Meer, Berlin 2018
Anderson M.S., The Eastern Question 1774–1923, London 1966
Anfray F., Les Anciens Ethiopiens. Siècles d'histoire. Paris 1990
Anteby L., Chronique d'une intégration: les Juifs d'Ethiopie en Israel, Paris 2002
Appleyard D. (Hg.), Letters from Ethiopian Rulers, Oxford 1985
Arén G., Evangelical Pioneers in Ethiopia, Stockholm 1978
Arén G., Envoys of the Gospel in Ethiopia: In the Steps of the Evangelical Pioneers, Stockholm 1999
Armbruster S., Life and History of John Bell and His Descendants, Palma de Mallorca 1966
Arnold P., Prelude to Magdala. Emperor Theodore of Ethiopia and British diplomacy, London 1992
Asiwaju A.I. (Hg.), Partitioned Africans: Ethnic Relations Across Africa's International Boundaries, New York 1985
Aubin J. (Hg.), La découverte, le Portugal et l'Europe, Paris 1990
Baer G., Test Case: Italy, Ethiopia and the League of Nations, Stanford 1976
Balsvik R.R., Haile Sellassie's Students: The Intellectual and Social Background to Revolution 1952–1977, East Lansing 1985
Balthasar D., Thinking Beyond Roadmaps in Somalia, Washington 2014
Baratieri O., Pagine d'Africa (Hg. N. Labanca), Trento 1994
Bard M.G., From Tragedy to Triumph: The Politics behind the Rescue of Ethiopian Jewry, Westport 2002
Baum W., Die Verwandlung des Mythos vom Reich des Priesterkönigs Johannes, Klagenfurt 1999
Beck P.v., The First Female University Student: Anna Maria van Schurman, Utrecht 2010
Bender M.L., Kunama, Andover MA 1999
Bender M.L., Comparative Morphology of the Omotic Languages, München 2000
Berhe A., A Political History of the Tigray People's Liberation Front (1975–1991), Los Angeles 2009
Berhe S. et al., Gif'i, Asmara 2017 (Tigrinya)
Bernand E. et al. (Hg.), Recueil des inscriptions de l'Éthiopie des périodes pré-axoumite et axoumite (3 Bände), Paris 1991–2000
Berry L.B., The Solomonic Monarchy at Gonder, 1630–1755, Boston 1976
Beshah G. et al., The Question of the Union of the Churches in Luso-Ethiopian Relations (1500–1632), Lisboa 1964
Betts A. u. T., A Princess in the Family; the Story of Georg Wilhelm Schimper and his Descendants from 1804 to 1968, Burgess Hill 2010

Beyene T. et al. (Hg.), The Centenary of Dogali, Addis Abeba 1988
Beyene T. et al. (Hg.), Kasa and Kasa: Papers on the Lives, Times and Images of Tewodros II and Yohannes IV (1855–1889), Addis Abeba 1990
Bezold C. (Hg.), Kebra Negest: Die Herrlichkeit der Könige, München 1905
Biasio E., Prunk und Pracht am Hofe Menileks: Alfred Ilgs Äthiopien um 1900, Zürich 2004
Bidder I., Lalibela, the Monolithic Churches of Ethiopia, Köln 1958
Bobzin H., Mohammed, München 2000
Del Boca A., Gli Italiani in Africa Orientale. La conquista dell'impero, Rom/Bari 1979
Del Boca A., Gli Italiani in Africa Orientale. Nostalgia delle Colonie, Rom/Bari 1984
Böll V. et al. (Hg.), Ethiopia and the Missions: Historical and Anthropological Insights, Münster 2005
Bolton J., Surrender is Not an Option, New York 2007
Bonacci G., Exodus! L'histoire du retour des Rastafariens en Ethiopie, Paris 2008
De Bono E., Die Vorbereitungen und die ersten Operationen zur Eroberung Abessiniens, München 1936
Bosc-Tiessé C., Les îles de la mémoire. Fabrique des images et écriture de l'histoire dans les églises du lac Tana, Ethiopie, Paris 2008
Bouchon G., Albuquerque: Le lion des mers d'Asie, Paris 1992
Bowden M., Black Hawk Down: A Story of Modern War, New York 1999
Bowersock G.W., The Throne of Adulis, Red Sea Wars on the Eve of Islam, Oxford 2013
Bowersock G.W., Die Wiege des Islam, München 2019
Bradbury M., Becoming Somaliland, Bloomington 2008
Brakmann H., To para tois barbarois ergon theion. Die Einwurzelung der Kirche im spätantiken Reich von Aksum, Bonn 1994
Braudel F., La Méditerranée et le monde méditerranéen à l'époque de Philippe II, Paris 1985
Braukämper U., Geschichte der Hadiya Süd-Äthiopiens, Wiesbaden 1980
Braukämper U., Islamic History and Culture in Southern Ethiopia, Münster 2004
Bredin M., The Pale Abyssinian: A Life of James Bruce, African Explorer and Adventurer, London 2000
Breyer F., Das Königreich Aksum, Mainz 2012
Breyer F., Punt, Die Suche nach dem Gottesland, Leiden 2016
Brita A., I raconti tradizionali sulla »seconda cristianizzazione« dell'Etiopia: Il ciclo agiografico dei nove santi, Napoli 2010
Brogini-Künzi G., Italien und der Abessinienkrieg 1935/36, Kolonialkrieg oder totaler Krieg?, Paderborn 2006
Bruce J., Zu den Quellen des Blauen Nils, Die Erforschung Äthiopiens 1768–1773, Stuttgart 2000
Bückendorf J., »Schwarz-weiss-rot über Ostafrika!« Deutsche Kolonialpläne und afrikanische Realität, Münster 1997
Budge E.A.T.W. (Hg.), The Book of Saints of the Ethiopian Church, 4 Bände, Cambridge 1928 (Neudruck: Hildesheim/New York 1976)
Calchi Novati G., Fra Mediterraneo e Mar Rosso, Momenti di politica italiana in Africa attraverso il colonialismo, Roma 1992
Calchi Novati G., Il Corno d'Afrca nella storia e nella politica, Torino 1994
Capus A., Munzinger Pasha, Zürich 1997
Caraman P., The Lost Empire, The Story of the Jesuits in Ethiopia 1555–1634, London 1985
Casale G., The Ottoman Age of Exploration, Oxford 2009
Cassanelli L., The Shaping of Somali Society Reconstructing the History of a Pastoral People,1600–1900, Philadelphia 1982
Casson L., The Periplus Maris Erythraei, Princeton 1989
Cattaneo A., Fra Mauro's Mappa Mundi and Fifteenth Century Venice, Turnhout 2011
Cecchi A., Da Zeila alle frontiere del Caffa, Rom 1886/87
Cerulli E., Storia della Somalia, Rom 1957

Chiatti R., The Politics of Divine Kingship in Wolaita (Ethiopia), 19th and 20ieth Centuries, Philadelphia 1984
Chiré A.S. (Hg.), Djibouti Contemporain, Paris 2013
Chittick H.N. et al. (Hg.), East Africa and the Orient: Cultural Synthesis in Pre-Colonial Times, New York/London 1975
Chole E., Underdevelopment in Ethiopia, Addis Abeba 2004
Clapham C., Haile Selassie's Government, London 1969
Clapham C., Ethiopian Constitutional Development, 2 vols., Addis Abeba, 1969–1971
Cohen L., The Missionary Strategies of the Jesuits in Ethiopia 1555–1632, Wiesbaden 2009
Conti Rossini C., Storia d'Etiopia, vol. I: Dalle origini all' avvento della dinastia salomonide, Milano 1928
Conzelman W.E. (Hg.), Chronique de Gelawdewos, Roi d'Ethiopie, Paris 1895
Coubba A., Le mal djiboutien: rivalités éthniques et enjeux politiques, Paris 2000
Crawford O.G.S., Ethiopian Itineraries, circa 1400–1524, Cambridge 1958
Crone P., From Arabian Tribes to Islamic Empire. Army, State and Society in the Near East, Abingdon 2008
Crummey D., Priests and Politicians, Protestant and Catholic Missions in Orthodox Ethiopia, 1830–1868, Oxford 1972
Crummey D. (Hg.), Banditry, Rebellion and Social Protest in Africa, Portsmouth NH 1986
Cuoq J., L'Islam en Éthiopie, des origines au XVIième siècle, Paris 1981
Curtis M.C. et al. (Hg.), The Archaeology of Ancient Eritrea, Trenton NJ 2008
Darkwah K., Shewa, Menilek and the Ethiopian Empire, London 1975
Derat M., Le domaine des rois éthiopiens (1270–1527): espace, pouvoir et monachisme, Paris 2003
Diffie B.W. und Winius G.D., Foundations of the Portuguese Empire, 1415–1580, Minneapolis/Oxford 1977
Dombrowski F.A., Ethiopia's Access to the Red Sea, Leiden 1985
Donzel E. J. v., Two Ethiopian Letters of Job Ludolf, in: Bibliotheca Orientalis 31, Leiden 1974, S. 226–238
Donzel E.J. van, A Yemenite Embassy to Ethiopia 1647–1649, Stuttgart 1986
Durrani N., The Tihamah Coastal Plane of South-West Arabia in its Regional Context ca. 6000 BC – AD 600, Oxford 2005
EA siehe Uhlig
Eber J., Johann Ludwig Krapf, ein schwäbischer Pionier in Ostafrika, Riehen 2006
Ege S., Class, State and Power in Africa. A Case Study of the Kingdom of Shäwa about 1840, Wiesbaden 1996
Endesfelder E. et al., Ägypten und Kusch. Schriften zur Geschichte und Kultur des alten Orients, Berlin 1977
Erlich H., Ethiopia and Eritrea During the Scramble for Africa: A Political Biography of Ras Alula, 1875–1897, Lansing/Tel Aviv 1982
Erlich H., The Struggle over Eritrea, 1962–1978, Stanford 1983
Erlich H., Ethiopia and the Middle East, Boulder 1994
Erlich H., Ras Alula and the Scramble for Africa, New Jersey 1995
Erlich H., The Cross and the River: Ethiopia, Egypt and the Nile, Boulder 2002
Erlich H., Islam and Christianity in the Horn of Africa, Boulder 2010
Ernst II. von Sachsen-Coburg und Gotha et al., Reise des Herzogs Ernst II. von Sachsen-Coburg und Gotha nach Ägypten und den Ländern der Habab, Mensa und Boghos, Leipzig 1864
Etefa T., Integration and Peace in East Africa: A History of the Oromo Nation, New York 2012
Falchetta P., Fra Mauro's World Map, Turnhout 2006
Fantu C. et al. (Hg.), The Oxford Handbook of the Ethiopian Economy, Oxford 2019
Fekadu T., Journey from Naqfa to Naqfa (Tigrinya), Asmara 2002
Fekadu T., The Roads to Asmara, 1984–1991, Asmara 2015
Firebrace J. et al., Never Kneel Down. Drought, Development and Liberation in Eritrea, Trenton NJ 1985

Firla M. (Hg.), Exotisch-höfisch-bürgerlich. Afrikaner in Württemberg vom 15. bis 19. Jahrhundert, Stuttgart 2001
Fischer-Kattner A., Spuren der Begegnung, Europäische Reiseberichte über Afrika, Göttingen 2015
Fontrier M., Abou Bakr Ibrahim, Pacha de Zeyla – marchand d'esclaves, Paris 2003
Frankopan P., Die neuen Seidenstraßen, Gegenwart und Zukunft unserer Welt, Berlin 2019
Freeman-Grenville G.S.P., The East African Coast: Selected Documents from the First Century to the Earlier Nineteenth, Oxford 1966
Gabre-Sellassie Z., Yohannes IV of Ethiopia, Oxford 1975
Galliano G., La colonizzazione della Baia di Assab ed il governo, Rom 1884
Gamst F.C., The Qemant: A Pagan-Hebraic Peasantry of Ethiopia, New York 1969
Garretson P.P., A History of Addis Abäba from its Foundation in 1886 to 1910, Wiesbaden 2000
Gebre-Medhin J., Peasants and Nationalism in Eritrea, Trenton NJ 1989
Van Gelder de Pineda R., Le chemin de fer de Djibouti à Addis-Abeba, Paris 1995
Gerster G., Kirchen im Fels, Stuttgart 1968 (Neuauflage Zürich 1972)
Ghebre-Ab H., Ethiopia and Eritrea, A Documentary Study, Trenton NJ 1993
Gilkes P., The Dying Lion: Feudalism and Modernization in Ethiopia, London 1975
Görg P.H., Die Wüstenväter – Antonius und die Anfänge des Mönchtums, Augsburg 2008
Gori A., Contatti culturali nel Oceano Indiano e nel Mar Rosso e processi di islamizzazione in Etiopia e Somalia, Venezia 2006
Gori A. et al. (Hg.), L'Islam in Etiopia, Bilanci e prospettive, Roma 2010
Le Gouriellec S., Djibouti, La diplomatie de géant d'un petit état, Villeneuve-d'Ascq 2020
Graf H., Eritrea – Oase am Roten Meer und Opfer von Großmacht-interessen, Berlin 2018
Guazzini F., Le ragioni di un confine coloniale, Eritrea 1898–1908, Torino 1999
Gudina M., Ethiopia: Competing Ethnic Nationalisms and the Quest for Democracy, 1960–2000, Maastricht 2002
Guidi I., Annales Iohannis I, Iyasu I, Bakaffa, Paris/Leipzig 1903 (Neudruck Löwen 1960)
De Guttry A. et al. (Hg.), The 1998–2000 War between Eritrea and Ethiopia, An International Legal Perspective, Cambridge 2009
Haberland E., Untersuchungen zum äthiopischen Königtum, Wiesbaden 1965
Hable-Selassie S., Beziehungen Äthiopiens zur griechisch-römischen Welt, Bonn 1964
Hage W., Das orientalische Christentum, Stuttgart 2007
Haile G., The Faith of the Unctionists in the Ethiopian Church (CSCO 517), Löwen 1990
Haile Selassie I, My Life and Ethiopia's Progress, 1892–1937, Oxford 1976
Halliday F. et al., The Ethiopian Revolution, London 1981
Hammerschmidt E., Äthiopische Handschriften vom Tanasee (Band I), Wiesbaden 1973
Hammond J., Fire from Ashes, A Chronicle of the Revolution in Tigray, Ethiopia, 1975–1991, Lawrenceville 1999
Hassen M., The Oromo of Ethiopia: A History 1570–1860, Cambridge 1990
Hassen M., The Oromo and the Christian Kingdom of Ethiopia 1300–1700, Woodbridge 2015
Hein E. et al., Ethiopia, Christian Africa: Art, Churches and Culture, Ratingen 1999
Heldman M.E., The Marian Icons of the Painter Fre Seyon, Wiesbaden 1994
Henze P., Aspects of Ethiopian Art from Ancient Axum to the 20th Century, London 1993
Hess R.L., Italian Colonialism in Somalia, Chicago 1966
Hetzron R., Ethiopian Semitic – Studies in Classification, Manchester 1972
Hetzron R. (Hg.), The Semitic Languages, London/New York 1997
Holt P.M., The Mahdist State in the Sudan, 1881–1898, Oxford 1970
Höring U., Der lange Marsch 2.0. Chinas Neue Seidenstraße als Entwicklungsmodell, Hamburg 2018
Hourani G.F., Arab Seafarers in the Indian Ocean in Ancient and Early Medieval Times, Princeton 1951
Hourani A., Arabic Thought in the Liberal Age, Oxford 1970
Huntingford G.W.B., The Periplus of the Erythraean Sea, London 1980

Huntingford G.W.B., The Historical Geography of Ethiopia, From the First Century A.D. to 1704, London 1989
Iyob R., The Eritrean Struggle for Independence. Domination, Resistance, Nationalism, 1941–1993, Cambridge MA 1995
Jacquin-Berdal D., Nationalism and Ethnicity in the Horn of Africa, Lewiston 2002
Jembere A., An Introduction to the Legal History of Ethiopia, Hamburg 2000
Johanson D.C./Maitland A.E., Lucy: The Beginning of Humankind, St. Albans 1981
Kaplan S., The Monastic Holy Man and the Christianization of Early Solomonic Ethiopia, Wiesbaden 1984
Kaplan S., The Beta Israel (Falasha) in Ethiopia, New York 1992
Kaps A. et al., Vom Hungerland zum Hoffnungsträger – Wird Äthiopien zum Vorbild für den afrikanischen Aufschwung? Berlin 2018
Kaufhold H. (Hg.), Kleines Lexikon des christlichen Orients, Wiesbaden 2007
Keating M. et al. (Hg.), War and Peace in Somalia, Oxford 2019
Kemink F., Das Gewohnheitsrecht der Tegrenna in Eritrea (1890–1941), Stuttgart 1991
Kemp E., Afrika auf Karten des 12. bis 18. Jahrhunderts, Leipzig 1968
Kennedy G. et al., Eritrea: A Colony in Transition 1941–1952, London 1960
Knefelkamp U., Die Suche nach dem Reich des Priesterkönigs Johannes, Gelsenkirchen 1986
Kolmodin J., Traditions de Tsazegga et Hazzega, Upsala 1915
Korn D.A., Ethiopia, the United States and the Soviet Union, London 1986
Kropp M. (Hg.), Die Geschichte des Lebna-Dengel, Claudius und Minas, Louvain (Löwen) 1988
Kropp M. (Hg.), Der siegreiche Feldzug des Königs Amda-Seyon gegen die Muslime in Adal im Jahre 1332 n. Chr., Louvain (Löwen) 1994
Labanca N., In marcia verso Adua, Turin 1993
Labanca N., Oltremare. Storia dell'espansione coloniale italiana, Bologna 2002
Laitin D. et al., Somalia: Nation in Search of a State, Boulder 1987
Lange W., History of the Southern Gonga (Southwestern Ethiopia), Wiesbaden 1982
Leeman B., Queen of Sheba and Biblical Scholarship, Westbrook 2005
Lefrère J., Rimbaud à Harar, Paris 2002
Legesse A., Oromo Democracy: An Indigenous African Political System, Lawrenceville NJ 2000
Lehmann D.V. et al., The Somali Bantu: Their History and Culture, Washington DC 2003
Leroux R., Le réveil de Djibouti 1968–1977, Paris 1998
Leroy J., Ethiopian Painting in the Late Middle Ages Under the Gonder Dynasty, London 1967
Levathes L., When China Ruled the Seas, New York 1994
Lewis H.S., A Galla Monarchy, Jimma Abba Jifar (1830–1932), Madison 1965
Lewis I.M., Peoples of the Horn of Africa: Somali, Afar and Saho, London 1955
Lewis I.M., A Pastoral Democracy: A Study of Pastoralism and Politics among the Northern Somali in the Horn of Africa, Oxford 1961
Lewis I.M., Blood and Bone, The Call of Kinship in Somali Society, Lawrenceville NJ 1994
Lewis I.M., A Modern History of the Somali: Revised, Updated and Expanded, Oxford 2002
Lewis I.M., Understanding Somalia and Somaliland, London 2008
Littmann E. (Hg.), Die Heldentaten des Dom Christoph da Gama in Abessinien, Berlin 1907
Löpfe W., Alfred Ilg und die Äthiopische Eisenbahn, Zürich/Freiburg 1974
La Lomia M.R., Antiche moschee di Mogadiscio, Palermo 1982
Lorain M.T., Guillaume Lejean, voyageur et géographe, 1824–1871, Rennes 2006
Magri P.G., La politica estera etiopica e le questioni eritrea e somala, 1941–1960, Milano 1980
Malecot G., Les voyageurs français et les relations entre la France et l'Abyssinie de 1835 à 1870, Paris 1972
Mallett R., Mussolini in Ethiopia, 1919–1935: The Origins of Fascist Italy's African War, New York 2015
Mannoni L., Una carta italiana del bacino del Nilo e dell'Etiopia del secolo XV, Roma 1932

Marcus H., The Times and Life of Menelik II: Ethiopia 1844–1913, Oxford 1975
Marcus H., Haile Selassie I: The Formative Years, 1892–1936, Berkeley 1987
Marcus H., A History of Ethiopia, Berkeley 2002
Marrassini P., Lo scettro e la croce, la campagna di Amda Seyon I contro l'Ifat (1332), Napoli 1993
Matthies V., Der Gremzkonflikt Somalias mit Äthiopien und Kenya, Hamburg 1977
Matthies V., Historische Reisen nach Aksum, Berlin 2003
Matthies V., Unternehmen Magdala, Strafexpedition in Äthiopien, Berlin 2010
Mazzarello M.L., Giustino de Jacobis, inculturarsi per communicare, Rom 1997
Meier J. (Hg.), »Usque ad ultimum terrae«: Die Jesuiten und die transkontinentale Ausbreitung des Christentums, 1540–1773, Göttingen 2000
Menkhaus K., Somalia: State Collapse and the Threat of Terrorism, Oxford 2004
Mercier J., Art éthiopien: les églises historiques du Tigray, Paris 2005
Mesghenna Y., Italian Colonialism: a Case Study of Eritrea, 1869–1934, Lund 1988
Metaferia G., Ethiopia and the United States, New York 2009
Miran J., Red Sea Citizens, Cosmopolitan Society and Cultural Change in Massawa, Bloomington 2009
Moberg A. (Hg.), The Book of the Himyarites: Fragments of a Hitherto Unknown Syriac Work, Lund 1924
Mockler A., Haile Selassie's War: the Italian-Ethiopian Campaign, 1935–1941, New York 1984
Monti della Corte A. A., I castelli di Gondar, Rom 1938
Mosley J., Somalia's Federal Future, London 2015
Munro-Hay S.C., Aksum, An African Civilisation of Late Antiquity, Edinburgh 1991
Munro-Hay S.C. et al., Aksumite Coinage, London 1995
Munro-Hay S.C., Ethiopia and Alexandria, Band I, Warszawa 1997
Munro-Hay S.C., Ethiopia Unveiled, Interaction Between Two Worlds, Holywood 2006
Nebes N., Die Märtyrer von Nagran und das Ende der Himyar, Zur politischen Geschichte Südarabiens im frühen sechsten Jahrhundert, in: Aethiopica 11 (2008), S. 7–40
Negash T., No Medicine for the Bite of a White Snake, Uppsala 1986
Negash T., Italian Colonialism in Eritrea,1882–1941, Uppsala 1987
Negash T., Eritrea and Ethiopia: The Federal Experience, Uppsala 1997
Negash T. et al., Brothers at War, Making Sense of the Eritrean-Ethiopian War, Oxford 2000
Oberle P., Histoire de Djibouti, des origines à la République, Paris 1997
Özbaran S., The Ottoman Response to European Expansion, Istanbul 1994
Paez P., História da Etiópia, Lisboa 2008
Palma S., L'Italia coloniale, Rom 1999
Pankhurst S., Ethiopia and India in Ancient and Modern Times, Addis Abeba 1960
Pankhurst R., An Introduction to the Economic History of Ethiopia, from Early Times to 1800, London 1961
Pankhurst R., Economic History of Ethiopia, 1800–1935, Addis Abeba 1968
Pankhurst R., History of the Ethiopian Towns from the Middle Ages to the Early Nineteenth Century, (Band I) Wiesbaden 1982, (Band II) Stuttgart 1985
Pankhurst R., The Ethiopian Borderlands, Essays in Regional History from Ancient Times to the End of the 18th Century, Lawrenceville/Asmara 1997
Patman R.G., The Soviet Union in the Horn of Africa, Cambridge 1990
Pausewang S., Peasants, Land and Society: A Social History of Land Reform in Ethiopia, München 1983
Payne E., Ethiopian Jews: The Story of a Mission, London 1972
Pennec H., Des jésuites au royaume du prêtre Jean, Paris 2003
Perham M., The Government of Ethiopia, London 1948
Perin R., Di qua del Mareb, Firenze 1905
Perruchon J., Vie de Lalibala, roi d'Ethiopie, Paris 1892
Perruchon J. (Hg.), Les chroniques de Zar'a Ya'eqob et de Ba'eda Maryam, rois d'Éthiopie de 1434 à 1478, Paris 1893

Pétridès P., Le livre d'or de la dynastie salomonienne d'Ethiopie, Paris 1964
Phillipson D.W., The Monuments of Aksum. Addis Abeba/London 1997
Phillipson D.W., Ancient Ethiopia. Aksum, Its Antecedents and Successors, London 1998
Plaut M., Understanding Eritrea, London 2016
Plowden W.C., Travels in Abyssinia and the Galla Conutry, London 1868
Podestà G.L., Il mito dell'impero. Economia, politica e lavoro nelle colonie italiane dell'Africa orientale,1898–1941, Torino 2004
Pool D., From Guerrillas to Government – The Eritrean People's Liberation Front, Athens 2001
Pritchard J.B. (Hg.), Solomon and Sheba, London 1974
Quirin J., The Evolution of Ethiopian Jewry: A History of the Beta Israel in Ethiopia from Earliest Times to 1920, Philadelphia 1992
Ramos M.J. et al., The Indigenous and the Foreign in Christian Ethiopian Art: On Portuguese-Ethiopian Contacts in the 16th–17th Centuries, Abingdon 2017
Ramos M.J., Essays in Christian Mythology, the Metamorphosis of Prester John, Lagham 2006
Rassam H., Narrative of the British Mission to Theodore, King of Abyssinia, London 1869
Raunig W. et al., Afrikas Horn, Akten der Ersten Internationalen Littmann-Konferenz 2002, Wiesbaden 2005
Rochat G., Militari e politici nella preparazione della campagna d'Etiopia, Studi e documenti 1932–1936, Milano 1971
Rochat G., Le guerre italiane 1935–1943, Dall'impero d'Etiopia alla disfatta, Torino 2005
Rohlfs G., Im Auftrag Sr. Majestät, des Königs von Preußen mit dem englischen Expeditionscorps in Abessinien, Bremen 1869
Rohlfs G., Meine Mission nach Abessinien, auf Befehl Sr. Maj. Des Deutschen Kaisers, im Winter 1880–81, Leipzig 1883
de Romanis F., Cassia, Cinnamomo, Ossidiana. Uomini e merci tra oceano Indiano e Mediterraneo. Roma 1996
Rosen F., Eine deutsche Gesandschaft in Abessinien, Leipzig 1907
Rosenfeld C.P., Empress Taitu and Menelik II, Ethiopia 1883–1910, London 1986
Rotter G., Die Stellung des Negers in der islamisch-arabischen Gesellschaft bis zum XVI. Jahrhundert, Bonn 1967
Rouaud A., Le negus contre l'esclavage: Les édits abolitionnistes du ras Tafari, Paris 1997
Rubenson S., King of Kings, Tewodros of Ethiopia, Addis Abeba/Nairobi 1966
Rubenson S., The Survival of Ethiopian Independence, London 1976
Rubenson S. (Hg.), Correspondence and Treaties 1800–1854, Addis Abeba/Evanston 1987
Rumi G., L'imperialismo fascista, Milano 1974
Salamon H., The Hyena People, Ethiopian Jews in Christian Ethiopia, Berkeley 1999
Salvadore M., The African Prester John and the Birth of Ethiopian-European relations, 1402–1555, London 2017
Sassetti A.S., La vita e gli scritti di Mariano Vittori, Rieti 1917
Sbacchi A., Legacy of Bitterness. Ethiopia and Fascist Italy, 1935–1941, Lawrenceville/Asmara 1997
Sbacchi A. et al. (Hg.), Giacomo Naretti alla corte del negus Giovanni IV d'Etiopia, Diari 1856–1881, Ivrea 2004
Scheffler T. (Hg.), Ethnizität und Gewalt, Hamburg 1991
Schleicher A.W., Geschichte der Galla, Berlin 1893
Schlicht A., Europas Asienhandel durch das Rote Meer vor und nach der Entdeckung des Seewegs nach Indien, Bamberg 1992
Schlicht A., Die Araber und Europa, Stuttgart 2008
Schneider P, L'Éthiopie et l'Inde, interférences et confusions aux extrémités du monde antique, Rom 2004
Scholz P.O. (Hg.), Von Hiob Ludolf bis Enrico Cerulli, Warschau/Wiesbaden 2001
Scovazzi T., Assab, Massaua, Ucciali, Adua: gli strumenti giuridici del primo colonialismo italiano, Torino 1996
Selassie B.H., Eritrea and the United Nations and Other Essays, Trenton 1989

Semple C., A Silver Legend, the Story of the Maria Theresa Thaler, Manchester 2005
Serjeant R.B., The Portuguese off the South Arabian Coast: Hadrami Chronicles, Oxford 1963
Shack W.A., The Central Ethiopians: Amhara, Tigriña and Related peoples, London 1974
Shahid I., Byzantium and the Semitic Orient Before the Rise of Islam, London 1988
Silverberg R., The Realm of Prester John, Athens 1996
Simma B. et al., Universelles Völkerrecht, Berlin 1984
Sishagne S., Unionists and Separatists: the Vagaries of Ethio-Eritrea Relations 1941–1991, Hollywood 2007
Six V., Äthiopische Handschriften vom Tanasee, Stuttgart 1999
Spang M., Wenn sie ein Mann wäre, Leben und Werk der Anna Maria van Schurmann, Darmstadt 2009
Stehr M., Piraterie am Horn von Afrika, Berlin 2011
Stuke O., Islamismus am Horn von Afrika, Frankfurt a. M. 2011
Taddia I., L'Eritrea-colonia, 1890–1952, Milano 1986
Tafla B. (Hg.), A Chronicle of Emperor Yohannes IV (1872–1889), Wiesbaden 1977
Tafla B., Ethiopia and Germany. Cultural, Political and Economic Relations, 1871–1936, Wiesbaden 1981
Tafla B. (Hg.), Asma Giyorgis and His Work: History of the Galla and the Kingdom of Schawa, Stuttgart 1987
Tafla B., Ethiopia and Austria: A History of their Relations, Wiesbaden 1994
Taillon P., Hijacking and Hostages, Government Responses to Terrorism, Santa Barbara 2002
Tamrat T., Church and State in Ethiopia 1270–1527, Oxford 1972
Tareke G., Ethiopia, Power and Protest: Peasant Revolts in the Twentieth Century, Cambridge 1991
Teka Z. (Hg.), The Archaeology of Ancient Eritrea, Trenton NJ 2008
Tesfai A., Zwei Wochen in den Schützengräben, Berlin 2019
Thomaz L.F., De Ceuta a Timor, Lisboa 1994
Touval S., Somali Nationalism, Oxford 1963
Trevaskis G.K.N., Eritrea – A Colony in Transition: 1941–52, London 1960
Trimingham J.S., Islam in Ethiopia, London 1952
Triulzi A., Salt, Gold and Legitimacy: Prelude to the History of a No Man's Land, Bela Shangul, Wallaga, Ethiopia (1800–1898), Napoli 1981
Uhlig S., Hiob Ludolfs »Theologia Aethiopica«, Stuttgart 1983
Uhlig S. et al. (Hg.), Damian de Góis' Schrift über Glauben und Sitten der Äthiopier, Wiesbaden 1994.
Uhlig S. et al. (Hg.), Encyclopaedia Aethiopica (5 Bände), Wiesbaden 2000–2014
Veltze A., Die Schlacht bei Adua, 1. März 1896, Aus den Memoiren Baratieris, Wien 1906
Volker-Saad K. et al., Äthiopien und Deutschland, Sehnsucht nach der Ferne, Berlin 2006
De Waal A., Famine Crimes: Politics and the Disaster Relief Industry in Africa, Oxford 1997
Waldmeier T., Erlebnisse in Abessinien in den Jahren 1858–1868, Basel 1869
Watt W.M., Muhammad – Prophet and Statesman, London 1961
Weber A., Abiy Superstar – Reformer oder Revolutionär? (SWP aktuell 32), Berlin 2018
Weber M., Der UNO-Einsatz in Somalia, Denzlingen 1997
Wehling P., Nile Water Rights, An International Law Perspective, Berlin 2020
Welsby D.A., The Kingdom of Kush; the Napatan and Meroitic Empires, London 1996
Weninger S., Geez, München-Newcastle 1999
Willis J.R., Slaves and Slavery in Muslim Africa, London 1985
Wolde Giorgis D., Red Tears: War, Famine and Revolution in Ethiopia, Trenton1988
Wolde-Mariam M., Vulnerability to Famine in Ethiopia: 1938–1977, New Delhi 1988
Wrong M., I didn't do it for you. How the World Betrayed a Small African Nation, London 2005
Wüstenfeld F., Die Chroniken der Stadt Mekka (4 Bände), Leipzig 1857–61

Young J., Peasant Revolution in Ethiopia, the Tigray People's Liberation Front, 1975–1991, Cambridge 1997
Zewde B., A History of Modern Ethiopia, 1855–1974, London 1991
Zewde B., Pioneers of Change in Ethiopia, London 2002

Abbildungsnachweis

Abb. 1: Wikimedia Commons, Foto: Ninara, CC-BY 2.0
Abb. 2: Wikimedia Commons, Foto: najeeb, CC-BY-SA 2.0
Abb. 3: Wikimedia Commons, Foto: JensiS65, CC-BY-SA 3.0
Abb. 4: Wikimedia Commons, Foto: Grenavitar, CC-BY 2.0
Abb. 5: Wikimedia Commons, Foto: Grullab, CC-BY-SA 4.0
Abb. 6: Walters Art Museum, CC-BY-SA 3.0
Abb. 7: Wikimedia Commons, Foto: Bernard Gagnon, CC-BY-SA 3.0
Abb. 8: Walters Art Museum, CC-BY-SA 3.0
Abb. 9: Wikimedia Commons, Foto: Reinhard Dietrich, CC0 1.0
Abb. 10: Wikimedia Commons, Foto: David Stanley, CC-BY 2.0
Abb. 11: Wikimedia Commons, Foto: A. Savin, Free Art License
Abb. 12: Berhanou Abebe, *Histoire de l'Éthiopie d'Axoum à la Révolution*
Abb. 13: Wikimedia Commons, Foto: A. Savin, Free Art License
Abb. 14: *Le Journal des Voyages* (21.4.1889), National Library of France
Abb. 15: Wikimedia Commons, Foto: David Stanley, CC-BY 2.0
Abb. 16: Wikimedia Commons, IMS Vintage Photos, Fotograf unbekannt
Abb. 17: Nationaal Archief, Foto: Doka/Anefo, CC0 1.0
Abb. 18: Wikimedia Commons, Foto: Dawit Rezenè, CC-BY-SA 1.0
Abb. 19: Wikimedia Commons, Foto: Niels Van Iperen, CC-BY-SA 4.0
Abb. 20: Wikimedia Commons, Foto: Yemane Gebremeskel, CC0
Abb. 21: Wikimedia Commons, Foto: Jeffrey T. Brady
Abb. 22: Wikimedia Commons, Foto: Francisco Anzola, CC-BY 2.0